国家社会科学基金、中国发展研究基金资助

“省管县”财政改革与新农村建设问题研究

王德祥 李建军 著

WUHAN UNIVERSITY PRESS
武汉大学出版社

图书在版编目(CIP)数据

“省管县”财政改革与新农村建设问题研究/王德祥,李建军著.—武汉:武汉大学出版社,2010.8

ISBN 978-7-307-07827-7

Ⅰ.省… Ⅱ.①王… ②李… Ⅲ.①地方财政—经济体制改革—研究—中国 ②农村—社会主义建设—研究—中国 Ⅳ.①F812.7 ②F320.3

中国版本图书馆 CIP 数据核字(2010)第 102457 号

责任编辑:陈 红　　责任校对:黄添生　　版式设计:马 佳

出版发行:**武汉大学出版社** (430072 武昌 珞珈山)

(电子邮件:cbs22@whu.edu.cn 网址:www.wdp.com.cn)

印刷:湖北省金海印务有限公司

开本:720×1000 1/16 印张:23 字数:327 千字 插页:1

版次:2010 年 8 月第 1 版 2010 年 8 月第 1 次印刷

ISBN 978-7-307-07827-7/F·1374 定价:38.00 元

前　言

2000年以来，农村改革与发展、地方财政制度改革与完善问题受到社会的广泛关注。在农村改革与发展方面，2000年4月，中共中央、国务院发出通知，决定在安徽省和其他省、自治区、直辖市进行农村税费改革试点；2005年又发布《关于推进社会主义新农村建设的若干意见》，提出新农村建设这一重大历史任务。在地方财政制度改革方面，2002年，国务院批转财政部《关于完善省以下财政管理体制有关问题的意见》，决定推进地方财政体制改革。2003年以后，安徽、湖北等20多个省份先后开展"省管县"和"乡财县管"的财政改革试点。

省管县财政改革与新农村建设已成为当前我国改革开放向纵深推进的重要战略措施，对于我国建设和谐社会和保证社会经济长期、稳定发展意义重大。全面、系统地研究和总结这些改革与建设的情况和经验，科学、客观地评价这些改革和建设的成效与问题，无论在理论上还是在实践上都是十分必要的。

2007年以来，在中国发展研究项目和农业部软科学项目的支持下，我们开始对近年来各地开展新农村建设和地方财政改革的情况进行专题研究。我们先后组织武汉大学财政专业的博士生、硕士生和本科生以及湖北民族大学、咸宁学院的大学生赴10省20县（市）的100个行政村进行问卷调查；并组织课题组成员赴贵州、浙江、江苏、湖北等地农村进行典型调查，赴湖北、山东、吉林等省财政部门开展重点调研。在广泛调研的基础上进行理论分析和实证检验。本书就是我们开展项目研究的主要成果。

本书共分两编七章，重点研究了两个问题：一是近年来典型省份开展"省管县"财政改革试点的成效和问题；二是各地近年来开展新农村建设的经验和典型建设模式。各章主要内容如下：

第一章，根据调研数据重点分析了湖北省52个县（市）和湖北、山东、吉林3省100个样本县（市）开展“省管县”财政改革试点的成效与问题。我们发现改革成效是明显的，主要作用是提高了县级财政能力、弥补了农业税改革后可能出现的财力“真空”，保证了县级财政和县域经济向稳定、健康的方向发展；改革对基础和环境较差的县（市）的作用似乎更明显。存在的主要问题是，改革中尚没有建立科学合理的省、县收入划分标准与支出责任规定，也缺乏适当的监督、管理和协调机制。

第二章，运用湖北省68个市、县的数据进一步研究了“省管县”改革对地方公共服务的影响。我们发现：改革促进了县、市的公共品提供，并非“利县、不利市”；随着地方人口的增加，地方公共品提供的“规模效应”大于“拥挤效应”，表明市、县都还有合并扩大的空间。

第三章，利用湖北、山东、吉林3省178县（市）的数据分析了地方公共品提供与人口和地域的关系，希望为地方财政层级划分（主要是县）提供依据。我们发现：在目前条件下，当县域人口为100万左右时，比较有利于各类公共品和公共服务的提供；但是，只发现县域面积与教育支出存在“倒U形”关系，而没有发现其他地方服务与最优面积的证据。

第四章，重点考察了日本和美国的农村发展政策和实践经验。我们发现，日本的农村发展政策是随经济发展而变化的，现阶段的农村发展政策是综合性的，重点是提高农民收入和改善农村环境；在具体实施上，关键是建立强有力的财政和政策支持机制，而强有力的农村基层政府、强大的农民组织团体以及多渠道多部门多层次的官民结合的政策协商机制是重要前提。美国农村政策的重点是完善农村基础设施和支持农村社区发展，中央和地方政府根据全国总体和各地的具体情况制定相互协调、又有所侧重的发展政策，并建立各自的机构与体系来保证政策实施（既不依赖中央、也不全靠地方），具体建设的关键是发挥农村社区、集体组织和农民的主体作用（如培训基层领导人和农村建设骨干等）。

第五章，根据实际调查的情况，总结了新农村建设的基本模式和贵州省余庆县的典型经验。我们发现，目前各地开展新农村建设主要有两种模式：单村建设模式和县（市）整体推进模式；余庆模式作为自然环境和经济条件较差地区县域整体推进模式的代表，具有推广价值。余庆模式包括：县乡村主要领导亲自挂帅抓点、县级各部门与村共建、建立专门机构和财政支持机制保障推进、建立强有力的村级班子具体组织建设、以农民最关心的内容为中心统一规划示范推进、逐步提高建设水平。

第六章，利用遵义市12县的数据专门分析了贵州省遵义市推广余庆模式、开展新农村建设对于农民增收的作用。研究发现：余庆模式对12县的农村产业发展和增加农民收入有明显作用；但县级财政对农村基础教育和一般行政管理的支出与农民收入增长没有明显联系，因此，各县在开展新农村建设时应注意控制管理支出；而农村基础教育费用最好主要由中央和省级财政负责。

第七章，重点研究了新农村建设中农村集体经济实现形式的发展问题。农村经济发展是农村政治、社会、文化发展的基础，而在传统的农村集体经济形式被放弃、农村家庭经营目前又面临各种困难的条件下，唯有创新和发展新的农村集体经济形式、发展和振兴农村集体经济才能支撑大局。我们发现，改革开放以来各地农民根据本地特点已经创造了多种新的集体经济形式，这些新形式各有优势和适用性，其成长和发展也有一些共性特点；在新农村建设全面展开的形势下，农村集体经济形式正出现四个主要发展趋势。

以上认识和结论的主要依据是我们的抽样调查和实证分析，由于学识、能力和时间所限，显然还存在诸多缺陷和不足。此次出版，主要是期望得到学术界和广大读者的建议、教诲和批评，以便将农村发展和地方财政改革问题的研究进一步引向深入。

[illegible]

[illegible]

[illegible]

[illegible]

目　录

第二编　新农村建设研究

第一编

“省管县”财政改革研究

第一章　湖北、山东、吉林3省“省管县”财政改革的成效分析

——基于经济健康和财政健康的分析视角

摘要：2003年以来，吉林、辽宁、河北、山东、河南、湖北、安徽、广东等省先后开展了省管县财政改革，以完善地方财政体制、推动地方社会经济和财政的发展。本章首先分析了省管县财政改革的基本做法和特点，然后在借鉴国外学者关于地方经济健康和财政健康的分析的基础上，根据我国的情况构建了地方财政运行的理论分析模型，对湖北省52个改革县（市）和湖北、山东、吉林3省100个样本县（市）2003—2006年的经济与财政状况进行了实证分析。结果表明，实行省管县财政改革后，湖北省52个县（市）和3省100个样本县（市）的经济和财政总体向稳定、健康的方向发展。研究还发现，在省管县财政改革中，各地也普遍存在如何科学、合理地调整地方财政安排，特别是明确规定县级财政的收入比重和支出责任，使县级财政能够提供均等化的地方公共服务并保证它们长期稳定和健康发展的问题。

1992年提出建立社会主义市场经济体制以来，建立与社会主义市场经济发展相适应的财政体制成为我国财政改革中的重大任务。作为尝试，1994年的分税制改革在中央与省级财政之间划分了税种与收入，确立了市场经济条件下我国财政分权体制的基本框架，保证了中央财政的宏观调控能力和我国市场经济的建立与发展。

近年来，随着市场经济深入发展，地方财政困难和农村社会经

济发展缓慢的问题逐渐凸显。由于地方财政尤其是县乡财政运行困难，基层政府行为失范，农村公共品和公共服务提供严重不足，县域农村社会经济发展受到制约；反过来，县域农村社会经济发展滞后又进一步加剧了基层财政的困难问题。为了破解地方财政和地方经济发展中的连环困局，2000 年 3 月，国务院发布《关于进行农村税费改革试点的通知》，决定开展农村税费改革，通过减轻农民的税费负担来推动农村发展。随后，各地农村又进行乡镇综合改革，以压缩乡镇机构和人员、减少乡镇运行成本、缓解乡镇财政困难，并防止税费改革反弹，保证农村社会经济顺利发展。2002 年 12 月，国务院又批转财政部《关于完善省以下财政管理体制有关问题的意见》，希望通过推进省以下地方财政体制的改革进一步解决乡镇基层财政困难的问题，降低乡镇财政风险，确保县乡财政运行和县域农村的社会经济的发展。这样，从 2003 年开始，安徽、湖北、河北、河南、黑龙江、吉林等省先后开展了"省管县"和"乡财县管"财政改革试点。到 2007 年 6 月，已有 20 多个省（市）开展了省管县财政改革试点。

省管县财政改革以及乡财县管财政改革作为财政分权改革在省以下地方的延续和发展，是中国财政改革的重要组成部分。对于财政分权改革，国际学术界已进行了大量研究。传统的财政分权理论认为，分权可以使各地政府根据居民偏好提供公共品、形成公共服务提供的竞争性环境，从而更好地满足地方公共需要和改善资源配置、促进经济增长（Tiebout，1956；Stigler，1957；Oates，1972）。近年来的研究更强调分权对地方政府行为的影响，认为财政分权可能改变地方收入与支出不对称的情况，例如使中央对地方的转移支付更合理，使地方税收与地方支出更紧密地结合起来，从而使地方政府的行为更加规范，使地方的收入和支出更能适应地方经济增长（Weingest，1995；McKinnon，1997；Qian Yingyi 和 Gerard Roland，1998）。关于中国的财政分权改革，一些研究者发现 1978—1992 年中央和地方的财政分权改革与地方（省）经济增长负相关，原因是分权限制了中央政府在一些关键基础设施如铁路、公路、电力、能源建设上的投入（Zhang 和 Zou，1998）；而另一些研究者发现

1970—1993 年中国的财政分权对省域经济增长有明显的作用（Lin 和 Liu，2000），原因在于财政分权提高了地方资源配置的效率；还有一些研究者发现，1985—1998 年的财政分权改革加剧了地方财政资源的不平等，其中 1994 年的财政分权改革对于省级财政资源均等分配和经济增长都有负面影响，因为地方政府没有动力来提供地方公共品（乔宝云，2002）。这些研究结论的不同可能有国别、时期以及实证模型与变量、数据选择的原因，但关键原因可能是现有财政分权理论并没有就财政分权与经济增长问题提供一个明确、普遍认同的分析框架。

至于对近年来各省（市）开展省管县财政改革试点的作用与成效的系统研究就更少。目前财政学界主要根据个别省份试点的情况进行简要分析，或阐述其必要性，或分析观察到的一些方面，或一般性地指出改革提高了县级财政能力与财政自主权、缓解了县级财政困难、调动了县（市）的积极性、推动了县域经济增长等，但缺乏系统的实证研究证据。各地省管县财政改革试点对县级财政和县域经济发展的一般作用究竟如何？存在什么问题？恐怕很少有人能说清楚。

基于以上状况，特别是考虑到省管县财政改革是否需要完善和全面推进这一重大问题，本章拟在 Ladd 和 Yinger（1991，1997）对美国主要城市的财政问题进行分析所采用的模型的基础上，从已开展省管县改革且有一定代表性的湖北、山东、吉林 3 省中选取 100 个县（市）进行实证分析，并对湖北省实行省管县财政改革的 52 个县（市）的情况进行研究和考察，力图从面和点上来把握这些改革县（市）的经济和财政发展状况，弄清省管县财政改革的成效和问题。

本章的结构是：第一部分考察省管县财政改革的典型做法和主要特点；第二部分建立分析框架；第三部分对湖北省 52 个县（市）财政改革后 2004—2006 年的经济和财政情况进行实证分析；第四部分对湖北、山东、吉林 3 省 100 个样本县（市）财政改革后 2004—2006 年的情况进行实证分析；第五部分是结论和建议。

一、"省管县"财政改革的典型做法和主要特点

目前各地的省管县财政改革主要是借鉴浙江省的经验。1994年分税制改革后，浙江省为促进县域经济的发展，首先对全省各市(地)、县实行分类指导，将全省各县分为亿元县、中间县以及贫困县，省财政直接对17个贫困县实行"两保两挂"政策，即在保证当年的财政收支平衡和"两税"上缴的前提下，对它们的补助和奖励与其财政收入增长挂钩。1999年，浙江省财政又对贫困县给予技改贴息补助，将技改贴息补助与其财政收入增长挂钩，即实行"两保一挂"政策。2002年，浙江省实行"扩权强县"，将市(地)一级的经济管理权限直接下放到县；2003年，又采取按税种和按比例分成的方式，明确划分省与市（地）、县的财政收入，并同时对贫困县实行"两保两挂"和"两保一挂"的政策。浙江的省管县财政改革为浙江成为目前全国百强县最多的省份产生了积极作用。

2003年以后，一些省份（如山东、河南和广东等省）开展了省管县财政改革，主要内容就是省级财政将转移支付补助直接下划到县。大多数省份（如安徽、吉林和湖北等省）则进行了较为全面的省管县财政改革。

（一）湖北省

为改变全省县域经济发展中带有普遍性的"农业大县、工业小县、财政穷县"状况，2003年，湖北省委和省政府下发了《关于加快县域经济发展的若干意见》，选择10个县（市）进行"扩权"，将以前市（州）掌握的大部分经济与社会管理权限下放到县。2004年，"扩权"县（市）增加到20个；同时在借鉴浙江省的经验的基础上，结合本省实际发布《关于实行省管县（市）财政体制改革的通知》，在52个县（市）实行省管县财政改革。湖北省的省管县财政改革的做法可以概括为如下的"6个到县"。

1. 预算管理到县

改变省管市（地）、市管县的传统管理体制，省财政与县（市）财政直接办理各项结算、转移支付及资金往来；省财政与县（市）直接分税，市不再集中县级财力，具体为：（1）企业所得税，除中央企业所得税外，其他地方企业所得税按中央60%、省15%、市或县（市）25%的比例分享。（2）个人所得税，除利息税外，其他个人所得税按中央60%、省15%、市或县（市）25%的比例分享。（3）增值税，国内增值税按中央75%、省8%、市或县（市）17%的比例分享。（4）营业税，除新开征的高速公路营业税作为省级收入外，其他营业税全部按省30%、市或县（市）70%的比例分享。另外，为支持县（市）财政，规定将2004—2008年新增的上交省财政的税收增量全部返还给县（市）。

2. 转移支付及专项补助到县

省财政将全省各县分为扩权限、扶贫县和一般县3类，凡一般预算收入和工商4税增幅达到同类县平均增幅的县，省财政按收入增幅比例给予激励性转移支付补助；其他各项转移支付补助也直接到县（市）；省财政安排的专项补助资金直接分配到县（市）。

3. 收入报解和资金调度到县

各县（市）国库直接对中央、省报解财政库款。省财政直接确定各县（市）的资金留解比例，预算执行中的资金调度由省财政直接拨付到县。

4. 债务举借和偿还管理到县

原县（市）举借的国际金融组织贷款、外国政府贷款、国债转贷资金和中央、省级政府债务等，由市与县（市）核对一致并加盖两级政府和财政部门公章后，报省财政厅分别转账到县（市），到期后由省财政直接对县（市）扣款。县（市）新增债务由县（市）直接向省财政办理。

5. 报表报送与信息到县

各县（市）每月直接向省财政厅报送财政经济月报和预算执行分析情况，同时抄送市财政局。但各市（州）财政局仍负责组织所属县（市）编制财政预决算、财政收支月报、工资月报以及其他报表、资料，并汇总上报省财政厅。

6. 收入计划直接分解到县（市），考核到县

省财政加强对县（市）财政工作的指导、支持、管理和监督，完善省对县（市）财政收入目标考核的办法，建立激励和约束机制；对县（市）财政预算编制和支出进行审查、合理安排支出、保证收支平衡，保证国家规定的工资、津贴和补贴的正常发放。

（二）吉林省

吉林省人民政府 2005 年 6 月发布《关于实行省管县财政体制改革的通知》（以下简称《通知》），决定从 2005 年 7 月 1 日起实行省管市、县（市）财政体制（除延边州以外）。《通知》提出改革的指导思想是：以加快县域经济社会发展，解决“三农”问题，振兴吉林老工业基地和全面建设小康社会为重点，按照全面贯彻落实科学发展观、统筹城乡发展的要求，理顺省以下财政分配关系，加大对县（市）的政策支持力度，建立激励与约束并举的财政分配机制，激发县（市）经济发展的活力和动力，促进经济和各项事业全面发展。改革的原则是：促进县域经济社会快速发展，扩大县（市）级财政收支管理权限，加大省对县（市）的政策和财力支持力度；发挥财政分配机制的导向作用，完善激励约束机制，将省财政的转移支付资金、专项拨款与县（市）的财政收入和工作绩效挂钩，实行以奖代补，调动县（市）发展经济、增收节支的积极性；提高工作效率，财政工作部署和业务流程由省直接对县（市），减少中间环节，提高工作效率，努力为基层服务。吉林省省管县财政改革的主要内容如下：

1. 财政收入划分

按税种划分省、市、县（市）的收入。省级收入：省及省以下各银行、保险公司和非银行金融机构上缴的金融保险营业税（包括城市和农村信用社）、省级企业上缴的国有资产经营收益和国有企业计划亏损补贴、行政性收费收入、罚没收入、其他收入等。市级收入：城市维护建设税、房产税、城镇土地使用税、车船使用和牌照税、印花税、土地增值税、耕地占用税、契税、市级企

业上缴的国有资产经营收益和国有企业计划亏损补贴、行政性收费收入、罚没收入、其他收入等。县（市）级收入：城市维护建设税、房产税、城镇土地使用税、资源税、印花税、农业特产税（烟叶）、耕地占用税、契税、县（市）级企业上缴的国有资产经营收益和国有企业计划亏损补贴、行政性收费收入、罚没收入、其他收入等。

省与市、县（市）共享收入：增值税（地方分享25%）、营业税（不含金融保险营业税）、企业所得税（地方分享40%）、个人所得税（地方分享40%）等四个税种。前两个共享税种省与市、县（市）的分享比例为5：5，后两个共享税种省与市、县（市）的分享比例为4：6。

2. 财政支出划分

根据事权划分确定省、市、县（市）财政支出。省级支出：基本建设支出、企业挖潜改造资金、科技三项费用、农业支出、水利和气象支出、文体广播事业费、教育支出、科学支出、医疗卫生支出、行政事业单位离退休支出、社会保障补助支出、行政管理费、公检法司支出、政策性补贴支出、其他支出等。市级支出：基本建设支出、企业挖潜改造资金、科技三项费用、农业支出、文体广播事业费、教育支出、科学支出、医疗卫生支出、抚恤和社会福利救济、行政事业单位离退休支出、社会保障补助支出、行政管理费、公检法司支出、城市维护费、政策性补贴支出、其他支出等。县（市）级支出：农业支出、林业支出、水利和气象支出、文体广播事业费、教育支出、科学支出、医疗卫生支出、抚恤和社会福利救济、行政事业单位离退休支出、社会保障补助支出、城市维护费、行政管理费、公检法司支出、政策性补贴支出、其他支出等。

3. 体制补助（上解）和税收返还

根据省财政对市、县（市）核定的2004年体制补助或上解基数，将2004年市对县（市）的体制补助调整为市对省的定额上解基数，相应增加省对县（市）的定额补助基数；将2004年县（市）对市的体制上解调整为县（市）对省的定额上解基数，相应减少市对省的定额上解基数。

税收返还：(1) 上划中央“两税”返还。以2004年财政结算中市对县（市）核定的返还数额作为省对县（市）的返还数额；省根据2004年市本级上划中央“两税”的实际完成情况计算确定对各市本级的返还数额。(2) 所得税返还。以2004年财政结算中市对县（市）核定的所得税基数返还数额作为省对县（市）的返还数额，相应调整省对各市本级的所得税基数返还数额。(3) 出口退税返还。2004年省核定给各市的出口退税基数返还数额，由各市负责在市本级及所属县（市）之间进行分配。省根据各市分配给所属县（市）的出口退税基数返还数额直接核定给各县（市），相应调整省对市本级的出口退税基数返还数额。

4. 专项拨款

省集中统筹的专项拨款，由市、县（市）财政部门按照有关规定向省财政厅申报。省财政厅按有关专项资金管理办法的规定分配并下达到市、县（市）。与其他省直部门共管的资金，由省财政厅会同省直有关部门分配并下达到市、县（市）。

5. 转移支付

省对下的转移支付补助以市、县（市）为单位，通过合理的转移支付办法进行测算，确定对市、县（市）的转移支付数额，下达到市、县（市）。

6. 财政结算

需要通过结算办理的事项，由省财政厅将结算事项、办法及相关数据下达到市、县（市），在规定时间内办理财政结算。

7. 收入报解及预算资金调度

各市中心支库、县（市）支库按照财政体制规定，分别向中央金库、省金库报解库款。省财政确定各市、县（市）财政的资金留解比例，并对市、县（市）调度资金。

8. 政府债务

县（市）举借新的外债、国债转贷资金等政府债务，按照有关规定向省财政厅办理相关手续。2005年6月30日以前各市、县（市）举借的上述政府债务及对中央和省财政的各项债务，由市和县（市）财政部门清理划分，核对一致并加盖公章后，报省财政厅。到期应偿还的债务，由市、县（市）分别偿还。逾期不还的，省财政厅按规定对市、县（市）财政扣款。

9. 完善财政分配激励机制

省财政逐步加大对县（市）的财政转移支付力度，力争每年增加1个百分点，连续支持5年。省财政每年从对县（市）一般性转移支付补助资金中集中5亿元左右，与县（市）财政收入增长挂钩；省财政对县（市）的专项拨款与县（市）的工作绩效挂钩，以奖代补，鼓励加快发展，增收节支。

吉林省还制定了以下相关的配套措施：

（1）进一步下放收支权限。除已下放的财力等优惠政策外，省财政将原分成的40%的水利建设基金全部留给市、县（市）；省财政专项支出中数额相对固定、支出责任比较明确的专项拨款，如军转干部经费、政法部门增人经费、计划生育经费、基层卫生机构建设和计划免疫经费、少数民族乡镇补助费等，全部下放给市、县（市），让其按规定自主安排使用。

（2）全面推行乡财县管财政改革。从2005年起在全省范围内实行乡财县管财政改革，加强管理，缓解乡镇财政困难，巩固农村税费改革的成果。

（3）省级各部门加强服务合作。省财政厅、国税局、地税局、人民银行长春中心支行等有关部门密切配合改革，同时进一步改进工作作风，增强服务意识，简化办事程序，提高办事效率，为市、县（市）提供优质、高效、廉洁、规范的服务。

湖北、吉林两省的做法集中反映了各地省管县财政改革的主要特点。即：

第一，简化省以下地方财政层级，改变4级财政格局。通过省管县财政改革建立省—县“直通车”财政体制，使市（州）、县（市）成为平等的财政主体，使地方财政体制向省、市和县、乡三级转化，为省管县行政体制改革准备条件。

第二，调整收支关系，财力下移，缓解基层财政困难。与原体制比较，县级财政的税收分享和转移支付补助增加，如：（1）税收分享，若某地方税的收入为F，上级与下级财政的分享比例为6∶4。原体制下市财政分享 $0.24F$、县财政分享 $0.16F$（$0.4F\times0.4$），新体制下省与县直接分享，县财政分享的收入提高为 $0.4F$。（2）转移支付，若省级财政下拨的转移支付补助为 M，经市级财政中转后资金耗损率为 δ，则在原体制下县财政实际的得到数为 $M(1-\delta)$；而在新体制下县财政获得全部 M。例如，在改革前的2003年，湖北省的市财政集中的县级财力达33亿元；改革后，县（市）级财力不仅不上抽，而且成为转移支付的净接受者，县级财政的困难状况得到缓解（改革前有80%的县（市）要向上级财政或银行借款，改革后基本上不存在借款现象）。此外，由于省—县之间的资金和信息流动速度明显加快，省财政对县（市）财政的调度资金每月上旬就可到位，专项资金当日到达，平均缩短近20天时间。

第三，建立激励机制和配套措施，推动县域经济社会发展。为了保证省管县财政改革顺利进行，推动县域经济发展和新农村建设，各地在开展改革试点的过程中，都注意鼓励县级财政增收节支，调动县级政府发展本地经济的积极性，并制定了增收奖励制度和配套支持措施。实践表明这些措施是有效的。例如，湖北省级财政在开始改革的当年（2004年）就对县（市）资助56多亿元，此后继续增加；并将2004年后各年新增的税收全部返还给县（市）。某县级市在2004年得到了2000多万元的省级转移支付，以此来推进开发园区和工业园区建设，仅仅一年，财政收入就增加了60%，并在2006年进入全省5强县（市）的行列。又如某山区县，运用省级资助和中央财政专项资金，启动"5改"（改水、改厕、改灶、改院、改圈）、"5通"（通水、通电、通路、通话、通邮）的新农村建设试点，仅2年时间，90%以上的试点乡镇和村的面貌就焕然一新。

由此可见，省管县财政改革作为省以下地方的财政分权体制改革，主要是围绕简化财政环节、财力下移和县域经济社会发展来调整省、市、县的财政收支和转移支付安排，其方向和路线是正确的。下面，我们对改革后县（市）的一般经济和财政运行状况进行考察。

二、分析思路与理论框架

关于地方经济和财政发展问题，国内学术界尚未提出一个明确的综合分析框架。目前对国内省、县和乡镇财政的运行，一些学者主要从财政收入和支出不均衡的角度来分析（黄佩华，1999；樊丽明、李齐云等，2001；贾康等，2004；阎坤，2006），力图从财政体制、财政分权制度、地方经济结构等方面来揭示地方财政困难的原因。在国外，20 世纪 70 年代中期以后，一些美国学者才开始研究美国地方财政特别是中心城市的财政问题，最初也是从地方经济发展、财政制度安排等方面分别进行研究（Nathan 和 Adams，1976；Cuciti，1978；Clark 和 Ferguson，1983；Dearborn，1988）。1982 年，Bradbury 最先提出了地方财政困难的概念，认为地方财政困难主要是指一个地方的居民“在一个合理的（税收）贡献水平下而不能获得一个合理的服务水平”的状况，由此开启了一条将地方财政收入与服务支出联系起来综合考察地方财政运行的研究思路。1991 年，Helen F. Ladd 和 John Yinger 按这一思路建立了一个分析模型，对美国 70 个中心城市的财政运行状况进行了分析。这也是目前可以借鉴的综合分析模型。我们主要在这一模型的基础上，根据目前我国县级财政和“省管县”财政改革的实际情况进行改造，由此来建立县（市）财政和经济发展的理论分析框架。

根据地方公共经济理论，一级地方财政（如县级财政）总是在一定的地方社会经济环境、一定的财政制度安排下运行的。地方财政运行和地方环境、财政制度三者之间的关系可用图 1. 1 表示。也就是说，一级地方财政的运行和发展，一方面取决于本地的环境状况（即社会经济基础，具体包括社会环境、自然条件和经济发展水平）；另一方面也取决于地方关于财政收支安排的制度规范（包括地方财政层级设置和每级财政的收入与支出责任的划分情况、各级财政之间的转移支付制度等）。反过来，地方财政的运行和发展状况又将对地方环境的改善情况产生直接影响，并对地方财政制度的调整和完善产生压力。

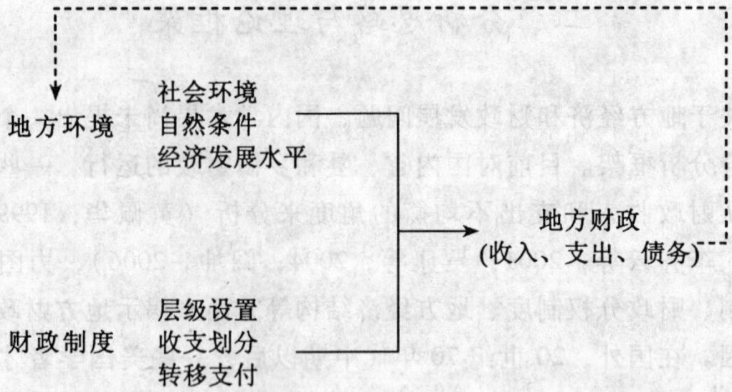

图 1.1　地方环境、财政制度与财政运行

一般来看，一个地区的社会经济和自然环境是影响该地区的政府行为、财政运行与发展的基本因素。因为地方环境如人口规模和地域大小、人均收入、就业增长和产业结构等，直接影响本地的财政收入规模和支出需求的大小，例如：本地经济发展越缓慢、就业增长越乏力、居民收入越低，对地方财政收入的贡献就越小；本地社会环境越差、自然条件越恶劣，居民对公共服务的需求就越大，从而政府提供服务的成本就越大。同时，该地区的财政运行也受到所在地区的财政制度安排的影响，因为若地区范围内的财政层级多，在一定的收入格局下本级财政可获得的收入份额就可能少；而地区对本级财政收入和支出的规定在客观上限制了本级财政的规模大小；同样，地区转移支付制度又影响本级财政的收支对比情况。所以，在地方财政制度不变的情况下，一级地方财政的运行与发展主要依赖地方环境的变化；而在本地环境无重大变化，特别是环境较差、经济发展落后、本地财力弱和本地政府信心不足的情况下，进行地方财政制度改革、增加该级政府的财力往往是激励信心、打破发展困境的一种较好的方法。而当本地公共服务提供增加、环境改善和经济加速时，本级财政状况将随之改善，于是本地经济与财政发展进入相互支持、相互促进的良性循环轨道。当前的省管县财政改革正属于这种县（市）发展导向性质的地方财政制度改革。

显然，为了分析省管县财政改革后县（市）经济发展和财政运行的情况，我们只需建立县域环境变量、地方财政制度变量和县级财政运行变量这三者的关系式。沿着 Heien F. Ladd 和 John Yinger 的研究思路，我们引入“经济健康”和“财政健康”这两个关键概念，以此作为反映县域环境（县域环境中最重要的是县域经济发展情况）和县级财政运行状况的变量指标；并考虑将省对县级财政的收入和支出规定作为地方财政制度的变量指标。据此建立分析框架。

（一）经济健康

经济健康变量主要反映地方县（市）经济发展的基本水平与活力状况。经济健康可用地方就业率、工资水平、企业增加值、失业率和居民收入等指标来衡量（Garn 和 Ledebur，1980；Burchell 等，1984）。Ladd 和 Yinger 在他们 1989 年对 70 个美国主要城市的分析中，将私人部门的就业率（私人部门的就业人数/城市总人口）作为城市经济健康的指标——他们认为，私人部门的就业增长是地方（市场）经济发展的主要表现。

就我国县域经济发展的情况看，我们可用居民人均收入、就业率和产业结构来表示县域经济健康状况。因为县（市）就业率（全社会从业人数与居民总人口之比）主要从居民参与角度反映县域经济的活力；产业结构主要从结构优化角度来反映县域经济调整和发展的状况；居民人均收入则反映县域经济发展的基本水平，同时，借助它对财政收入的影响可将县（市）经济健康与财政健康相联系。

（二）财政健康

财政健康变量主要反映县（市）财政运行——即财政收入与支出之间的总体平衡状况。由于县（市）每年的实际财政收入和支出总是平衡的，故不能采用实际财政收入和支出来表示财政健康。沿用 Ladd 和 Yinger 的分析，可以运用“合理的支出需要”与“合理的财政收入”的平衡关系来表示县（市）财政健康，并且应在"合理的支出需要"与"合理的财政收入"中引入地方环境和财政制度这些变量。因此，我们将县（市）财政健康定义为财政收入能力（表示合理的财政收入）与提供一定质量和数量的公共服务支出需要（表示合理的支出需要）之差同财政收入能力的比值（百分比值）。即：

$$FH=(RC-q\cdot SN)/RC=1-q\cdot SN/RC \tag{1.1}$$

式中，FH为财政健康；RC为财政收入能力；SN为服务支出需要；q表示基准服务质量。由（1.1）式可见，财政健康指标FH是一个指数，它表明一个县（市）政府在某一年度用其收入满足一定支出需要的财政能力大小（充裕还是短缺，按其能力的百分比来表示）。例如，若FH=2%（或0.02），则说明该县（市）在满足支出需要后，还有2%的能力剩余；反之，若FH=-2%（或-0.02），就说明该县（市）财政能力不足，只有获得2%的外来资助才能满足本地公共服务的支出需要。

为了反映地方环境因素和财政制度的作用和影响，我们在财政收入能力（RC）和服务支出需要（SN）变量中引入地方环境变量和财政制度变量。

首先，我们用人均收入Y与财政负担率K的乘积来表示一个县（市）的财政收入能力RC。即：

$$RC=K\cdot Y \tag{1.2}$$

其中，人均收入Y反映地方经济发展对县（市）财政收入能力的影响，财政负担率K反映地方财政制度对县（市）财政收入能力的影响。显然，财政收入能力就是指一个县（市）政府在一个年度内，根据制度规定的财政负担率或税收比重（按人均收入的百分比来表示），可能从本地居民那里合理取得的收入大小。县（市）的经济发展越快、人均收入越高，财政收入能力（以下简称财政能力）就越大；而调整财政制度如提高财政负担率，会使财政能力变强。

其次，我们用财政支出责任SR_i与公共服务成本CI_i的乘积来表示一个县（市）的服务支出需要SN。考虑到我国县（市）提供公共服务的具体情况，我们将县（市）的公共服务按性质分为三类（第1类：农村公共服务，包括农林、水利和气象服务；第2类：基本公共服务，包括教育、科技、卫生和社会保障服务等；第3类：一般管理服务，包括行政管理和公检法服务）。于是有：

$$SN = \sum (SR_i \cdot CI_i) \qquad i = 1, 2, 3 \qquad (1.3)$$

或 $SN = SR_1 \cdot CI_1 + SR_2 \cdot CI_2 + SR_3 \cdot CI_3$

服务支出需要SN可看做一种加权成本（支出），其权重就是各类公共服务的支出责任 SR_i（按人均支出来表示），它反映地方财政制度对县（市）政府提供公共服务的数量要求，也反映地方财政制度对县（市）财政支出需要的影响；提供一个单位的各类公共服务的支出成本 C_i（CI_i 是 C_i 的指数形式）主要反映本地环境因素对服务支出需要的影响。

根据已有的研究，地方公共服务的提供成本主要受投入品（如人力和物资设备等）价格和人口、就业等因素的影响。假如我们用 I 表示投入价格指数，用 ϕ（X_{1i}，…，X_{mi}）表示各种环境因素对各类服务成本的影响，同时考虑公共服务提供的技术特点以及投入价格对公共服务成本的乘数效应（Yinger，1986）、环境因素对公共服务成本的指数影响（Helen F. Ladd 和 John Yinger，1991），那么，第 i 类公共服务每单位的提供成本 C_i 可表示为（式中 a_1，a_2，…，a_m 为参数）：

$$C_i = I_i \cdot \phi (X_{1i}, \cdots, X_{mi}) = I_i \cdot (X_{1i})^{a_1} \cdot (X_{2i})^{a_2} \cdots (X_{mi})^{a_m} \qquad (1.4)$$

通过（1.4）式求出 CI_i 就可得到指数化（将 C_i 除以所有县市提供成本的平均值 AC_i）的服务成本。

另外注意到，公共服务支出不仅与数量相关而且也与质量相关，基准服务质量 q 就是基准年 N 个县（市）政府公共服务提供的平均质量指标——我们将它作为其他各年县（市）政府应提供的公共服务的基本质量要求。基准服务质量可表示如下：

$$q = N / \sum (SN_i / RC_i) \qquad i = 1, 2, 3 \qquad (1.5)$$

这样定义的 q 还有一个重要作用，就是它使得基准年 N 个县（市）的财政健康指数的平均值为零（以此作为判断其他年财政健康状况的基准），这样，其他各年财政健康指数的平均值就直接表示县（市）财政运行在总体上的相对改善情况（+值表示改善，-值表示变差）。

综合以上，将（1.2）式和（1.3）式代入（1.1）式，得到：

$$FH = (RC - q \cdot SN)/RC \times 100\%$$
$$= [K \cdot Y - q \cdot \sum(SR_i \cdot CI_i)]/(K \cdot Y) \times 100\% \qquad i = 1,2,3 \tag{1.6}$$

（1.6）式作为分析县（市）财政运行状况的基本模型，既反映县（市）财政能力与支出需要的平衡即财政健康状况，又反映县（市）环境变量和财政制度变量的综合作用和影响。

（三）标准财政健康与实际财政健康

为了单独分析省管县财政改革后县（市）环境变化对县（市）财政运行的影响，我们可以先在假设"制度不变"（将改革后各年的县级财政负担率和支出责任固定在改革前基准年的水平）的条件下，来考察县（市）财政健康指标的变化情况，由此可以判断省管县财政改革后县（市）的社会经济发展是否有利于县（市）财政的健康运行。然后，撤销"制度不变"的假设，来综合分析省管县财政改革后县（市）环境和地方财政制度都变化的情况下的县（市）财政健康指标，揭示省管县财政改革的总体成效。我们将这两种情况下的财政健康分别称做标准财政健康和实际财政健康。

1. 标准财政健康（FH_1）

标准财政健康是"制度不变"情况下的财政健康指数，也就是使各县（市）在开展省管县财政改革后各年的财政负担率和支出责任固定不变，统一保持和改革前某一年度（基准年）相同时，所计算的财政健康指数。标准的含义是指有关县（市）财政收入和支出的制度规范等，统一按基准年的标准保持恒定。标准财政健康可用标准财政能力 RC_1 与标准支出需要 SN_1 以及 q_1 来表示。

$$FH_1 = (RC_1 - q_1 \cdot SN_1)/RC_1 \times 100\%$$

$$= [K_1 \cdot Y - q_1 \cdot \sum (SR_{i1} \cdot CI_i)] / (K_1 \cdot Y) \times 100\% \quad (1.7)$$

K_1 是基准年各县（市）财政负担率的平均值；SR_{i1} 是基准年 i 类公共服务全省统一的支出责任（作为各县市提供公共服务的统一或均等化的标准，按人均支出来计算）；q_1 是按标准财政能力 RC_1 和标准支出需要 SN_1 计算的基准服务质量。可见，标准财政健康（指数）表示一个县（市）按固定或标准收入规则取得财政收入的能力与向本地居民提供标准公共服务所需的财政支出之间的平衡情况；由于假定制度规则不变，标准财政健康本质上反映了县（市）财政运行和发展的经济基础与社会环境是否得到了改善。

2. 实际财政健康（FH_2）

实际财政健康是放松“制度不变”这一条件限制，让县（市）的财政负担率和支出责任根据改革后各年的实际情况调整变化，以此来计算的财政健康指数。实际财政健康全面反映社会经济环境变化和制度改革的影响。

$$FH_2 = (RC_2 - q_2 \cdot SN_2) / RC_2 \times 100\%$$

$$= [K_2 \cdot Y - q_2 \cdot \sum (SR_{i2} \cdot CI_i)] / (K_2 \cdot Y) \times 100\% \quad (1.8)$$

（1.8）式中，K_2 为各年县（市）财政负担率的平均值（等于县（市）包括转移支付在内的全部财政收入的人均值与县（市）人均收入之比的平均数，用它表示全省一致的县（市）财政的收入标准）。SR_{i2}为各年各类公共服务县（市）实际承担的支出责任，它用全省人均支出与县（市）实际负担的支出比例（县级财政支出占全省各级财政总支出的百分比）之积来表示。q_2 是按实际财政能力 RC_2 和实际支出需要 SN_2 计算的基准服务质量。

实际财政健康反映了一个县（市）由于制度调整和环境变化的影响，按县（市）财政平均收入水平和本地经济发展水平取得收入的能力与根据本地环境提供具有基准质量和平均支出水平的公共服务之间的平衡状况。一个县（市）某年的实际财政健康指数大于0，意味着它有满足平均支出需要的财政能力；若其实际财政健康指数大于基准年的值，意味着它的财政健康状况得到了进一步改善。

三、湖北省52个县（市）财政改革的实证分析

根据我们对湖北省的调研数据以及历年《湖北统计年鉴》、《湖北财政年鉴》、《湖北农村统计年鉴》和《中国县/市社会经济统计年鉴》的有关统计数据，我们以2003年为基准年，对该省实行省管县财政改革的52个县（县级市）2003—2006年的经济健康与财政健康状况进行分析和测算。①

（一）经济健康状况

1. 县（市）人均收入

湖北省52个县（市）的人均收入根据城乡居民人均收入的加权平均值计算。计算表明，2003—2006年52个县（市）的人均收入全部稳定增长，平均值由3075元增加到3555元、3645元、4004元，年均增长10%。但县（市）间的差异较大，如宜都市的人均收入增加1700多元，而丹江口市的人均收入则增加不足300元（具体数据参见本章附录表1）。

为进一步分析，我们将52个县（市）分为山区、丘陵和平原县（市）3类。② 由图1.2可见，丘陵县（市）和平原县（市）的人均收入增长较快，且基本相同；山区县（市）的人均收入增长幅度稍低。

---

① 因2007年预算分类改革后财政统计口径变化，2007年以后的数据与2007年以前的财政统计不连续，故未计算2007年后的情况。

② 山区县（市）24个：阳新县、丹江口市、郧县、郧西县、竹山县、竹溪县、房县、宜都市、远安县、兴山县、秭归县、长阳县、五峰县、南漳县、谷城县、保康县、红安县、麻城市、罗田县、英山县、通城县、崇阳县、通山县、广水市。丘陵县（市）16个：大冶市、松滋市、当阳市、老河口市、枣阳市、宜城市、钟祥市、京山县、孝昌县、大悟县、安陆市、应城市、浠水县、蕲春县、武穴市、赤壁市。平原县（市）12个：江陵县、公安县、石首市、监利县、洪湖市、枝江市、沙洋县、云梦县、汉川市、团风县、黄梅县、嘉鱼县。

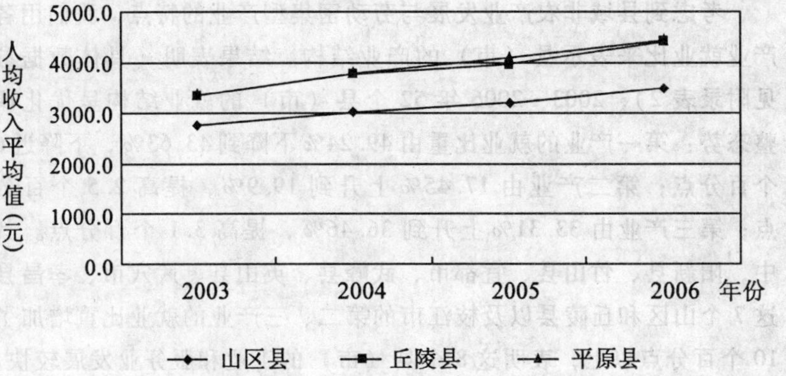

图 1.2 2003—2006 年湖北省 3 类县（市）人均收入的平均值曲线

2. 县（市）就业率

52 个县（市）的就业率按县（市）的全社会从业人数与居民总人口之比计算。计算表明，2003—2006 年，52 个县（市）的平均就业率由 0.489 提高到 0.509（具体数据参见附录表 1）。但从 3 类县（市）的情况看（见图 1.3），山区县（市）和平原县（市）的就业率增加比较缓慢，而丘陵县（市）的就业率增长最快。

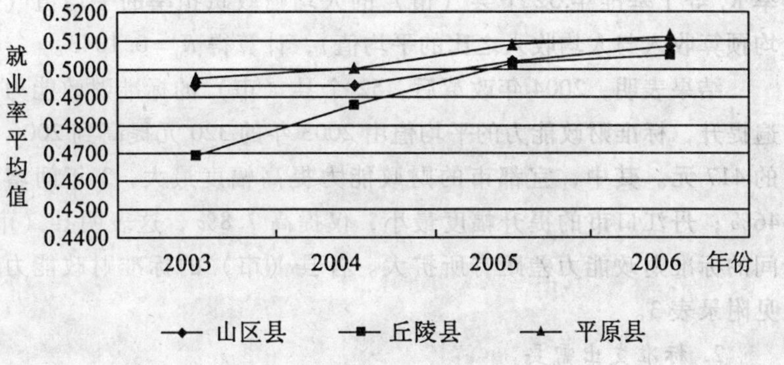

图 1.3 2003—2006 年湖北省 3 类县（市）的就业率平均值曲线

3. 县（市）产业结构

考虑到县域非农产业发展与劳动密集型产业的特点，我们用各产业就业比来表示县（市）的产业结构。结果表明（具体数据参见附录表2），2003—2006年52个县（市）的就业结构呈优化调整态势：第一产业的就业比重由49.24%下降到43.63%，下降近6个百分点；第二产业由17.45%上升到19.9%，提高2.5个百分点；第三产业由33.31%上升到36.46%，提高3.1个百分点。其中，阳新县、竹山县、宜都市、武峰县、英山县、武穴市、孝昌县这7个山区和丘陵县以及枝江市的第二、三产业的就业比重增加了10个百分点以上，表明这8个县（市）的工业和服务业发展较快。图1.4反映了3类县（市）的产业结构调整状况。

总体来看，2004年实行改革以来，52个县（市）的经济处于稳定、健康发展态势，为县级财政的稳定运行和健康发展提供了基础。其中，14个丘陵县（市）改革后的经济运行相对更好一些。

（二）标准财政健康状况

1. 标准财政能力

根据 $RC_1 = K_1 Y$ 计算52个县（市）2003—2006年的标准财政能力，其中，Y 为各县（市）各年的居民人均收入；标准财政负担率 K_1 等于基准年52个县（市）的人均财政负担率的平均值（人均预算收入与人均收入之比的平均值），计算得 $K_1 = 0.1043$。

结果表明，2004年改革后，52个县（市）的标准财政能力普遍提升，标准财政能力的平均值由2003年的320元提高到2006年的417元。其中，宜都市的财政能力提高幅度最大，3年间增加46%；丹江口市的提升幅度最小，仅提高7.8%，这表明县（市）间的标准财政能力差距有所扩大。各县（市）的标准财政能力值见附录表3。

2. 标准支出需要

（1）支出责任

52个县（市）的标准支出责任是统一的，具体根据基准年52个县（市）3类公共服务人均支出的平均值计算。其中：SR_{11}（农

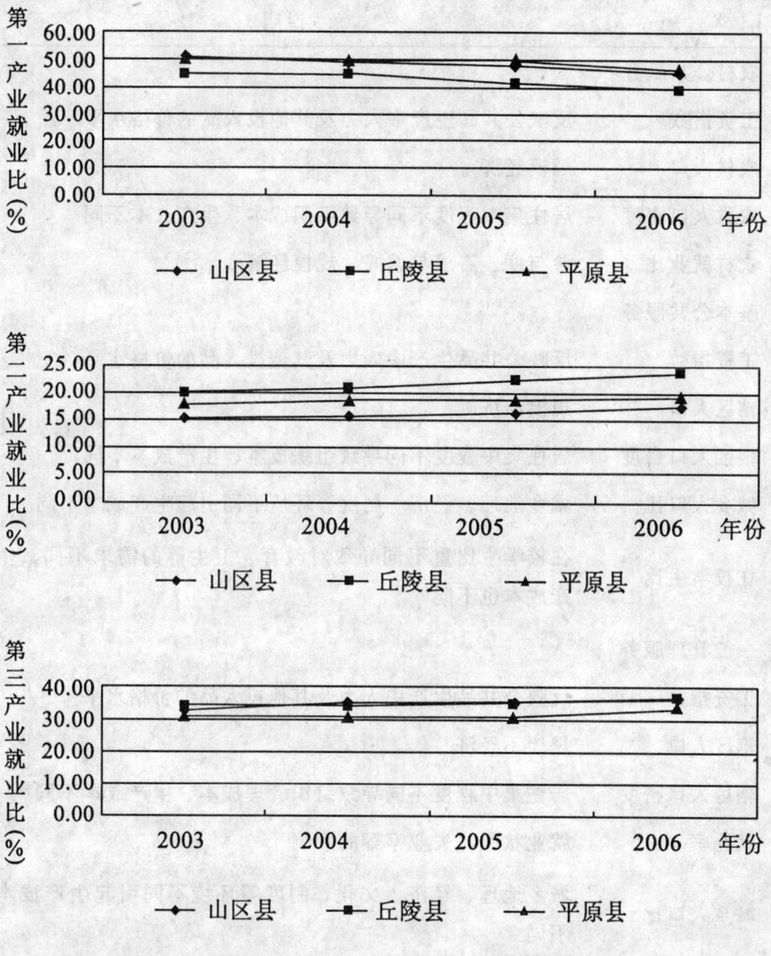

图 1.4　2003—2006 年湖北省 3 类县（市）三大产业就业比曲线

村公共服务）= 37.3645 元；SR_{21}（基本公共服务）= 145.693 元；SR_{31}（一般管理服务）= 85.516 元。

（2）单位公共服务成本

根据（1.4）式计算单位公共服务的提供成本，其中投入品价格和环境变量根据服务类型来选取（见表 1.1）。单位服务成本的参数 a_1，a_2，…，a_m 运用回归分析确定。

表 1.1　　影响公共服务成本的价格与环境因素变量

I_i, X_{1i}, …, X_{mi}	说明
农村公共服务	
工资指数	反映公共品生产中人力及其他投入品的价格水平
农村人口	规模经济
农村人口密度	居住集中程度不同导致组织成本、生产成本不同
农村就业比重	参与度、需求与偏好、规模经济
基本公共服务	
工资指数	反映公共品生产中人力及其他投入品的价格水平
辖区人口	规模经济
辖区人口密度	居住集中程度不同导致组织成本、生产成本不同
城乡人口比	城乡地理、经济、制度等环境不同引起生产成本不同
在校学生比	在校学生比重不同导致对教育、卫生等的需求不同，生产成本也不同
一般管理服务	
工资指数	反映公共品生产中人力及其他投入品的价格水平
辖区人口	规模不经济
辖区人口密度	居住集中程度不同导致组织管理成本、生产成本不同
就业率	就业状况、失业率等的影响
城乡人口比	城乡地理、经济、文化、制度等环境不同引起生产成本不同

设一居民的公共服务需求 S 是其收入 γ 和他为获得一单位服务所支付的价格 t_p（税收）的函数，用指数式表示为：

$$S=k\cdot\gamma^{a}\cdot(t_p)^{b} \tag{1.9}$$

因收入和税收与地方经济发展和服务提供成本相关，故又表示为：

$$S=K\cdot Y^{\alpha}\cdot C^{\beta} \tag{1.10}$$

（1.10）式中，Y 为县（市）的人均 GDP，C 为单位公共服务的成本，K、α、β 为常数。注意到地方人均服务支出 E 等于居民期望的单位服务需求 S 与其成本 C 之积，故有：

$$E=S\cdot C=K\cdot Y^{\alpha}\cdot C^{\beta+1} \tag{1.11}$$

引入滞后调整假设反映制度约束及支出惯性：

$$(E_t)/(E_{t-1})=[(E_t)/(E_{t-1})]^{\lambda} \quad 或\ E_t=(E_t)^{\lambda}(E_{t-1})^{1-\lambda} \tag{1.12}$$

将（1.11）式代入（1.12）式，并取对数：

$$\ln(E_t)=\lambda\ln(k)+\lambda\alpha\ln(Y)+\lambda(1+\beta)\ln(C)+(1-\lambda)\ln(E_{t-1}) \tag{1.13}$$

用（1.4）式替换（1.13）式中的成本 C，得到回归式：

$$\ln(E_t)=\lambda\ln(k)+\lambda\alpha\ln(Y)+\lambda(1+\beta)\ln(I)+\lambda(1+\beta)a_1\ln(X_1)$$
$$+\cdots+\lambda(1+\beta)a_m\ln(X_m)+(1-\lambda)\ln(E_{t-1})+\varepsilon \tag{1.14}$$

根据（1.14）式和表 1.1 所示的成本因素，运用 52 个县（市）各类服务支出和成本因素的统计数据进行回归，结果见表 1.2。

表 1.2　　52 个县（市）3 类公共服务支出的回归结果

农村公共服务：人均农村农林水气支出					
变量	系数	T 统计量	变量	系数	T 统计量
常数项	0.828516	1.157722	农村人口密度	0.010382	0.317472
人均 GDP	0.136579	3.060131	农村就业比	−0.158788	−1.484194
工资指数	0.105806	1.050921	因变量滞后项	0.611462	16.94193
农村人口	−0.057933	−1.318885	省管县哑变量	0.167223	4.798136
基本公共服务：人均科技、卫生、社保支出					
变量	系数	T 统计量	变量	系数	T 统计量
常数项	0.458615	1.337168	城乡人口比	−0.056934	−2.654303
人均 GDP	0.133239	3.761329	在校学生比	0.020933	0.447244
工资指数	0.079553	1.229298	因变量滞后项	0.735092	14.46944
辖区人口	−0.053978	−2.092543	省管县哑变量	0.014665	0.694203
辖区人口密度	−0.021651	−1.281158			

续表

一般管理服务：人均行政管理费和公检法司支出			变量	系数	T统计量
变量	系数	T统计量			
常数项	0.142772	0.499386	人均就业	-0.053663	-0.866096
人均 GDP	0.135160	5.221804	城乡人口比	-0.003968	-0.182070
工资指数	0.082669	1.721293	因变量滞后项	0.759750	17.67593
辖区人口	-0.072545	-2.458209	省管县哑变量	0.080596	3.789697
辖区人口密度	-0.033757	-2.037433			

注：三个回归式的 R-squared 值分别为 0.846358、0.860798、0.916487，拟合度较高；F-statistic 值分别为 157.3891、153.8223、272.9817，其 P 值皆趋于零，方程显著。

然后将所得各类服务的成本函数的参数 a_j（其中：$j=1, 2, \cdots, m$）代入（1.4）式，得到各县（市）3 类服务的单位成本 C_i；再将 C_i 除以基准年 52 个县（市）3 类服务单位成本的平均值，得到县（市）各年度的单位成本指数 CI_i（具体参见附录表 4）。

结果表明，改革后县（市）的平均提供成本增加，到 2006 年，农村公共服务的单位成本平均增加 24%，基本公共服务的单位成本平均增加 18%，一般管理服务的单位成本平均增加 23%。其中，2006 年丹江口市、竹溪县、远安县、兴山县、五峰县、通山县的一般管理服务的单位成本为平均水平的 2～4 倍。

（3）标准支出需要

根据 $SN_1 = \sum SR_{i1} CI_i$ 计算 2003—2006 年 52 个县（市）的标准支出需要。结果表明，52 个县（市）的标准支出需要的平均值由 2003 年的 268.6 元（人均），分别增加到 280.9 元、307.2 元、325.9 元，2006 年比 2003 年增长 23.7%。而且单位成本高的县

（市），标准支出需要也大，其中，丹江口市、英山县等 12 个县（市）的标准支出需要 3 年间增加 40% ~65%（具体参见本章附录表 5）。

3. 标准财政健康

根据标准财政能力 RC_1 和标准支出需要 SN_1 计算基准服务质量，得 $q_1 = 1.0847$。然后由（1.7）式计算得到 52 个县（市）的标准财政健康指数，具体见本章附录表 6。

结果表明：（1）2004—2006 年 52 个县（市）标准财政健康指数的平均值分别为：5.0%、1.8% 和 5.8%。这表明改革后 52 个县（市）的社会经济环境总体上持续改善，形成了有利于县（市）财政稳定运行和健康发展的客观条件。（2）丘陵县（市）和平原县（市）的标准财政健康状况改善不大；但山区县（市）的标准财政健康状况有较大改善（见图 1.5，虽然平均值仍为负值），其中，竹山县、远安县、兴山县、五峰县、保康县、通山县这些原来财政健康状况最差的山区困难县的改善最为明显（提高 30% ~77%），说明改革对这些山区县（市）财政运行的经济基础和社会环境的改善比较明显。（3）实行改革后也有少数县（市）的标准财政健康指数下降变差，主要原因在于这些县（市）提供公共服务的单位成本上升过快，以至标准支出需求增加较大，这表明这些县（市）应进一步改善地方环境、控制服务提供成本。

（三）实际财政健康状况

1. 实际财政能力

实际财政能力根据 $RC_2 = K_2 Y$ 计算。其中，实际财政负担率 K_2 等于 2003—2006 年 52 个县（市）的人均财政收入（包括转移支付等在内的全部财政收入）与人均收入之比的平均值，它反映省管县财政改革对县级财政收入的影响。由图 1.6 可见，2004 年改革以后县（市）的财政负担率逐步提高，这意味着：改革后县级财政的自有收入增加（省与县（市）直接分税），特别是省级以上财政增加了对县（市）的财政转移支付。由于县级实际财政负担

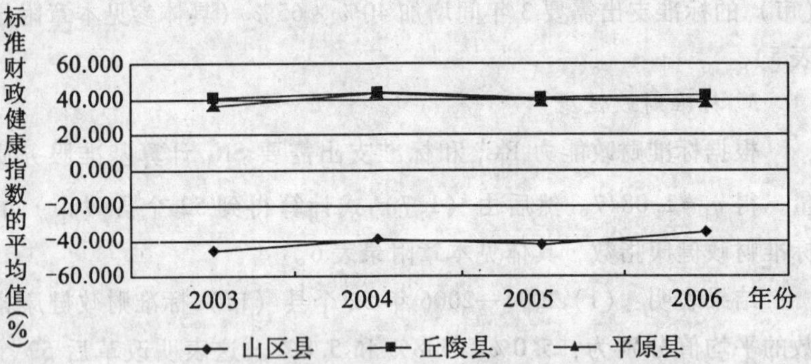

图 1.5　2003—2006 年湖北省 3 类县（市）的标准财政健康指数的平均值曲线

率 K_2 提高、各县（市）的人均收入 Y 提高，2003—2006 年 52 个县（市）的实际财政能力普遍提高。

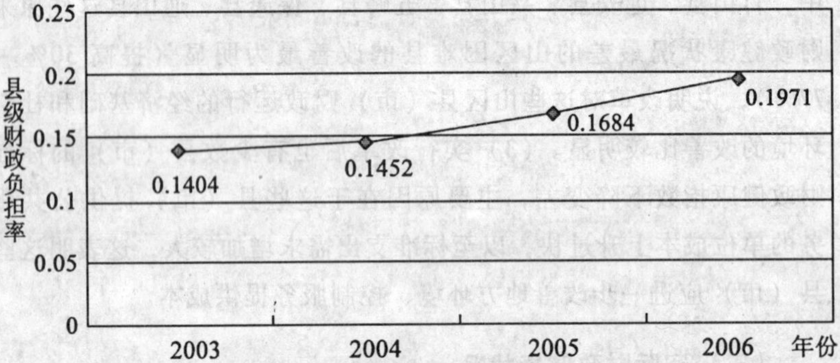

图 1.6　2003—2006 年湖北省县级财政负担率曲线

2. 实际支出需要

（1）实际支出责任

实际支出责任按 2003—2006 年 52 个县（市）各类别的人均服务支出的平均值计算，具体数值见表 1.3。它反映省管县财政改革对县级财政支出的影响。由表 1.3 可见，改革以后县级财政对于 3 类服务的人均支出都有较大幅度的增加，其中，农村公共服务增加了 123%，基本公共服务增加了 60%，一般管理服务增加了 80%；

就支出额来看，基本公共服务依然最高，一般管理服务（行政管理和公检法）依然较高，农村公共服务依然较少。

表 1.3　**52 个县（市）的实际支出责任**

	农村公共服务		基本公共服务		一般管理服务	
	责任	增长率(%)	责任	增长率(%)	责任	增长率(%)
2003 年	37.3645	—	145.693	—	85.516	—
2004 年	52.3882	40.21	168.291	15.51	103.866	21.46
2005 年	67.9281	29.66	193.190	14.8	128.574	23.79
2006 年	86.9267	27.97	232.607	20.4	153.551	19.43
2006 年较 2003 年增加	49.5622	132.65	86.914	59.66	68.035	79.56

（2）单位成本

公共服务的单位成本（3 类）C_i 与标准财政健康分析时的成本相同。但此处 CI_i 是将各类服务的单位成本 C_i 除以本年各类服务的县（市）平均成本所得。

（3）实际支出需要

实际支出需要根据 $SN_2 = \sum SR_{i2}CI_i$ 计算，具体结果见附录表 7。总体来看，由于各类服务的支出责任增加、单位成本增加，故改革以后 52 个县（市）的实际支出需要普遍快速增加，2003—2006 年的平均值分别为 268.6 元、324.5 元、389.7 元、474.4 元，2006 年较 2003 年增加 81.62%。其中，有 12 个县（市）的增加速度在 100% 以上，而且这 12 个县（市）也是标准支出需要增加最快的县（市），这说明实际支出需要增加的主要原因是单位成本增加过快而不是支出责任增加。

3. 实际财政健康

首先根据基准年 52 个县（市）的实际财政能力和实际支出需要的平均值计算基准服务质量，得到 $q_2 = 1.4602$。然后，根据

(1.8) 式计算2003—2006年52个县(市)的实际财政健康指数,具体结果见附录表8。基本情况如下:

第一,2004—2006年52个县(市)的实际财政健康指数的平均值分别为-5.9、-3.3、2.76。这表明改革后县(市)提供均等化服务的平均财政能力经历了两年的下降,但基本趋势是逐步提高并且在2006年得到根本好转。财政改革的正效应已经显现。

第二,从3类县(市)的情况看(见图1.7),丘陵县(市)和平原县(市)的实际财政健康状况总体上没有很大变化,但山区县(市)的变化比较明显而且与52个县(市)的总体变化情况(先下降后回升,逐步好转的趋势)基本一致,这表明“省管县”财政改革的效应主要体现在山区县(市)的财政运行上。进一步看,在原来实际财政健康指数为负值的16个县(市)中,最差的9个县(郧县、郧西县、竹山县、远安县、兴山县、五峰县、保康县、通山县、长阳县)得到了明显改善,这表明改革对财政健康状况最差的县的作用最明显。

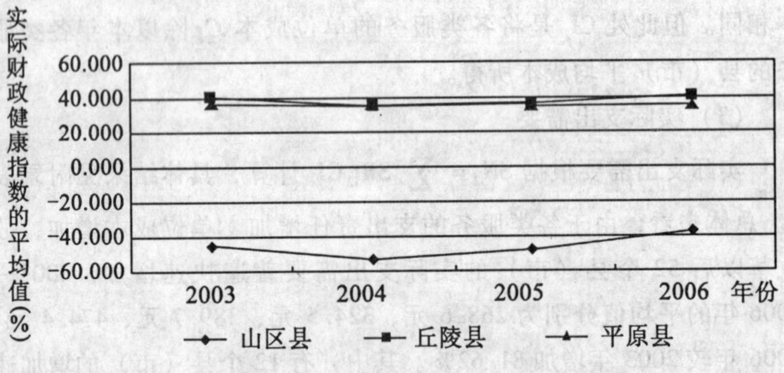

图1.7 2003—2006年湖北省3类县(市)实际财政健康指数的平均值曲线

第三,改革后2004年和2005年52个县(市)实际财政健康指数的平均值下降,主要是受农业税改革的影响。在湖北省各县(市)的财政收入中,农业税的比重一般占30%~40%,2004年农业税大幅度减少和2005年农业税全面取消使这两年县(市)的平均财政负担率分别下降了10%和25%；假如没有农业税的减免，2004年和2005年52个县（市）的实际财政健康指数的平均值将为3.7%、17.33%，2006年将为22.21%（见图1.8）。从这个意义上说，实行“省管县”财政改革实际上弥补了农业税改革所留下的收入真空，较好地应对了农业税改革在县（市）可能引起的新的财政困难甚至是震动。

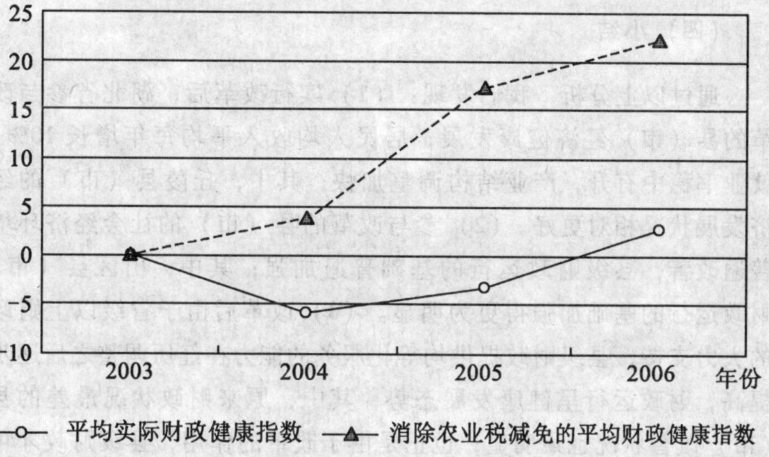

图1.8 2003—2006年52个县（市）实际财政健康指数的平均值曲线

应该指出，尽管有农业税改革的影响，但由于前面已经证明省管县财政改革后参加改革的县（市）的经济状况和标准财政健康状况普遍改善，而县（市）的实际财政健康指数的平均值在改革后却有所下降，这表明改革本身还存在着不足，主要问题如下：

（1）县（市）的财政负担率（即财政收入比重）偏低，制约了县级财政能力的提高。这说明需要提高县级财政的收入比重，或加大省级以上财政对县级财政的支持力度。

（2）县（市）的平均财政支出水平提高过快，这必然会使那些提供成本较高的县（市）出现财政收入不能满足均等化服务支出的状况。这也说明存在省级财政对县（市）级财政的支出水平、支出结构、支出效率和服务成本进行监控、管理和指导不力的问题。

因此，如何进一步完善地方财政制度，包括：在省与县之间建立合理的分税制，明确规定县（市）的服务种类和支出责任，科学测算并确定县级财政收入的适当规模，建立根据财政缺口来提供转移支付的机制，以保证县（市）有足够的财政能力来提供均等化的地方服务，这都是今后继续推进“省管县”财政改革时必须重视的内容。

（四）小结

通过以上分析，我们发现：（1）实行改革后，湖北省参与改革的县（市）经济健康发展，居民人均收入平均每年增长10%，就业率稳中有升，产业结构调整加快；其中，丘陵县（市）的经济发展状况相对更好。（2）参与改革的县（市）的社会经济环境普遍改善，县级财政运行的基础普遍加强；其中，山区县（市）财政运行的基础加强得更为明显。（3）改革后由于省级以上财政的大力支持，县级财政提供均等化服务的能力在经历调整之后逐步提高，财政运行呈健康发展态势，其中，原来财政状况最差的县（市）改善状况也最明显；也正是由于改革的作用，县级财政才可能在减免和取消农业税后仍保持运行改善的态势。（4）省管县财政改革中的主要不足是：省级财政未对县级财政的支出情况（规模、结构、成本等）进行有效的指导和管理；尚未系统地考虑通过完善制度建设来改善县级财政的运行问题，如明确规定县（市）提供服务的责任，合理确定县级财政的收入水平和省与县的分税制度，建立科学的财政转移支付机制等。

总体来说，湖北省52个县（市）开展省管县财政改革的成效是值得肯定的。应进一步推进或完善省管县财政改革，包括：建立能够保证县级财政健康运行的合理的财政收支安排，建立科学的财政转移支付机制，建立省对县级财政的监督与管理制度。另外，考虑到市（地级）在行政上对县（市）发展的制约，建议在适当的时候开展“省管县”行政体制改革。

四、湖北、山东、吉林3省100个县（市）财政改革的实证分析

为了比较全面地分析各地省管县财政改革试点的一般成效，我们在对湖北省52个县（市）的改革情况进行实证分析的基础上，从湖北、山东和吉林3省179个县（市）中选取了100个县（市）进一步做实证研究。

选择湖北、山东和吉林3省进行研究的主要原因是：山东省是经济较发达的省份，2003年开始省管县财政改革，其主要内容是转移支付直接到县（不是全方位的财政改革）；湖北省是中部地区实行省管县财政改革较早（2004年开始）、改革面较宽（除恩施自治州以外的52个县和县级市）、进行全方位改革、改革效果也相对较好的省份；而吉林省作为东北老工业基地省份，近年来处于转型发展时期，2005年开始较全面的省管县财政改革，也具有一定的代表性。

从三个省份中选取样本县（市）的原则是：第一，要有广泛性。从三省每个地级市中至少选取一个县（市）作为考察样本；第二，要有代表性。在从三省各地级市中选取样本县（市）时，将各个县（市）按经济发展水平排序，在高、中、低不同经济水平的县（市）中都抽取样本。

研究数据主要来自2003—2007年的《湖北统计年鉴》、《湖北财政年鉴》、《湖北农村统计年鉴》、《山东统计年鉴》、《山东财政年鉴》、《吉林财政年鉴》、《中国区域经济统计年鉴》、《中国县（市）社会经济统计年鉴》以及由湖北、山东、吉林三省财政部门提供的相关资料，经计算整理而得。

（一）经济健康状况

以2003年为基准年，计算2003—2006年3省100个样本县（市）的人均GDP（替代人均收入值）、就业率（从业人数占总人口的比例）和产业结构（按各产业的就业比计算）。结果见本章附

录表9、表10、表11。基本情况如下：

湖北省40个县（市）的人均GDP持续增加，人均GDP从5152元增加到7443元，增加44.5%；就业率由0.48提高到0.50；第一、二、三产业的就业比由26.48、41.28、32.24变为29.26、34.44和36.3，即：工业的就业比重下降，第三产业提高4个百分点，第一产业提高近3个百分点——这可能是因为农村税费改革及支农政策加强的积极影响。

山东省30个县（市）的人均GDP从12541元增加到23346元，增加86.2%；就业率由0.50提高到0.52；第一、二、三产业的就业比由20.43、47.50、32.06变为16.76、54.34、28.90，第二产业提高近7个百分点，第一和第三产业分别下降近3和4个百分点。

吉林省30个县（市）的人均GDP从7832元增加到11093元，增长41.6%；就业率从0.39降为0.37；第一、二、三产业的就业比由32.36、33.38、34.26变为28.86、34.68、36.47，第一产业下降3.5个百分点，第二、三产业分别提高1.3和2.2个百分点。

总体来看，实行“省管县”财政改革后3省各县（市）的人均GDP都保持了较快增长，这表明改革后县域经济健康状况不断改善。从比较的角度看，山东省2003年改革后各县（市）的人均GDP增长更快（见图1.9）；在就业率方面，湖北省2003年改革后各县（市）的就业率提高情况较好，比较特殊的是吉林省2005年改革后各县（市）的就业率有所下降（见图1.10）；在产业调整方面，比较突出的是山东省各县（市）的第三产业就业比下降，而湖北省各县（市）的第一产业就业比上升、第二产业就业比下降（见图1.11）。

（二）县（市）标准财政健康

1. 标准财政能力

以2003年为基年，根据该年各省的县级人均财政收入与县级人均GDP之比计算，得到各省的县级标准财政负担率，然后将其乘以各县（市）的人均GDP，得到各县（市）的标准财政能力。

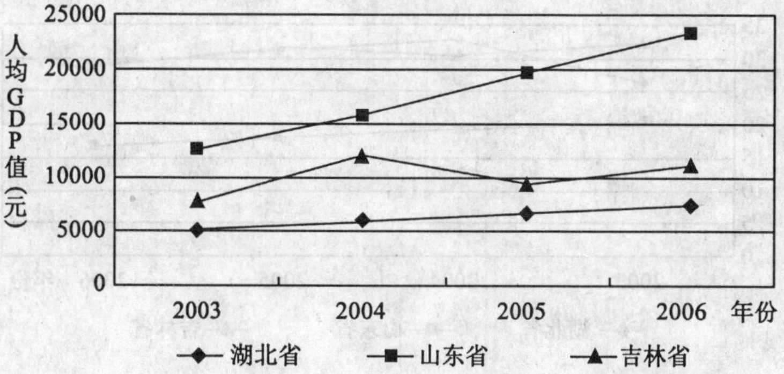

图 1.9　100 个县（市）按省计算的人均 GDP 平均值曲线

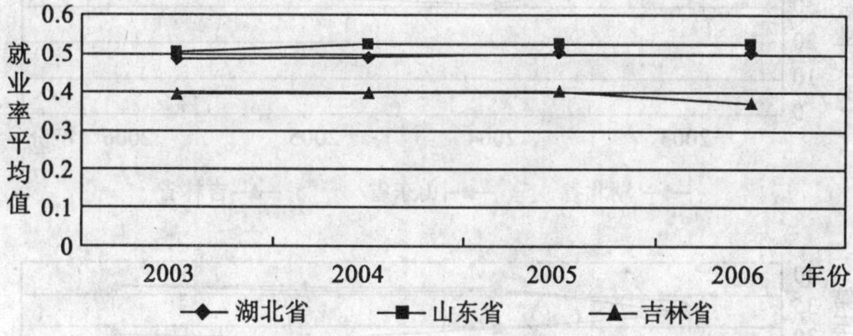

图 1.10　100 个县（市）按省计算的就业率平均值曲线

湖北、山东和吉林 3 省的县级标准财政负担率分别为 8.24%、6.89% 和 12.37%（吉林的县级标准财政负担率最高）。2003—2006 年 100 个县（市）的标准财政能力因人均 GDP 不断提高而提高，由 717.3 元提高到 1139.6 元，平均提高 422 元。但各县（市）提高的程度不一，如山东省龙口市、垦利县的标准财政能力提高达 2000 元以上，而少数县（市）的财政能力却有所下降。具体参见附录表 12。

2. 标准支出需要

(1) 标准支出责任

县（市）公共服务的标准支出责任以基准年 2003 年 3 类公共

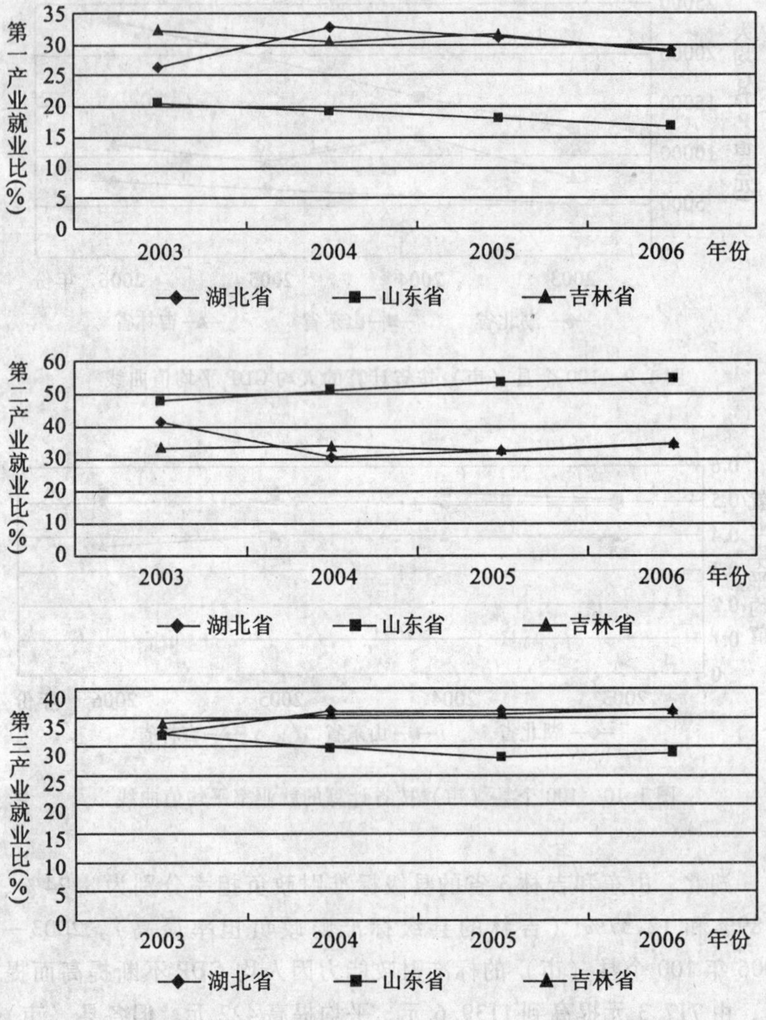

图 1.11　100 个县（市）按省计算的三大产业就业比平均值曲线

服务的县级人均财政支出的数据按省份、分类别计算，结果见表 1.4。由表 1.4 可见，吉林省 30 个样本县（市）的 3 类公共服务的标准支出责任都很高，山东省其次，这意味着两省的县级人均服务支出水平高。

表 1.4　　100 个县（市）的标准支出责任

支出责任（元/人）	农村公共服务	基本公共服务	一般管理服务
湖北省	41.35	190.5	135.14
山东省	61.16	241.24	167.47
吉林省	66.23	312.48	174.12

（2）单位服务成本

服务成本的价格与环境变量的选取仍如表 1.1 所示。同样，根据（1.14）式和样本县（市）的统计数据进行回归，得出各参数值（见表 1.5）。然后代入（1.4）式算出各县（市）2003—2006 年的 3 类服务的单位成本。为了使各地区、各年份的单位成本具有可比性，将各县（市）的单位成本按基准年所有县（市）3 类服务的平均成本进行指数化处理，得到指数化的单位成本（参见附录表 13）。

表 1.5　　100 个县（市）单位服务成本的参数回归结果

因变量：农村公共服务（人均农林水支出）					
变量	系数	T 统计量	变量	系数	T 统计量
常数项	-1.171457	-1.489947	人均 GDP	0.507147	5.750012
因变量滞后项	0.166836	3.711899	工资指数	0.741819	9.429674
人口密度	0.070193	0.371986	农村就业比	0.290062	3.947565
因变量：基本公共服务（人均教育、科技、卫生、社保支出）					
变量	系数	T 统计量	变量	系数	T 统计量
常数项	-0.363399	-0.392139	工资指数	0.565428	5.634929
因变量滞后项	0.023453	1.177768	农村就业比	0.175840	3.611567
人口密度	0.079362	0.380829	学生人口比	-0.087209	-1.876913
人均 GDP	0.603212	6.520997			

续表

因变量：一般管理服务（人均行政管理和公检法支出）					
变量	系数	T统计量	变量	系数	T统计量
常数项	-0.744401	-1.395103	工资指数	0.410723	33.18039
因变量滞后项	0.160374	1.455550	农村就业比	0.434671	2.743083
人口密度	-0.193531	-0.543891	人均就业	0.263758	1.373214
人均 GDP	0.591341	5.107738			

注：采用面板 EGLS 方法估计，在估计中权重选取的是“Cross Section Weights”，三个回归方程的 Adjusted R-squared 分别为 0.971、0.988、0.9812，F 统计量为 97.355、236.114、149.8201。

（3）标准支出需要

根据样本县（市）各类公共服务的标准支出责任和指数化的单位成本，算出各年、各县（市）的标准支出需要（参见附录表 14）。

基本情况是：2003—2006 年，山东省 30 个样本县（市）的标准支出需要平均提高 259.2 元，平均增长 54.7%；吉林省 30 个样本县（市）的标准支出需要平均提高 328.9 元，平均增长 61.1%；湖北省 40 个县（市）的标准支出需要平均提高 112.3 元，平均增长 31.3%。

3. 标准财政健康

根据标准财政能力和标准支出需要计算基准服务质量，得到：$q_1=1.2542$。再由（1.7）式计算标准财政健康指数，具体结果见附录表 15。基本情况如下：

以 2003 年为基准年，2004—2006 年 3 省 100 个县（市）的标准财政健康指数的平均值为：6.2%、2.89% 和 4.65%，这表明改革后县域经济发展和环境变化有利于县级财政健康运行。也就是说，如果按 2003 年县级财政的平均收入比例和平均支出水平，县级财政完全能够保证地方公共服务的支出需要并将有2%～6%的盈余。

就各省的情况来看，山东省在2003年将财政转移支付直接下划到县（市）后，2003—2006年样本县（市）的标准财政健康指数的平均值持续提高且幅度较大（见图1.12）。湖北省在2004年进行改革后，2004—2006年样本县（市）的标准财政健康指数的平均值也持续提高，但幅度不大（在3个省中，湖北省县级标准财政健康状况较差）。而吉林省在2005年进行改革后，2005—2006年样本县（市）的标准财政健康指数的平均值却有所下降，这主要是因为吉林省县（市）的经济增长速度虽然不低，但县（市）的标准支出责任（基础水平）却很高，吉林省的特殊性可以说明：在改革过程中控制县级支出的基数和增长幅度对于财政健康运行十分重要。

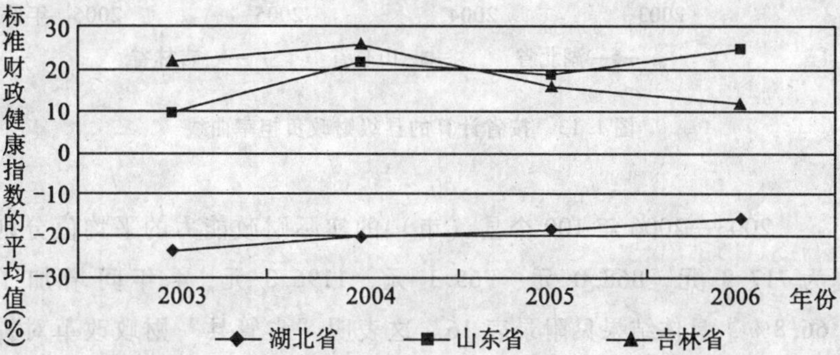

图1.12　100个县（市）按省计算的标准财政健康指数的平均值曲线

（三）县（市）实际财政健康

1. 实际财政能力

县（市）的实际财政能力根据各年各省的县级实际财政负担

率和人均 GDP 计算。2003—2006 年，3 个省 100 个县（市）的实际财政负担率变化见图 1.13。由图 1.13 可见，吉林省的县级财政负担率最高，湖北省改革后县级财政负担率稳步上升，山东省的财政负担率总体保持稳定。这表明湖北在实行"省管县"财政改革后有效地增加了县级财政收入；山东省可能主要是因为转移支付直接到县而不明显，吉林省则因为时间较短而不明显。

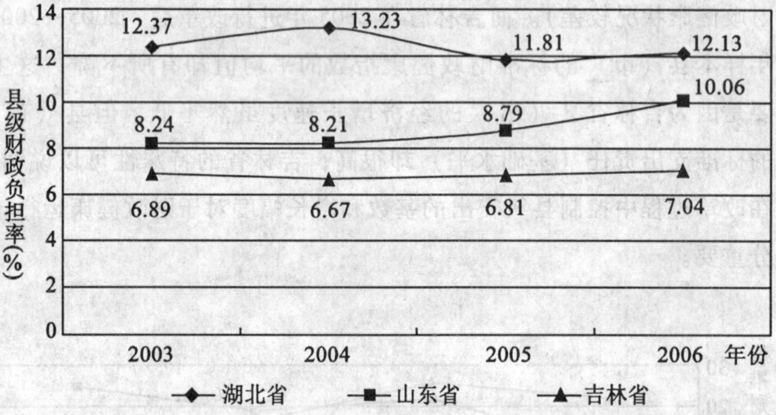

图 1.13　按省计算的县级财政负担率曲线

2003—2006 年 100 个县（市）的实际财政能力的平均值分别为 717.3 元、868.0 元、965.1 元、1196.3 元，4 年间增加了 66.8%，具体结果见附录表 16。这表明"省管县"财政改革对提高县级财政能力的确有重要作用。

2. 实际支出需要

（1）实际支出责任

2003—2006 年湖北省、山东省和吉林省 3 类公共服务的县级实际支出责任见表 1.6。3 个省 3 类公共服务的支出责任都迅速增加，其中，吉林省 3 类服务的县级支出责任大于山东省、而山东省又大于湖北省。

表 1.6　　100 个县（市）的实际支出责任

	湖北省			山东省			吉林省		
	农村公共服务	基本公共服务	一般管理服务	农村公共服务	基本公共服务	一般管理服务	农村公共服务	基本公共服务	一般管理服务
2003 年	41.359	190.5	135.14	61.163	241.24	167.47	66.239	312.48	174.12
2004 年	53.454	220.2	171.59	74.273	281.15	199.78	87.79	420.09	202.76
2005 年	69.734	262.05	214.36	90.025	343.24	252.45	107.17	518.05	245.21
2006 年	87.00	329.91	263.44	108.24	403.54	292.12	139.06	581.83	305.69

（2）实际支出需要

县（市）的实际支出需要等于县级各类服务的实际支出责任与服务成本指数的乘积之和（此处的服务成本指数等于各类服务的成本除以本年县级各类服务的平均成本；而在标准财政健康指数的计算中，为与基准年比较，是用基准年县级各类服务的平均成本相除）。基本情况是：100 个县（市）的实际支出需要都有很大提高，2003—2006 年实际支出需要的平均值分别为 451.9 元、553.1 元、682.7 元和 824.9 元，2006 年比 2003 年增加 82.5%。

3. 实际财政健康

以 2003 年为基准年，根据 $q_2 = N\Big/\sum(SN_2/RC_2)$ 计算的基准服务质量 $q_2 = 1.254$。根据（1.8）式计算的 100 个县（市）的实际财政健康指数参见本章附录表 17。

总体来看，2003—2006 年所有样本县（市）实际财政健康指数的平均值呈先降后升态势，改革后 100 个县（市）的实际财政健康指数的平均值分别为：-3.09、-7.82、-7.28。从数量上看，在 100 个县（市）中 2003 年实际财政健康指数为正的有 60 个、为负的有 40 个；2006 年实际财政健康指数为正的有 53 个、为负的有 47 个。

就各省的情况来看（见图 1.14），山东省在 2003 年改革后县级实际财政健康指数的平均值基本保持平稳上升态势，但也在2005年有一个小幅度下降；吉林省在2005年改革后县级实际财政健康指数的平均值则一直呈下降趋势；而湖北省在2004年改革后县级实际财政健康指数呈先降后升态势，2005年以后回升到基准年以上水平，效果比较明显。就此而言，"省管县"财政改革似乎对原来财政状况较差的省份（如湖北省）的县（市）有较好的效果。

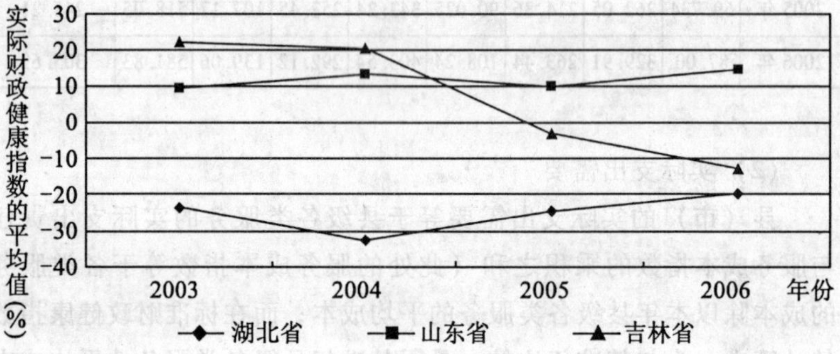

图1.14　100个县（市）按省计算的实际财政健康指数的平均值曲线

为何改革后样本县（市）的平均实际财政能力提高，而实际财政健康指数的平均值会下降？原因在于：县（市）的实际财政支出需要比实际财政能力提高更快，这是一方面；另一方面，可能也是更重要的，就是对于欠发达地区的县级财政来说，农业税在财政收入中占有相当比例，在山区和丘陵县（市）这个比例更高，而2004年和2005年也正是进行农业税改革——大幅度减免农业税和全面取消农业税的时期，因此农业税改革明显使县级财政的收入能力受到影响，从而降低了县级实际财政健康指数。

为了考察农业税改革的负面影响，我们假定2004年以后的农业税仍保持2003年的水平，以此来计算县级财政负担率和实际财政能力，并计算100个县（市）在消除了农业税改革的影响后（即调整后）的实际财政健康指数，具体结果参见附录表18。为了清楚起见，我们将2003—2006年经过调整后的100个县（市）的实际财政健康指数的平均值和未调整的实际财政健康指数的平均值曲线一起用图 1. 15 表示。由图 1. 15 可见，在消除了农业税改革的影响后，100 个县（市）的实际财政健康指数的平均值明显高于未调整的实际财政健康指数的平均值。从这个意义上说，正是“省管县”财政改革弥补了农业税改革后可能留下的县级财政“真空”，缓冲了可能出现的巨大困难甚至动荡，使县域经济得以继续保持稳定发展。

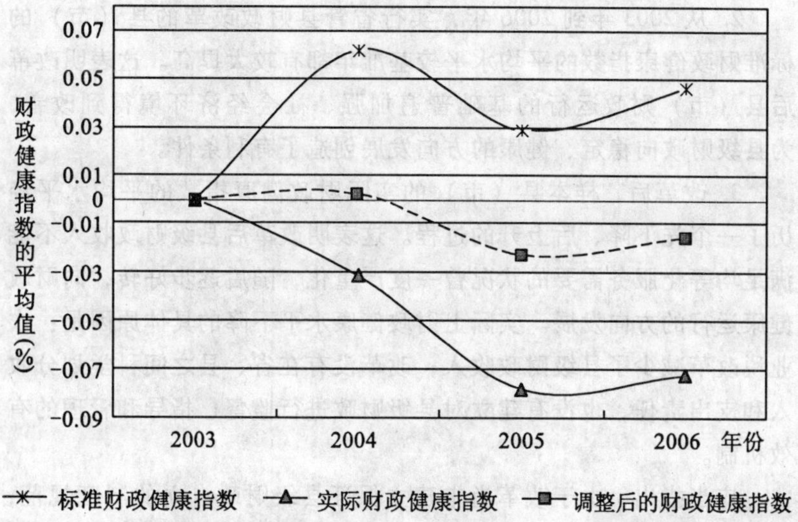

图 1. 15　100 个县（市）财政健康指数的平均值曲线

当然，也必须看到，改革后虽然县（市）的实际财政能力提高，但实际财政健康指数的平均水平仍低于基准年。这说明改革也确实还存在一些不足的方面，例如：注意了对县级财政的支持和资助，但忽视了对县级财政支出的结构、规模、服务成本的管理和控制；没有从保证县级财政长期稳定、健康发展的角度，来设计和建立合理的县级财政负担率（收入比重）和服务支出责任等制度规范，以至县级财政的实际收入能力普遍小于实际支出需要。这些正是今后深入开展“省管县”财政改革必须高度重视和解决的问题。

五、结论和建议

基于以上分析，我们得到以下基本结论：

1. 实行"省管县"财政改革后，无论是湖北省52个县（市）还是从湖北、山东、吉林3省中选取的100个样本县（市），它们的经济稳定发展、人均GDP较快增长；大部分样本县（市）的就业率提高；产业结构得到不同程度的优化与调整。

2. 从2003年到2006年，实行省管县财政改革的县（市）的标准财政健康指数的平均水平较基准年都有较大提高。这表明改革后县（市）财政运行的基础普遍加强、社会经济环境得到改善，为县级财政向稳定、健康的方向发展创造了有利条件。

3. 改革后，样本县（市）的实际财政健康指数的平均水平经历了一个先下降、后上升的过程。这表明改革后县级财政收入不能满足均等化服务需要的状况曾一度严重化，随后逐步好转，向财政健康运行的方向发展。实际上财政健康水平下降的具体原因是：农业税改革减少了县级财政收入；改革没有在省、县之间科学划分收入和支出责任，也没有建立对县级财政进行监督、指导和管理的有效机制。

应当指出，由于改革尚未建立保证县级财政自立的制度规范，改革成效估计主要来自上级财政对县级财政的资助——使县级政府能够有所作为。也就是说，省管县财政改革的作用可以简单地归结为"断奶"（对地市）和"供奶"（对县）机制；而由于供奶中主要靠县级政府的自觉性（而不是制度）去推动县域社会经济发展，所以，若不完善财政制度、提供制度保障，很难说县级政府的这种自觉行为能够长期持续下去。

总之，实践证明省管县财政改革是必要、及时的，其作用是完全值得肯定的。但鉴于改革中仍存在一些问题和不足，我们提出以下建议：

1. 全面推进省管县财政改革并注意完善制度规范

在目前各地试点的基础上全面推行省管县财政改革。并注意进一步完善改革措施，具体包括：（1）完善地方财政收入和服务支出制度。明确规定县（市）的财政负担率和服务支出责任，建立提供均等化服务的制度，促使县（市）级政府和财政规范运作、积极提供本地公共服务；并以此作为省级财政监督、管理的基础，解决省级财政面对数十个市、县财政的管理问题。（2）建立保证基本服务均等化的转移支付安排。建立省对县（市）转移支付的合理制度——可运用财政健康指数分析中确定服务支出需要的方法，以全省县级政府提供地方公共服务的人均支出为基准并根据各县（市）的价格和环境因素加以调整，计算县（市）提供均等服务的支出规模，再对照各县（市）的实际财政收入水平来确定转移支付额。（3）在适当时机推进地方分税制改革，划分省与市、县的税种和收入。1994年分税制改革划分了中央和省级财政的收入，但未能在地方推行，应在深化“省管县”财政改革中完成这一任务，可以考虑在明确规定县级财政负担率和服务支出责任、建立省对县的转移支付机制并且能够大体保证县级财政健康运行的条件下，及时地实行地方分税制改革。

2. 在省管县财政改革的基础上开展“省管县”行政改革

对于已开展省管县财政改革的省份，除应进一步完善改革措施、建立保证县级财政自立的制度规范外，还应在适当的时候开始“省管县”行政体制改革。在现行的“市管县”行政体制下，县（市）依然受市（地）的制约，包括人事、发展规划、审批和其他行政管理权限，这样可能存在行政体制和财政体制上的不协调和摩擦。首先，省管县财政改革后市（地）不再集中和占用县级财力，而对一些要由地市提供配套资金的县级项目，市（地）也不愿意承担配套责任。其次，由于市（地）仍负责全市域的行政管理责任，要对全市域的经济社会事业发展进行规划部署，但因县（市）财政直接归属省财政管理，故存在统一规划与财力保证实施的矛盾；同时，省管县财政改革后，市（地）在提供市域性（即跨县域）公共品和公共服务上出现困难，也影响市域性公共品的供给。最后，由于人事权、审批权和行政管理权未作相应调整，县（市）经济社会和财政发展客观上仍受到市（地）政府的约束，在地方发展和利益的博弈中，县（市）作为下级往往只能做出让步。因此，为了彻底消除市（地）对县（市）政府的掣肘，应开展“省管县”行政体制改革，省级政府应直接负责对县级党、政主要负责人的任免和监督管理，让市（地）与县（市）成为完全并行的政府层级（实现地方政府体制的扁平化），使市（地）与县（市）在地方治理中合理分工：即市（地）致力于地方大、中城市的公共服务提供和社会经济发展；县（市）致力于县域城镇和广大农村地区的公共服务提供和社会经济发展。

3. 根据各地的具体情况，进一步完善“乡财县管”改革

本书没有具体分析“乡财县管”改革的情况，但县级财政的运行状况客观上也反映了“乡财县管”改革的情况。“乡财县管”改革对于规范乡镇财政和乡镇政府的行为显然是必要的，但是，由于“乡财县管”后大部分乡镇处于照看日常事务的状态，县级财政承担了从县、乡镇到村的管理费用和提供县内各种公共服务的责任，这对县级财政的健康发展无疑具有牵制和影响。我们在一些县的实际调查中发现，一些有资源优势和区位优势的乡镇确有较大的发展潜力。为了发挥它们提供农村基本公共服务的作用和积极性，同时缓和县级财政的公共服务提供的压力，应鼓励它们自主发展，成为相对独立的基层财政层级，而不应搞“一刀切”。

4. 积极探索省级财政管理的机制和分地区协调的方法

实行省管县财政改革后，省级财政部门由原来面对十几个市财政部门一下变成面对几十个市、县财政部门，统筹管理的难度和协调成本明显增大。以往一些省级财政部门经常召集市级财政部门开会部署和研究工作，改革后若非十分必要，一般不轻易召开全系统的会议。信息处理、监督与协调管理自然也很难到位。因此，在推进省管县财政改革的过程中，除了要完善地方财政制度，建立明确合理的市、县收入规定和支出标准，让市、县财政基本自主和自律以外，还应考虑在省级政府和财政部门内设立“地区协调部”，由副省长和副厅长挂帅，按地域片区对市、县进行协调和监督管理。同时，也应鼓励同一地域片区的市、县在平等的基础上开展自主性协调与合作，建立地区性协调会议与磋商机制。当然，这必须以完

全的（财政和行政的）“省管县”改革到位作为前提。

参考文献

[1] 湖北省人民政府. 省人民政府关于实行省管县（市）财政体制改革的通知. 2004.

[2] 湖北省财政厅. 湖北省管县财政体制改革情况. 2007.

[3] 湖北省财政厅. 省管县财政体制下县乡财政运行实践与探索. 2007.

[4] 湖北省人民政府. 省人民政府转批省财政厅关于改革和完善县乡财政管理方式试行意见的通知. 2005.

[5] 鄂西北15县联合课题组. “乡财县管”问题的研究报告. 2007.

[6] 湖北省财政年鉴编纂委员会. 湖北财政年鉴. 2003—2007.

[7] 湖北省统计局. 湖北统计年鉴. 2003—2007.

[8] 黄佩华. 中国地方财政问题研究. 北京：中国检察出版社，1999.

[9] 樊丽明，李齐云. 中国地方财政运行分析. 北京：经济科学出版社，2001.

[10] 贾康. 地方财政问题研究. 北京：经济科学出版社，2004.

[11] 阎坤. 中国县乡财政体制研究. 北京：经济科学出版社，2006.

[12] BRADBURY, KATHARINE L. Fiscal distress in large U. S. city. New England Economic Review, 1982 (1-2).

[13] BRADBURY, KATHARINE L. Urban decline and distress: an update. New England Economic Review, 1984 (7-8).

[14] BURCHELL, ROBERT W., et al. The new reality of municipal finance: the rise and fall of the intergovernmental city. Rutgers University, 1984.

[15] CUCITI, PEGGY. City need and the responsiveness of federal grant programs. Congressional Budget Office, 1978.

[16] CLARK, TERRY NICHOLS, LORNA CROWLEY FERGUSON. City money: political processes, fiscal strain and retrenchment. Columbia University Press, 1983.

[17] DEARBORN, PHILIP M. Fiscal conditions in large city, in urban change and poverty. National Academy Press, 1971—1984.

[18] GARN, HARVEY A, LARRY CLITON LEDEBUR. The economic performance and prospects of cities// A. SOLOMON. The prospective city. MIT Press, 1980.

[19] GERALD MILLER. Urban fiscal health: how do new jersey cities compare to other American cities. Cornwall Center Publication Series, 2001.

[20] LADD, HELEN F, YINGER JOHN. America's ailing cities: fiscal health and the design of urban policy. The Johns Hopkins University Press, 1991.

[21] LIN JUSTIN YIFU, ZHIQIANG LIU. Fiscal decentralization and economic growth in China. Economic Development and Cultural Change, 2000.

[22] NATHAN, RICHARD P, CHARLES ADAMS. Understanding central city hardship. Political Science Quarterly, 1976.

[23] OATES, WALLANCE E. Fiscal federalism. Harcourt Brace Jovanovich,1972.

[24] QIAN, YINGYI, GERARD ROLAND. Federalism and the soft budest constrain. Americn Economic Review, 1998, 88 (5).

[25] MCKINNON, ROLAND I. Market-preserving fiscal federalism in the American monetary union // M. BLEJER, T. TER-MINASSIAN. Macroeconomi dimensions of public finance. Essays in Honour of Vito Tanzi. Boutledge, 1997.

[26] STIGLER, GEORGE. Tenable range of functions of local goverment, in feder expenditure policy for economic growth and stability. Joint Economic Committee, 1957.

[27] TIEBOUT, CHARLES. A pure theory of local expenditure. Jour-

nal of Political Economy, 1956 (64).

[28] TAO ZHANG, HENG FU. Fiscal decentralization, public spending, and economic growth in China. Journal of Public Economics, 1998 (67).

[29] WEINGAST, BARRY R. The economic role of political institution: market-preserving Federalism and economic growth. Journal of Law, Economics and Orgnization, 1995 (11): 1-33.

[30] YINGER, JOHN. On fiscal disparities across cities. Journal of Urban Economics, 1986 (19).

附 录

表 1 湖北省 52 个县（市）的经济健康（人均收入和就业率）指标

	人均收入（元）				就业率（%）			
	2003 年	2004 年	2005 年	2006 年	2003 年	2004 年	2005 年	2006 年
大冶市	3695.7	4171.4	4544.3	5027.2	0.5219	0.5609	0.5591	0.5793
阳新县	3028.6	3507.0	3699.2	3858.6	0.4076	0.4690	0.4879	0.4877
丹江口市	3735.3	3713.3	3776.6	4027.1	0.4418	0.4383	0.4302	0.4442
郧县	1955.7	2031.4	2208.9	2463.6	0.4680	0.4527	0.4909	0.4889
郧西县	2093.1	2240.1	2409.5	2641.7	0.4674	0.4562	0.4576	0.4619
竹山县	2019.2	2164.4	2272.3	2559.2	0.4449	0.3987	0.4521	0.4548
竹溪县	2683.3	2711.4	2911.5	3164.9	0.4651	0.4991	0.4887	0.4828
房县	2465.4	2615.8	2662.1	2897.4	0.5395	0.5472	0.5263	0.5339
江陵县	3608.1	3970.2	4024.9	4523.1	0.5226	0.5251	0.5251	0.5268
松滋市	3146.8	3658.1	3663.7	4323.2	0.5195	0.4930	0.5582	0.5324
公安县	3324.1	3858.2	4193.6	4702.9	0.4664	0.4772	0.4871	0.4858
石首市	3411.3	3909.1	4220.9	4670.8	0.5604	0.5372	0.5302	0.5313
监利县	3409.7	3874.2	4024.9	4342.7	0.4312	0.4239	0.4354	0.4357
洪湖市	3626.6	4182.9	4389.8	4855.7	0.4492	0.4139	0.4238	0.4168
宜都市	3694.8	4310.1	4761.3	5401.1	0.5050	0.5077	0.5118	0.5177
枝江市	4172.9	4849.5	5270.4	5494.8	0.5300	0.5290	0.5373	0.5402
当阳市	4261.2	4593.6	4872.3	5349.1	0.5744	0.5717	0.5722	0.5743
远安县	3229.7	3832.4	4353.8	4559.5	0.5527	0.5750	0.4950	0.5103
兴山县	3016.4	3420.7	3444.7	3869.0	0.6226	0.5526	0.6000	0.6517
秭归县	2575.2	2743.4	2866.6	3124.0	0.5331	0.5154	0.5031	0.5279
长阳县	2534.0	2739.1	2860.8	3164.9	0.5622	0.5746	0.5935	0.5813
五峰县	2075.8	2311.8	2449.4	2656.4	0.5034	0.4952	0.5067	0.5431

续表

	人均收入（元）				就业率（%）			
	2003 年	2004 年	2005 年	2006 年	2003 年	2004 年	2005 年	2006 年
老河口市	3839.8	4635.5	4955.4	5242.0	0.5273	0.4991	0.5015	0.4979
枣阳市	3447.1	3883.7	4126.5	4444.0	0.3923	0.4536	0.4580	0.4625
宜城市	3366.2	3725.8	3964.7	4619.0	0.5642	0.5791	0.5950	0.5981
南漳县	3404.8	3738.4	3851.9	4251.5	0.4629	0.4639	0.5114	0.5150
谷城县	3239.7	3659.1	3807.1	4118.1	0.3908	0.4201	0.4284	0.4418
保康县	2362.6	2526.0	2579.7	2829.5	0.6052	0.5966	0.5921	0.5848
钟祥市	3566.0	4392.0	4265.0	4910.8	0.3524	0.3822	0.4004	0.4054
京山县	3886.1	4328.3	4544.1	5006.3	0.3555	0.4063	0.4182	0.4401
沙洋县	3537.6	3895.9	4147.0	4316.2	0.4061	0.4147	0.4660	0.4401
孝昌县	2200.3	2379.2	2446.2	2695.2	0.5778	0.5793	0.5784	0.5802
大悟县	2678.3	3054.7	2954.3	3225.4	0.5486	0.5600	0.5829	0.5769
安陆市	3106.4	3467.5	3749.1	4098.8	0.5065	0.5173	0.5201	0.5485
云梦县	3600.4	4001.1	4267.8	4745.7	0.6188	0.6167	0.6185	0.6012
应城市	3667.6	4063.4	4309.9	4698.0	0.4368	0.4481	0.4501	0.4616
汉川市	3646.8	4036.2	4429.4	4861.8	0.5747	0.5790	0.5569	0.6154
团风县	1784.4	2134.0	2269.7	2504.7	0.4348	0.4457	0.4577	0.4565
红安县	2657.2	2912.7	3239.7	3377.7	0.5393	0.5410	0.5419	0.5425
麻城市	2817.0	3123.8	3349.1	3593.0	0.4508	0.4859	0.4914	0.4941
罗田县	2720.2	2983.7	3218.4	3467.2	0.5206	0.5380	0.5459	0.5402
英山县	2845.8	3001.6	2994.6	3234.4	0.5978	0.5986	0.6335	0.6876
浠水县	2910.2	3228.0	3453.5	3919.0	0.4377	0.4408	0.4462	0.4657
蕲春县	2646.7	3012.0	3219.8	3351.8	0.3867	0.4132	0.4381	0.4596
武穴市	3214.3	3565.7	3893.1	4404.0	0.4695	0.5416	0.5568	0.5511
黄梅县	2765.2	3068.8	3306.8	3660.5	0.4739	0.4730	0.4888	0.4968

续表

	人均收入（元）				就业率（%）			
	2003 年	2004 年	2005 年	2006 年	2003 年	2004 年	2005 年	2006 年
嘉鱼县	3497.7	4060.9	4507.8	4944.6	0.4997	0.5710	0.5775	0.5913
赤壁市	3796.0	4237.4	4671.2	5319.8	0.4386	0.4497	0.4514	0.4500
通城县	3087.2	3453.5	3706.2	4115.6	0.4187	0.4255	0.4264	0.4259
崇阳县	2879.4	3192.2	3343.0	3715.7	0.5391	0.4810	0.5158	0.4514
通山县	2186.3	2377.2	2505.8	2899.0	0.3266	0.3278	0.3299	0.3292
广水市	2793.5	3269.0	3572.0	3952.4	0.5000	0.5071	0.5049	0.4975
均值	3075.3	3555	3645	4004	0.48928	0.49557	0.50493	0.50995
标准差	603.7	990	796	874	0.07134	0.06582	0.06534	0.06785
最大值	4261.2	4849.5	5270	5495	0.62263	0.6167	0.63346	0.68763
最小值	1784.4	2031	2209	2464	0.32656	0.3278	0.32994	0.3292

注：据历年《湖北统计年鉴》、《湖北农村统计年鉴》的数据计算而得。

表 2 湖北省 52 个县(市)的经济健康(产业结构)指标(%)

	2003 年			2004 年			2005 年			2006 年		
	第一产业	第二产业	第三产业	第一产业	第二产业	第三产业	第一产业	第二产业	第三产业	第一产业	第二产业	第三产业
大冶市	29.19	25.94	44.87	27.28	26.95	45.77	27.40	27.12	45.47	27.43	26.10	46.48
阳新县	41.44	13.87	44.69	39.63	13.12	47.25	31.33	12.76	55.92	30.32	13.77	55.91
丹江口市	41.76	16.12	42.12	42.25	16.01	41.74	42.61	15.44	41.95	40.17	16.22	43.60
郧县	53.10	20.21	26.69	55.27	21.43	23.31	53.00	24.30	22.70	48.81	24.50	26.69
郧西县	48.86	9.03	42.12	38.96	7.47	53.57	38.91	8.12	52.97	39.41	15.40	45.18
竹山县	67.58	9.89	22.53	56.35	11.05	32.60	54.85	11.17	33.98	54.55	11.48	33.97
竹溪县	39.66	9.05	51.29	38.93	9.61	51.46	42.09	16.33	41.58	39.74	18.20	42.06
房县	69.82	14.54	15.64	70.46	14.06	15.48	68.72	14.88	16.40	66.91	16.31	16.78
江陵县	66.03	11.96	22.01	66.03	11.96	22.01	65.55	11.96	22.49	64.76	12.38	22.86
松滋市	81.72	5.49	12.79	82.49	5.15	12.36	77.63	4.92	17.45	74.55	5.80	19.64
公安县	58.62	12.84	28.54	56.85	13.13	30.02	56.07	10.53	33.40	56.16	10.91	32.93
石首市	46.96	13.04	40.00	46.69	13.55	39.76	45.48	13.86	40.66	44.06	14.20	41.74

续表

	2003年			2004年			2005年			2006年		
	第一产业	第二产业	第三产业	第一产业	第二产业	第三产业	第一产业	第二产业	第三产业	第一产业	第二产业	第三产业
监利县	30.51	18.64	50.85	33.28	18.94	47.78	50.10	13.69	36.21	44.45	14.74	40.81
洪湖市	63.52	17.12	19.35	65.13	17.92	16.95	61.77	19.25	18.99	60.42	19.78	19.80
宜都市	44.54	23.95	31.51	41.11	25.25	33.64	38.58	27.00	34.42	33.74	28.19	38.06
枝江市	50.32	16.80	32.89	46.18	19.35	34.47	39.96	21.42	38.61	36.00	22.55	41.45
当阳市	47.33	14.10	38.56	48.72	13.81	37.46	46.35	15.26	38.39	44.00	16.18	39.82
远安县	56.48	15.74	27.78	53.04	15.65	31.30	56.57	19.19	24.24	55.56	20.20	24.24
兴山县	60.87	9.57	29.57	60.00	9.57	30.43	55.93	10.17	33.90	54.62	10.92	34.45
秭归县	68.69	11.62	19.70	68.66	11.94	19.40	67.28	12.79	19.93	63.41	15.12	21.46
长阳县	62.08	8.03	29.89	59.17	11.71	29.12	48.36	12.70	38.93	46.47	12.45	41.08
五峰县	67.66	6.47	25.87	62.60	6.73	30.67	62.50	6.86	30.64	57.59	7.01	35.40
老河口市	35.72	24.12	40.16	38.67	22.62	38.71	39.01	25.51	35.48	37.99	25.90	36.10
枣阳市	49.98	23.31	26.71	50.46	23.10	26.44	51.69	22.07	26.24	50.79	23.03	26.18

续表

	2003年			2004年			2005年			2006年		
	第一产业	第二产业	第三产业	第一产业	第二产业	第三产业	第一产业	第二产业	第三产业	第一产业	第二产业	第三产业
宜城市	43.65	18.01	38.34	39.83	18.88	41.29	42.87	20.57	36.56	36.59	21.78	41.63
南漳县	50.37	24.63	25.00	47.95	25.66	26.39	44.01	27.16	28.83	42.89	27.15	29.96
谷城县	43.01	23.66	33.33	39.90	23.08	37.03	39.58	24.06	36.36	36.55	24.10	39.36
保康县	69.88	3.97	26.15	65.98	3.91	30.11	66.27	3.55	30.18	66.27	3.55	30.18
钟祥市	53.48	16.58	29.94	53.10	16.81	30.09	48.01	18.74	33.25	47.15	18.74	34.11
京山县	42.48	24.88	32.64	42.56	25.31	32.13	42.86	25.50	31.64	40.05	24.79	35.16
沙洋县	66.71	7.48	25.81	66.92	7.93	25.15	71.01	7.60	21.39	64.75	7.07	28.18
孝昌县	42.50	21.94	35.56	41.87	22.59	35.54	41.92	22.47	35.62	30.08	27.91	42.01
大悟县	45.49	11.95	42.56	38.85	22.95	38.20	39.67	21.94	38.39	35.51	26.04	38.45
安陆市	39.17	26.30	34.53	38.25	26.71	35.04	33.20	27.33	39.47	30.83	26.65	42.52
云梦县	38.51	30.56	30.93	38.44	30.59	30.98	38.49	30.59	30.92	29.96	32.99	37.05
应城市	33.99	23.88	42.13	35.48	22.19	42.33	34.81	22.48	42.71	33.26	22.22	44.53

续表

	2003 年			2004 年			2005 年			2006 年		
	第一产业	第二产业	第三产业	第一产业	第二产业	第三产业	第一产业	第二产业	第三产业	第一产业	第二产业	第三产业
汉川市	46.50	20.16	33.33	45.85	20.13	34.03	42.72	23.18	34.11	32.00	25.50	42.50
团风县	64.27	16.83	18.90	62.58	16.56	20.86	60.48	17.37	22.16	59.10	18.21	22.69
红安县	47.19	15.18	37.63	47.10	15.23	37.67	46.96	15.28	37.77	46.86	15.24	37.90
麻城市	42.50	17.59	39.91	47.27	15.50	37.22	47.62	15.38	37.00	47.66	15.42	36.92
罗田县	39.99	25.98	34.03	39.02	25.27	35.71	34.61	29.19	36.20	34.89	29.07	36.04
英山县	50.12	19.99	29.89	43.46	20.56	35.98	41.53	18.55	39.92	29.00	18.96	52.04
浠水县	43.79	20.55	35.65	43.68	23.06	33.26	43.20	23.83	32.97	37.19	28.97	33.83
蕲春县	43.54	15.71	40.76	43.53	15.72	40.75	39.48	13.49	47.03	36.37	13.33	50.30
武穴市	57.73	21.87	20.41	63.38	18.94	17.68	33.22	38.19	28.59	32.25	39.16	28.59
黄梅县	38.77	25.90	35.33	36.09	28.31	35.60	35.80	28.45	35.76	35.86	28.64	35.50
嘉鱼县	37.99	23.81	38.20	37.86	26.70	35.44	35.10	28.37	36.54	34.84	28.56	36.60
赤壁市	29.19	28.24	42.57	28.86	28.64	42.49	28.48	28.66	42.86	28.21	28.43	43.35

续表

	2003 年			2004 年			2005 年			2006 年		
	第一产业	第二产业	第三产业	第一产业	第二产业	第三产业	第一产业	第二产业	第三产业	第一产业	第二产业	第三产业
通城县	41.46	21.85	36.69	41.05	22.03	36.91	40.83	22.14	37.02	40.29	22.32	37.39
崇阳县	39.03	21.91	39.06	39.73	23.74	36.53	42.17	20.32	37.52	30.00	25.21	44.80
通山县	37.03	12.03	50.95	35.72	12.94	51.34	33.81	13.67	52.52	32.19	15.07	52.74
广水市	49.70	14.70	35.60	49.17	14.53	36.31	47.57	18.53	33.90	46.44	18.60	34.97
均值	49.24	17.45	33.31	48.11	17.97	33.92	46.5	18.92	34.58	43.63	19.9	36.46
标准差	12.11	6.502	8.99	11.98	6.629	9.15	11.67	7.39	8.67	12.15	7.5	8.77
最大值	81.72	30.56	51.29	82.49	30.59	53.57	77.63	38.19	55.92	74.55	39.16	55.91
最小值	29.19	3.97	12.79	27.28	3.91	12.36	27.4	3.55	16.4	27.43	3.55	16.78

注:据历年《湖北统计年鉴》的数据计算而得。

表3　　湖北省52个县(市)的标准财政能力　　单位:元/人

县(市)	2003年	2004年	2005年	2006年	2006年较2003年的增长率(%)
大冶市	385.457	435.078	473.973	524.336	36.0296
阳新县	315.887	365.776	385.830	402.451	27.4034
丹江口市	389.592	387.294	393.902	420.022	7.8107
郧县	203.980	211.870	230.384	256.954	25.9704
郧西县	218.309	233.646	251.316	275.527	26.2100
竹山县	210.606	225.747	237.005	266.926	26.7419
竹溪县	279.869	282.797	303.668	330.094	17.9458
房县	257.144	272.825	277.655	302.202	17.5228
江陵县	376.326	414.095	419.793	471.761	25.3595
松滋市	328.212	381.537	382.119	450.910	37.3838
公安县	346.702	402.412	437.388	490.514	41.4800
石首市	355.794	407.717	440.240	487.161	36.9222
监利县	355.634	404.080	419.802	452.945	27.3625
洪湖市	378.259	436.273	457.861	506.446	33.8887
宜都市	385.365	449.542	496.600	563.339	46.1833
枝江市	435.238	505.805	549.705	573.106	31.6766
当阳市	444.441	479.116	508.183	557.916	25.5321
远安县	336.858	399.718	454.101	475.560	41.1754
兴山县	314.613	356.777	359.282	403.540	28.2657
秭归县	268.598	286.141	298.991	325.834	21.3093
长阳县	264.291	285.691	298.386	330.104	24.9017

续表

县(市)	2003 年	2004 年	2005 年	2006 年	2006 年较 2003 年的增长率(%)
五峰县	216.504	241.126	255.475	277.062	27.9707
老河口市	400.488	483.478	516.851	546.737	36.5178
枣阳市	359.530	405.065	430.390	463.514	28.9224
宜城市	351.099	388.600	413.522	481.761	37.2152
南漳县	355.125	389.914	401.754	443.430	24.8661
谷城县	337.906	381.644	397.076	429.522	27.1128
保康县	246.418	263.463	269.061	295.118	19.7632
钟祥市	371.934	458.090	444.840	512.193	37.7109
京山县	405.323	451.437	473.952	522.154	28.8243
沙洋县	368.968	406.346	432.532	450.176	22.0095
孝昌县	229.496	248.148	255.142	281.110	22.4903
大悟县	279.351	318.600	308.132	336.408	20.4246
安陆市	324.003	361.661	391.028	427.501	31.9436
云梦县	375.527	417.317	445.130	494.978	31.8089
应城市	382.533	423.813	449.520	490.005	28.0949
汉川市	380.366	420.974	461.984	507.091	33.3163
团风县	186.109	222.575	236.728	261.235	40.3666
红安县	277.141	303.792	337.903	352.295	27.1174
麻城市	293.813	325.808	349.315	374.745	27.5454
罗田县	283.721	311.202	335.675	361.627	27.4586
英山县	296.815	313.065	312.334	337.344	13.6545

续表

县(市)	2003年	2004年	2005年	2006年	2006年较2003年的增长率(%)
浠水县	303.537	336.678	360.201	408.747	34.6611
蕲春县	276.049	314.147	335.825	349.588	26.6400
武穴市	335.251	371.902	406.050	459.339	37.0135
黄梅县	288.408	320.080	344.902	381.785	32.3770
嘉鱼县	364.807	423.555	470.160	515.719	41.3676
赤壁市	395.924	441.961	487.202	554.858	40.1424
通城县	321.999	360.205	386.560	429.253	33.3087
崇阳县	300.322	332.944	348.678	387.552	29.0456
通山县	228.026	247.938	261.356	302.369	32.6028
广水市	291.362	340.960	372.555	412.232	41.4842
均值	320.75	358.7	380.2	417.6	29.82
标准差	62.96	75.7	83.0	91.2	7.76
最大值	444.44	505.8	549.7	573.1	46.18
最小值	186.11	211.9	230.4	257.0	7.81

表4 湖北省52个县（市）的公共服务成本指数（%）

	2003年			2004年		
	农村	基本	管理	农村	基本	管理
大冶市	1.5271	0.5346	0.4692	1.3362	0.4647	0.4212
阳新县	0.7889	0.4248	0.5220	1.0645	0.3989	0.4874
丹江口市	1.6110	1.0329	1.7839	1.5811	1.1879	1.9657
郧县	0.7134	1.5302	1.1016	0.6950	2.1890	1.2936
郧西县	0.7439	1.9016	1.4337	0.8750	2.0651	1.6168
竹山县	0.6276	2.3873	1.5620	0.5652	2.3428	1.7405
竹溪县	1.0838	1.5193	1.8628	1.2389	1.7724	1.9525
房县	1.0181	1.5955	1.4264	1.1097	1.5971	1.5652
江陵县	1.4398	0.5485	0.7525	1.6051	0.6555	0.8584
松滋市	0.8837	0.6988	0.6048	0.8870	0.7886	0.6986
公安县	0.7047	0.5730	0.4740	0.7650	0.6160	0.5054
石首市	1.0635	0.7690	0.6737	1.1925	0.8716	0.7567
监利县	0.5498	0.3407	0.3301	0.5474	0.3390	0.3452
洪湖市	0.6323	0.3467	0.4206	0.5818	0.3482	0.4599
宜都市	1.2654	1.2402	1.3803	1.3936	1.1073	1.3712
枝江市	1.3167	0.7589	0.8302	1.6791	0.5715	0.8363
当阳市	1.6675	0.8209	1.0668	1.5165	0.8247	1.0460
远安县	1.6625	3.0035	3.4648	1.7715	2.6857	3.3673
兴山县	1.9947	2.6654	3.6335	1.7900	2.6168	3.9174
秭归县	0.7270	1.2223	1.1670	0.6876	1.3566	1.2898
长阳县	0.7316	1.7750	1.3718	0.7849	1.7981	1.3978
五峰县	0.9721	3.2869	2.9082	0.9822	2.7962	2.8678
老河口市	1.0488	0.4270	0.5408	1.1981	0.3286	0.5762
枣阳市	0.5281	0.3301	0.4090	0.7502	0.3403	0.4153
宜城市	1.1367	0.5622	0.5804	1.2174	0.6696	0.6684
南漳县	0.7248	0.5585	0.8050	0.8144	0.6809	0.9911

续表

	2003 年			2004 年		
	农村	基本	管理	农村	基本	管理
谷城县	0.9183	0.6013	0.9884	1.1114	0.6804	1.0252
保康县	1.3683	1.7576	2.0319	1.3128	1.7250	2.0592
钟祥市	0.7196	0.4287	0.6494	0.8662	0.4927	0.7168
京山县	0.9644	0.7311	1.2144	1.2307	0.8279	1.2772
沙洋县	0.7779	1.1120	1.0631	0.7750	1.0937	1.0423
孝昌县	0.8498	1.1814	0.4861	1.1759	1.6737	0.6844
大悟县	0.8540	0.7622	0.6486	0.9464	0.6078	0.6871
安陆市	0.9019	0.5583	0.5277	1.0420	0.5713	0.5708
云梦县	0.9841	0.7647	0.4396	1.0366	0.7687	0.4601
应城市	0.8093	0.7658	0.5540	0.8545	0.7593	0.5793
汉川市	0.8017	0.3480	0.2848	0.8057	0.3358	0.2802
团风县	0.8683	1.3260	0.9661	0.9131	1.2270	1.0203
红安县	1.0813	0.6569	0.5687	1.1160	0.6709	0.5869
麻城市	0.6263	0.4286	0.4126	0.5481	0.4639	0.4031
罗田县	0.8855	0.8905	0.7768	0.8772	0.9517	0.7701
英山县	0.9360	0.6859	0.7349	0.9456	0.7715	0.7453
浠水县	0.5227	0.4848	0.3713	0.5596	0.5307	0.3970
蕲春县	0.6398	0.6900	0.5286	0.6882	0.7073	0.5349
武穴市	1.3269	0.5727	0.5126	1.1643	0.5977	0.4777
黄梅县	0.9280	0.4628	0.4147	0.9501	0.4610	0.4261
嘉鱼县	1.4162	0.8952	0.9701	1.7033	1.0323	0.9571
赤壁市	1.6280	0.7273	0.9516	1.8502	0.8356	1.0623
通城县	0.9482	0.9543	1.0180	1.1123	1.1146	1.1635
崇阳县	1.5699	0.9596	0.9801	1.3550	1.0798	1.1335
通山县	0.8737	1.4453	1.7993	0.8555	1.5206	1.8965
广水市	0.6367	0.9553	0.5316	0.6909	0.9675	0.5642
均值	1.0000	1.0000	1.0000	1.0599	1.0362	1.0560

续表

	2005年			2006年		
	农村	基本	管理	农村	基本	管理
大冶市	1.6235	0.5185	0.5046	1.8669	0.5453	0.5477
阳新县	1.1910	0.4718	0.5416	1.1556	0.5615	0.5900
丹江口市	1.7816	1.3238	2.2761	2.0835	1.5185	2.5524
郧县	0.8604	1.8198	1.2366	0.9389	1.8235	1.3278
郧西县	0.8524	2.1727	1.8096	0.9076	2.3037	1.9192
竹山县	0.7142	2.4277	1.7229	0.8255	2.3680	1.8774
竹溪县	1.2473	1.9226	2.1215	1.2718	1.9340	2.2968
房县	1.0340	1.7074	1.6940	0.9549	1.8222	1.8209
江陵县	1.5471	0.7107	0.8647	1.9696	0.7577	1.0676
松滋市	0.9949	1.0788	0.7430	1.0346	0.9013	0.7552
公安县	0.8333	0.6011	0.5173	0.9795	0.6211	0.5821
石首市	1.2908	0.8089	0.7733	1.3872	0.7761	0.7938
监利县	0.6069	0.3373	0.3422	0.6294	0.4000	0.3717
洪湖市	0.6542	0.3515	0.4933	0.8303	0.4550	0.6628
宜都市	1.5053	1.1553	1.4759	1.7305	1.2580	1.6772
枝江市	1.8972	0.6029	0.9494	1.6529	0.7911	1.0635
当阳市	1.5105	0.8976	1.1261	1.6502	0.9151	1.2088
远安县	1.6757	2.4299	4.1812	2.1258	3.3384	4.8377
兴山县	1.9154	3.6225	4.3040	2.3270	2.9014	4.2126
秭归县	0.6795	1.3657	1.3671	0.7979	1.4621	1.4410
长阳县	0.8436	1.7874	1.4330	0.8690	1.7794	1.5165

续表

	2005年			2006年		
	农村	基本	管理	农村	基本	管理
五峰县	1.0506	2.9714	3.0506	1.1893	3.2488	3.0757
老河口市	1.5250	0.3369	0.6603	1.5500	0.4058	0.6951
枣阳市	0.7605	0.3727	0.4390	0.7920	0.3920	0.4536
宜城市	1.3245	0.7432	0.6985	1.5164	0.8314	0.7905
南漳县	0.9863	0.7885	1.0645	1.0169	0.7846	1.0749
谷城县	1.3253	0.7831	1.1570	1.5166	0.7596	1.2212
保康县	1.1785	1.9116	2.2067	1.1222	1.8835	2.2581
钟祥市	1.0333	0.5815	0.8071	1.2365	0.6000	0.8908
京山县	1.3108	0.7315	1.3800	1.4504	0.9406	1.4845
沙洋县	0.8336	1.2933	1.0384	0.9627	1.3309	1.2926
孝昌县	1.2891	1.7551	0.7294	1.2629	1.8542	0.7295
大悟县	1.0404	0.8454	0.7201	0.8892	0.9385	0.6679
安陆市	1.0885	0.6173	0.6305	1.1976	0.7094	0.6604
云梦县	1.0722	0.7695	0.4703	1.1856	0.7210	0.5028
应城市	0.9084	0.8248	0.6179	0.9942	0.9637	0.6733
汉川市	0.8853	0.3481	0.3292	1.1699	0.3926	0.3536
团风县	0.9408	1.8243	1.1379	1.0835	2.0841	1.3440
红安县	1.1885	0.7221	0.6194	1.2696	0.7709	0.6652
麻城市	0.5733	0.5267	0.4556	0.5694	0.5833	0.4721
罗田县	0.9733	1.0281	0.8465	1.0328	1.0936	0.8995
英山县	1.1154	1.2266	0.9083	1.3888	1.3241	0.9489

续表

	2005 年			2006 年		
	农村	基本	管理	农村	基本	管理
浠水县	0.4982	0.5655	0.4150	0.6535	0.5422	0.4522
蕲春县	0.7720	0.7999	0.5882	0.8607	0.8841	0.6395
武穴市	1.2147	0.6122	0.4979	1.3026	0.5725	0.5135
黄梅县	1.0666	0.6357	0.5066	1.1540	0.7104	0.5463
嘉鱼县	1.9746	1.2387	1.1124	2.4994	1.3466	1.2694
赤壁市	1.6700	0.8859	1.1294	1.8157	0.7903	1.1585
通城县	1.1187	1.1558	1.1855	1.2017	1.1017	1.2348
崇阳县	1.4842	1.4614	1.3342	1.2705	1.4999	1.5098
通山县	0.9279	1.8293	2.1817	1.0001	1.4976	2.1145
广水市	0.7812	0.9398	0.6090	0.8339	1.0588	0.6677
均值	1.1379	1.1392	1.154	1.2496	1.1894	1.2380

注：表中“农村”表示农村公共服务，“基本”表示基本公共服务，“管理”表示一般管理服务；表 13 中“农村”、“基本”、“管理”的含义与此同。

表5　　湖北省52个县（市）的标准支出需要　单位：元/人

县（市）	2003年	2004年	2005年	2006年	2006年较2003年的增长率（%）
大冶市	175.071	153.649	179.354	196.039	11.9771
阳新县	136.007	139.572	159.555	175.439	28.9934
丹江口市	363.233	400.245	454.080	517.355	42.4308
郧县	343.800	455.514	403.030	414.301	20.5065
郧西县	427.450	471.827	503.146	533.667	24.8492
竹山县	504.839	511.289	527.720	536.393	6.2504
竹溪县	421.146	471.487	508.136	525.704	24.8269
房县	392.474	407.999	432.255	456.877	16.4096
江陵县	198.061	228.882	235.296	275.282	38.9884
松滋市	186.549	207.777	257.886	234.552	25.7319
公安县	150.347	161.551	162.949	176.867	17.6391
石首市	209.387	236.253	232.211	232.787	11.1754
监利县	98.409	99.363	101.082	113.581	15.4165
洪湖市	110.105	111.798	117.840	153.994	39.8606
宜都市	346.007	330.657	350.777	391.368	13.1099
枝江市	230.760	217.519	239.915	267.964	16.1225
当阳市	273.133	266.266	283.513	298.354	9.2340
远安县	796.003	745.437	774.191	979.512	23.0537
兴山县	773.583	783.132	967.402	869.906	12.4514
秭归县	305.042	333.637	341.271	366.059	20.0031
长阳县	403.252	410.832	414.477	421.401	4.5007
五峰县	763.898	689.329	733.042	780.787	2.2108
老河口市	147.646	141.915	162.531	176.479	19.5288
枣阳市	102.801	113.125	120.257	125.494	22.0745

续表

县（市）	2003 年	2004 年	2005 年	2006 年	2006 年较 2003 年的增长率（%）
宜城市	174.014	200.202	217.501	245.389	41.0166
南漳县	177.292	214.387	242.763	244.228	37.7548
谷城县	206.441	228.327	262.553	271.768	31.6441
保康县	480.956	476.467	511.249	509.447	5.9238
钟祥市	144.880	165.446	192.349	209.795	44.8056
京山县	246.401	275.825	273.564	318.181	29.1312
沙洋县	281.989	277.435	308.372	340.412	20.7182
孝昌县	245.443	346.310	366.248	379.716	54.7059
大悟县	198.422	182.672	223.623	227.074	14.4396
安陆市	160.166	170.981	184.525	204.577	27.7280
云梦县	185.775	190.072	192.391	192.341	3.5348
应城市	189.187	192.092	206.950	235.130	24.2847
汉川市	105.011	102.990	111.946	131.150	24.8916
团风县	308.250	300.135	398.249	459.057	48.9237
红安县	184.741	189.634	202.581	216.638	17.2658
麻城市	121.129	122.538	137.119	146.630	21.0526
罗田县	229.255	237.288	258.543	274.842	19.8848
英山县	197.750	211.469	298.058	325.950	64.8296
浠水县	121.914	132.178	136.494	142.083	16.5430
蕲春县	169.638	174.505	195.686	215.654	27.1264
武穴市	176.853	171.435	177.158	175.993	-0.4864

续表

县（市）	2003 年	2004 年	2005 年	2006 年	2006 年较 2003 年的增长率（%）
黄梅县	137.564	139.103	175.792	193.336	40.5424
嘉鱼县	266.299	295.889	349.378	398.133	49.5060
赤壁市	248.169	281.717	288.050	282.054	13.6541
通城县	261.519	303.448	311.571	311.006	18.9229
崇阳县	282.280	304.881	382.468	395.109	39.9706
通山县	397.084	415.687	487.757	436.382	9.8965
广水市	208.431	215.021	218.191	242.517	16.3537
均值	268.6	280.9	307.2	325.9	23.69
标准差	162.4	158.8	175.3	182.2	14.33
最大值	796.0	783.1	967.4	979.5	64.83
最小值	98.4	99.4	101.1	113.6	-0.49

表6 湖北省52个县(市)的标准财政健康指数(%)

县(市)	2003年	2004年	2005年	2006年	2006年较2003年增加
大冶市	50.734	61.693	58.954	59.445	8.7111
阳新县	53.298	58.610	55.144	52.715	-0.5828
丹江口市	-1.131	-12.097	-25.041	-33.606	-32.4750
郧县	-82.822	-133.207	-89.756	-74.892	7.9298
郧西县	-112.385	-119.045	-117.162	-110.095	2.2899
竹山县	-160.011	-145.671	-141.521	-117.973	42.0384
竹溪县	-63.225	-80.844	-81.506	-72.748	-9.5226
房县	-65.556	-62.213	-68.867	-63.988	1.5682
江陵县	42.912	40.045	39.202	36.706	-6.2065
松滋市	38.348	40.930	26.795	43.577	5.2289
公安县	52.962	56.454	59.589	60.888	7.9264
石首市	36.165	37.147	42.786	48.168	12.0036
监利县	69.985	73.327	73.882	72.800	2.8153
洪湖市	68.426	72.204	72.083	67.018	-1.4083
宜都市	2.608	20.216	23.381	24.643	22.0345
枝江市	42.490	53.353	52.659	49.283	6.7933
当阳市	33.339	39.718	39.485	41.994	8.6547
远安县	-156.317	-102.287	-84.929	-123.416	32.9015
兴山县	-166.711	-138.094	-192.066	-133.827	32.8837
秭归县	-23.188	-26.475	-23.809	-21.861	1.3265
长阳县	-65.502	-55.983	-50.672	-38.470	27.0326
五峰县	-282.718	-210.093	-211.237	-205.679	77.0393
老河口市	60.011	68.161	65.890	64.987	4.9765
枣阳市	68.985	69.707	69.692	70.632	1.6474

续表

县(市)	2003年	2004年	2005年	2006年	2006年较2003年增加
宜城市	46.239	44.117	42.948	44.750	-1.4894
南漳县	45.848	40.360	34.456	40.258	-5.5896
谷城县	33.731	35.105	28.278	31.369	-2.3624
保康县	-111.710	-96.165	-106.106	-87.246	24.4644
钟祥市	57.747	60.824	53.097	55.571	-2.1768
京山县	34.060	33.726	37.391	33.902	-0.1571
沙洋县	17.100	25.941	22.667	17.978	0.8774
孝昌县	-16.007	-51.379	-55.705	-46.518	-30.5106
大悟县	22.954	37.808	21.279	26.783	3.8291
安陆市	46.379	48.719	48.813	48.093	1.7132
云梦县	46.339	50.596	53.118	57.850	11.5106
应城市	46.355	50.836	50.063	47.950	1.5957
汉川市	70.054	73.463	73.716	71.946	1.8924
团风县	-79.657	-46.268	-82.480	-90.609	-10.9524
红安县	27.695	32.291	34.970	33.298	5.6037
麻城市	55.281	59.204	57.422	57.558	2.2764
罗田县	12.353	17.293	16.454	17.561	5.2081
英山县	27.733	26.731	-3.512	-4.806	-32.5396
浠水县	56.433	57.415	58.897	62.295	5.8617
蕲春县	33.343	39.746	36.794	33.087	-0.2560
武穴市	42.780	49.999	52.675	58.440	15.6609

续表

县(市)	2003年	2004年	2005年	2006年	2006年较2003年增加
黄梅县	48.262	52.860	44.714	45.071	-3.1913
嘉鱼县	20.820	24.224	19.396	16.262	-4.5583
赤壁市	32.010	30.859	35.869	44.861	12.8508
通城县	11.904	8.621	12.572	21.410	9.5068
崇阳县	-1.954	0.673	-18.982	-10.585	-8.6313
通山县	-88.889	-81.858	-102.433	-56.545	32.3446
广水市	22.404	31.595	36.473	36.187	13.7826
均值	0.00	5.06	1.84	5.82	5.82
标准差	75.2	69.11	70.87	65.79	17.66
最大值	70.1	73.46	73.88	72.8	77.04
最小值	-282.7	-210.09	-211.24	-205.68	-32.54

表7　　湖北省52个县（市）的实际支出需要　单位：元/人

县（市）	2003年	2004年	2005年	2006年	2006年较2003年的增长率（%）
大冶市	175.078	182.931	241.08	305.01	74.215
阳新县	135.998	165.328	211.45	264.00	94.121
丹江口市	363.226	464.357	584.44	761.16	109.555
郧县	343.797	517.066	497.75	588.01	71.034
郧西县	427.443	537.626	620.97	753.72	76.332
竹山县	504.834	579.579	646.29	755.36	49.625
竹溪县	421.149	541.071	636.87	753.98	79.029
房县	392.473	468.140	540.01	650.54	65.754
江陵县	198.057	270.192	309.23	418.73	111.420
松滋市	186.545	240.614	325.12	342.69	83.702
公安县	150.353	187.541	209.31	262.43	74.541
石首市	209.387	274.907	300.39	347.58	65.998
监利县	98.412	116.055	131.56	168.50	71.215
洪湖市	110.097	130.543	153.62	229.65	108.584
宜都市	346.015	383.543	450.23	576.19	66.523
枝江市	230.758	258.032	321.28	402.71	74.516
当阳市	273.138	311.752	367.86	444.95	62.904
远安县	796.004	854.841	977.98	1405.84	76.612
兴山县	773.578	898.653	1208.20	1256.20	62.388
秭归县	305.035	381.130	424.49	521.67	71.021
长阳县	403.259	468.266	513.13	598.12	48.321
五峰县	763.900	784.660	906.51	1102.78	44.362
老河口市	147.642	169.242	221.74	274.14	85.678
枣阳市	102.804	133.179	157.52	188.50	83.357

续表

县（市）	2003 年	2004 年	2005 年	2006 年	2006 年较 2003 年的增长率（%）
宜城市	174.020	234.652	282.92	366.95	110.866
南漳县	177.286	248.291	311.21	358.63	102.288
谷城县	206.433	266.240	340.83	406.81	97.066
保康县	480.948	547.519	640.41	728.85	51.545
钟祥市	144.878	193.304	250.23	314.78	117.274
京山县	246.403	320.868	356.06	470.54	90.962
沙洋县	281.987	318.427	384.78	488.92	73.383
孝昌县	245.440	397.239	455.86	541.71	120.712
大悟县	198.420	213.051	285.71	328.94	65.779
安陆市	160.159	200.418	239.92	304.64	90.211
云梦县	185.775	221.325	246.90	286.36	54.145
应城市	189.186	222.527	262.94	341.84	80.689
汉川市	105.008	121.912	148.57	202.39	92.739
团风县	308.250	344.726	492.32	651.05	111.207
红安县	184.746	221.830	262.42	322.29	74.450
麻城市	121.139	142.068	174.30	212.73	75.612
罗田县	229.256	273.650	326.77	398.24	73.708
英山县	197.752	245.313	375.81	474.25	139.821
浠水县	121.918	152.893	171.88	208.06	70.658
蕲春县	169.641	201.473	247.26	312.77	84.369
武穴市	176.851	201.586	231.80	266.80	50.860

续表

县（市）	2003 年	2004 年	2005 年	2006 年	2006 年较 2003 年的增长率（%）
黄梅县	137.568	163.731	227.91	287.55	109.022
嘉鱼县	266.306	345.955	451.87	596.00	123.802
赤壁市	248.161	331.614	375.76	425.77	71.570
通城县	261.526	350.396	394.87	453.48	73.399
崇阳县	282.279	353.804	485.09	570.55	102.122
通山县	397.076	475.714	608.70	626.94	57.888
广水市	208.441	246.753	273.86	348.60	67.240
均值	268.6	324.5	389.7	474.4	81.62
标准差	162.4	180.2	215.9	257.0	21.71
最大值	796.0	898.7	1208.2	1405.8	139.82
最小值	98.4	116.1	131.6	168.5	44.36

表 8 湖北省 52 个县(市)的实际财政健康指数(%)

县(市)	2003 年	2004 年	2005 年	2006 年	2006 年较 2003 年增加
大冶市	50.730	55.890	54.010	55.044	4.3137
阳新县	53.299	52.581	50.446	49.304	-3.9950
丹江口市	-1.132	-25.786	-34.156	-40.050	-38.9172
郧县	-82.826	-156.033	-95.348	-76.851	5.9756
郧西县	-112.389	-141.402	-123.410	-111.409	0.9795
竹山县	-160.017	-169.346	-146.562	-118.696	41.3210
竹溪县	-63.232	-100.724	-89.631	-76.522	-13.2904
房县	-65.561	-80.016	-75.853	-66.362	-0.8016
江陵县	42.911	31.547	33.397	31.405	-11.5067
松滋市	38.347	33.839	23.068	41.267	2.9193
公安县	52.959	51.107	56.732	58.654	5.6949
石首市	36.163	29.263	38.304	44.861	8.6983
监利县	69.983	69.869	71.664	71.251	1.2680
洪湖市	68.427	68.608	69.663	64.957	-3.4705
宜都市	2.603	10.492	18.025	20.955	18.3517
枝江市	42.489	46.481	47.155	45.696	3.2070
当阳市	33.336	31.737	34.549	38.366	5.0295
远安县	-156.326	-124.363	-94.729	-128.459	27.8664
兴山县	-166.717	-164.250	-204.059	-140.574	26.1432
秭归县	-23.189	-39.737	-28.369	-23.732	-0.5430
长阳县	-65.510	-71.955	-55.490	-40.028	25.4822
五峰县	-282.731	-241.395	-220.832	-207.603	75.1283
老河口市	60.011	63.276	61.209	61.250	1.2395
枣阳市	68.983	65.507	66.909	68.571	-0.4115

续表

县(市)	2003 年	2004 年	2005 年	2006 年	2006 年较 2003 年增加
宜城市	46.236	36.651	38.139	41.136	-5.1001
南漳县	45.848	33.195	29.959	37.498	-8.3503
谷城县	33.731	26.813	22.390	26.804	-6.9270
保康县	-111.714	-118.021	-115.209	-90.863	20.8502
钟祥市	57.747	55.730	49.139	52.504	-5.2424
京山县	34.057	25.433	32.072	30.358	-3.6992
沙洋县	17.098	17.788	19.564	16.067	-1.0308
孝昌县	-16.009	-67.943	-61.550	-48.926	-32.9170
大悟县	22.952	29.845	16.163	24.434	1.4812
安陆市	46.380	41.863	44.524	44.928	-1.4517
云梦县	46.338	44.360	49.848	55.290	8.9519
应城市	46.353	44.916	47.111	46.086	-0.2669
汉川市	70.054	69.618	70.923	69.155	-0.8987
团风县	-79.663	-62.487	-88.042	-92.601	-12.9375
红安县	27.690	23.394	29.779	29.300	1.6098
麻城市	55.276	54.254	54.884	56.129	0.8523
罗田县	12.350	7.749	11.981	14.894	2.5445
英山县	27.730	17.794	-8.792	-8.646	-36.3760
浠水县	56.431	52.358	56.854	60.661	4.2307
蕲春县	33.340	32.717	33.428	30.858	-2.4814
武穴市	42.778	43.134	48.385	55.113	12.3341

续表

县(市)	2003 年	2004 年	2005 年	2006 年	2006 年较 2003 年增加
黄梅县	48.259	46.335	40.252	41.794	-6.4650
嘉鱼县	20.815	14.310	13.100	10.688	-10.1275
赤壁市	32.010	21.283	30.264	40.698	8.6877
通城县	11.898	-2.054	7.638	18.355	6.4570
崇阳县	-1.957	-11.484	-25.792	-13.774	-11.8170
通山县	-88.891	-101.290	-110.584	-60.237	28.6539
广水市	22.398	24.076	33.535	34.648	12.2497
均值	0.00	-5.9	-3.3	2.76	2.76
标准差	75.2	75.8	72.5	65.85	17.88
最大值	70.1	69.9	71.7	71.25	75.13
最小值	-282.7	-241.4	-220.8	-207.6	-38.92
消除农业税减免平均健康指数	0.00	3.77	17.33	22.21	22.21

表 9　100 个县(市)中湖北省 40 个县(市)的经济健康指标

	人均 GDP(元)				就业率(%)			
	2003 年	2004 年	2005 年	2006 年	2003 年	2004 年	2005 年	2006 年
大冶市	8193.6	9578.8	11094.1	12821.7	0.5219	0.5609	0.5591	0.5793
阳新县	4912.8	5551.2	6362.6	6952.9	0.4076	0.4690	0.4879	0.4877
丹江口市	7258.3	7965.7	8617.3	9746.2	0.4418	0.4383	0.4302	0.4442
郧县	2518.3	2694.9	2935.2	3256.0	0.4680	0.4527	0.4909	0.4889
郧西县	2507.4	2773.7	3026.8	3364.7	0.4674	0.4562	0.4576	0.4619
竹山县	2597.8	2821.9	3185.0	3527.7	0.4449	0.3987	0.4521	0.4548
竹溪县	2625.4	3193.7	3653.0	4151.2	0.4651	0.4991	0.4887	0.4828
松滋市	4217.2	4765.7	5625.6	5851.0	0.5195	0.4930	0.5582	0.5324
公安县	3951.2	4556.6	4965.3	5515.2	0.4664	0.4772	0.4871	0.4858
石首市	5819.5	6294.9	7135.1	7657.8	0.5604	0.5372	0.5302	0.5313
监利县	3417.9	3769.6	4069.3	4480.6	0.4312	0.4239	0.4354	0.4357
宜都市	9760.3	11814.1	13965.6	17701.5	0.5050	0.5077	0.5118	0.5177
枝江市	7800.1	9621.0	11718.0	13963.9	0.5300	0.5290	0.5373	0.5402

续表

	人均 GDP(元)				就业率(%)			
	2003 年	2004 年	2005 年	2006 年	2003 年	2004 年	2005 年	2006 年
当阳市	10173.6	10897.9	12001.3	13733.4	0.5744	0.5717	0.5722	0.5743
兴山县	7731.5	8547.0	10301.8	10816.0	0.6226	0.5526	0.6000	0.6517
秭归县	4744.1	5260.9	5822.9	6549.1	0.5331	0.5154	0.5031	0.5279
长阳县	5977.1	6705.0	7590.6	8080.1	0.5622	0.5746	0.5935	0.5813
老河口市	6152.8	6944.6	7380.1	8087.4	0.5273	0.4991	0.5015	0.4979
枣阳市	5455.3	6013.4	6556.2	7286.7	0.3923	0.4536	0.4580	0.4625
南漳县	3593.1	4348.7	4812.5	5424.7	0.4629	0.4639	0.5114	0.5150
保康县	4176.8	4678.6	5033.2	5588.2	0.6052	0.5966	0.5921	0.5848
钟祥市	5952.2	6958.3	7850.3	8984.6	0.3524	0.3822	0.4004	0.4054
京山县	6739.5	7993.7	8917.8	10163.1	0.3555	0.4063	0.4182	0.4401
沙洋县	5967.7	6865.1	7924.6	8899.3	0.4061	0.4147	0.4660	0.4401
孝昌县	3262.3	3592.7	3932.4	4273.6	0.5778	0.5793	0.5784	0.5802
大悟县	4346.3	4832.8	5335.3	5788.1	0.5486	0.5600	0.5829	0.5769

续表

	人均 GDP(元)				就业率(%)			
	2003 年	2004 年	2005 年	2006 年	2003 年	2004 年	2005 年	2006 年
云梦县	6575. 5	7190. 5	8084. 4	8856. 2	0. 6188	0. 6167	0. 6185	0. 6012
应城市	6586. 5	7098. 4	8073. 2	9072. 3	0. 4368	0. 4481	0. 4501	0. 4616
汉川市	6496. 8	7102. 2	8307. 4	9439. 9	0. 5747	0. 5790	0. 5569	0. 6154
红安县	3722. 7	4101. 8	4334. 8	4842. 7	0. 5393	0. 5410	0. 5419	0. 5425
麻城县	3437. 2	3756. 8	4089. 1	4584. 6	0. 4508	0. 4859	0. 4914	0. 4941
罗田县	2953. 2	3335. 8	3669. 2	4015. 7	0. 5206	0. 5380	0. 5459	0. 5402
浠水县	3386. 0	3848. 3	4326. 0	4758. 4	0. 4377	0. 4408	0. 4462	0. 4657
武穴市	5193. 7	5827. 4	6354. 2	7169. 8	0. 4695	0. 5416	0. 5568	0. 5511
黄梅县	3288. 3	3678. 1	4275. 3	4792. 4	0. 4739	0. 4730	0. 4888	0. 4968
赤壁市	8771. 5	10345. 9	12426. 5	14015. 8	0. 4386	0. 4497	0. 4514	0. 4500
通城县	3817. 4	4370. 5	4885. 0	5709. 1	0. 4187	0. 4255	0. 4264	0. 4259
崇阳县	4015. 8	5078. 2	5888. 9	6298. 3	0. 5391	0. 4810	0. 5158	0. 4514
通山县	2915. 6	3209. 1	3518. 6	3697. 9	0. 3266	0. 3278	0. 3299	0. 3292

续表

	人均GDP(元)				就业率(%)			
	2003年	2004年	2005年	2006年	2003年	2004年	2005年	2006年
广水市	5079.0	6106.7	6896.0	7794.1	0.5000	0.5071	0.5049	0.4975
均值	5152	5852	6624	7443	0.4874	0.4917	0.50323	0.5051
标准差	2046	2377	2840	3411	0.0732	0.0651	0.06297	0.0652
最小值	2507	2695	2935	3256	0.3266	0.3278	0.3299	0.3292
最大值	10174	11814	13966	17702	0.6226	0.6167	0.6185	0.6517

产业结构(%)	2003年			2004年			2005年			2006年		
	第一产业	第二产业	第三产业	第一产业	第二产业	第三产业	第一产业	第二产业	第三产业	第一产业	第二产业	第三产业
大冶市	11.92	55.37	32.71	14.60	47.45	37.95	12.84	50.25	36.91	11.85	53.24	34.91
阳新县	18.25	43.11	38.64	23.63	36.51	39.86	23.78	39.42	36.80	22.43	46.17	31.40
丹江口	12.97	47.05	39.98	14.27	44.38	41.36	13.47	45.00	41.53	12.60	46.09	41.30
郧县	30.97	34.53	34.50	38.79	22.32	38.89	35.77	25.84	38.40	33.89	28.29	37.82
郧西县	47.47	22.85	29.68	45.57	18.92	35.51	43.74	20.51	35.75	41.04	21.17	37.80

续表

产业结构（%）	2003年			2004年			2005年			2006年		
	第一产业	第二产业	第三产业	第一产业	第二产业	第三产业	第一产业	第二产业	第三产业	第一产业	第二产业	第三产业
竹山县	41.61	27.81	30.58	40.14	23.45	36.42	37.26	26.31	36.43	34.98	29.18	35.84
竹溪县	44.49	24.90	30.61	41.11	27.48	31.41	38.55	31.82	29.63	36.09	36.69	27.22
松滋市	22.54	42.60	34.86	34.08	28.23	37.69	31.85	30.08	38.07	29.31	30.88	39.81
公安县	30.54	27.41	42.05	36.35	26.64	37.01	35.33	27.64	37.03	34.63	28.63	36.74
石首市	19.40	44.14	36.46	27.10	37.58	35.32	26.25	40.29	33.46	25.20	41.38	33.42
监利县	38.11	31.12	30.77	45.38	19.91	34.71	44.54	20.13	35.33	43.24	21.22	35.54
宜都市	14.05	54.87	31.08	15.59	48.40	36.02	14.85	48.08	37.07	12.97	50.11	36.91
枝江市	21.50	38.89	39.60	27.39	34.23	38.37	24.65	38.70	36.65	22.70	42.50	34.80
当阳市	18.28	52.80	28.92	32.70	33.92	33.37	30.83	35.09	34.08	28.89	36.54	34.57
兴山县	20.56	52.02	27.42	24.51	35.51	39.98	23.30	39.37	37.32	20.00	41.72	38.28
秭归县	20.08	39.91	40.01	23.73	20.40	55.88	23.34	21.53	55.13	22.10	22.18	55.72
长阳县	19.48	56.30	24.23	26.01	30.94	43.05	23.21	32.82	43.97	22.15	31.94	45.91

续表

产业结构（%）	2003年			2004年			2005年			2006年		
	第一产业	第二产业	第三产业	第一产业	第二产业	第三产业	第一产业	第二产业	第三产业	第一产业	第二产业	第三产业
老河口	22.43	44.47	33.09	37.81	32.35	29.84	36.53	32.47	31.00	34.42	34.04	31.54
枣阳市	33.55	35.24	31.21	43.91	19.06	37.02	41.13	19.88	39.00	38.05	21.14	40.81
南漳县	33.98	43.18	22.84	39.82	24.28	35.90	37.01	25.98	37.01	36.39	27.40	36.20
保康县	33.75	38.27	27.98	39.25	24.84	35.91	37.60	24.93	37.47	35.11	25.57	39.32
钟祥市	25.94	37.09	36.96	34.26	31.41	34.33	31.50	34.64	33.86	28.67	37.21	34.12
京山县	30.79	37.15	32.06	37.63	31.64	30.73	34.32	34.71	30.97	31.61	36.44	31.94
沙洋县	37.28	32.44	30.27	42.29	28.32	29.39	42.36	28.42	29.22	39.92	29.54	30.55
孝昌县	31.05	35.20	33.75	41.62	20.51	37.87	41.11	21.85	37.04	39.77	22.70	37.53
大悟县	24.61	40.81	34.58	32.02	27.65	40.33	31.39	28.25	40.36	30.12	28.26	41.63
云梦县	25.89	43.64	30.47	29.35	32.93	37.72	27.53	35.46	37.01	25.40	38.46	36.14
应城市	18.21	48.93	32.85	34.79	28.36	36.84	33.20	32.17	34.64	30.02	36.03	33.94
汉川市	18.65	45.50	35.85	26.13	43.35	30.52	24.10	46.53	29.38	21.81	48.68	29.51

续表

产业结构（%）	2003年			2004年			2005年			2006年		
	第一产业	第二产业	第三产业	第一产业	第二产业	第三产业	第一产业	第二产业	第三产业	第一产业	第二产业	第三产业
红安县	42.44	38.09	19.47	35.07	33.84	31.08	32.70	34.53	32.77	30.79	35.71	33.50
麻城县	24.68	41.72	33.60	42.98	18.91	38.11	40.21	19.16	40.63	38.49	20.43	41.08
罗田县	24.83	48.06	27.11	39.09	22.07	38.84	34.81	27.97	37.22	32.78	29.59	37.63
浠水县	25.65	43.06	31.29	38.51	25.65	35.84	37.50	26.22	36.29	34.50	27.62	37.88
武穴市	17.87	48.27	33.86	31.61	35.93	32.46	31.89	36.23	31.89	28.41	38.42	33.16
黄梅县	28.30	47.49	24.21	45.03	28.96	26.02	41.37	29.92	28.71	37.68	30.86	31.47
赤壁市	15.70	51.71	32.58	21.04	45.54	33.42	18.63	49.59	31.78	17.13	51.04	31.84
通城县	23.51	38.10	38.39	22.50	34.70	42.80	21.59	36.44	41.98	19.48	39.81	40.71
崇阳县	28.23	40.11	31.66	31.48	37.17	31.35	30.42	32.58	37.00	27.84	33.39	38.77
通山县	31.70	33.57	34.73	35.73	29.60	34.67	33.45	31.97	34.59	31.10	34.76	34.15
广水市	27.88	43.42	28.70	29.79	39.77	30.44	28.54	41.88	29.59	26.92	42.38	30.70
均值	26.48	41.28	32.24	33.07	30.83	36.106	31.31	32.62	36.074	29.26	34.44	36.303

续表

产业结构（%）	2003年			2004年			2005年			2006年		
	第一产业	第二产业	第三产业	第一产业	第二产业	第三产业	第一产业	第二产业	第三产业	第一产业	第二产业	第三产业
标准差	8.81	8.26	4.885	8.62	8.12	5.016	8.32	8.36	4.825	8.08	8.87	5.01
最小值	11.92	22.85	19.47	14.27	18.91	26.02	12.84	19.16	28.71	11.85	20.43	27.22
最大值	47.47	56.3	42.05	45.57	48.4	55.88	44.54	50.25	55.13	43.24	53.24	55.72

注：据历年《湖北统计年鉴》、《中国区域经济年鉴》的数据计算而得，其中2003—2004年人均GDP的数据根据经济普查的情况进行了调整。

表 10　**100 个县(市)中山东省 30 个县(市)的经济健康指标**

	人均 GDP(元)				人均就业数			
	2003 年	2004 年	2005 年	2006 年	2003 年	2004 年	2005 年	2006 年
章丘市	14464.9	17963.2	22333.0	26374.6	0.6120	0.5523	0.5778	0.5963
平阴县	15879.0	18671.3	20745.9	25627.8	0.5453	0.4896	0.4927	0.5367
沂源县	7484.8	9560.8	13984.2	16134.3	0.5940	0.6079	0.5584	0.6069
滕州市	10883.5	16047.4	20259.1	21119.2	0.5008	0.5351	0.4798	0.5279
龙口市	30688.0	38933.7	52450.2	63624.4	0.4997	0.4996	0.5148	0.5174
蓬莱市	23851.0	30456.9	38237.2	45851.9	0.4989	0.5343	0.5512	0.5721
长岛县	30756.7	38757.3	48507.7	56298.1	0.4119	0.4452	0.4204	0.4162
昌乐县	7768.5	10086.9	12216.0	14033.9	0.4294	0.4492	0.4583	0.4528
寿光市	14619.3	20079.6	24911.9	24962.4	0.4619	0.4748	0.4516	0.4581
临朐县	6197.7	7104.9	8595.3	9516.4	0.5039	0.5160	0.5264	0.5345
曲阜市	15789.4	19619.6	20299.5	23289.0	0.4934	0.5027	0.5612	0.5263
邹城市	17042.5	20832.3	23845.2	27955.8	0.5140	0.5226	0.5304	0.5129
鱼台县	8574.8	10786.8	11046.2	13278.5	0.5373	0.5409	0.5436	0.5220

续表

	人均 GDP(元)				人均就业数			
	2003 年	2004 年	2005 年	2006 年	2003 年	2004 年	2005 年	2006 年
郯城县	7374. 8	8845. 6	11060. 2	12292. 5	0. 5793	0. 5790	0. 5802	0. 5722
沂水县	7484. 4	9019. 9	11124. 5	12588. 7	0. 5534	0. 5442	0. 5486	0. 5582
蒙阴县	7575. 5	9453. 0	12527. 0	14306. 9	0. 5241	0. 5305	0. 5289	0. 5408
新泰市	10967. 0	13381. 1	17019. 9	21588. 7	0. 5420	0. 5361	0. 5667	0. 5391
宁阳县	7069. 5	8500. 0	10209. 8	12314. 7	0. 4769	0. 4816	0. 4977	0. 5050
临清市	8526. 9	10637. 7	12825. 8	15988. 6	0. 5130	0. 4947	0. 5195	0. 5114
东阿县	6926. 7	8567. 0	12614. 7	15447. 9	0. 4720	0. 5344	0. 5472	0. 5557
定陶县	3545. 3	4402. 5	4997. 3	5823. 8	0. 5235	0. 5162	0. 5230	0. 5087
郓城县	3487. 4	4504. 0	5283. 0	6211. 6	0. 4907	0. 4882	0. 4851	0. 4821
禹城市	10799. 5	13081. 4	15738. 7	17751. 9	0. 4848	0. 9334	0. 5146	0. 5055
临邑县	10348. 7	13034. 7	16574. 1	18977. 4	0. 4416	0. 4606	0. 4609	0. 4808
庆云县	6266. 0	8689. 1	13187. 7	15880. 8	0. 4008	0. 4173	0. 4416	0. 4498
惠民县	7647. 7	9132. 2	10457. 6	12484. 3	0. 4803	0. 4900	0. 5954	0. 5352

续表

	人均GDP(元)				人均就业数			
	2003年	2004年	2005年	2006年	2003年	2004年	2005年	2006年
邹平县	15673.5	22011.3	29032.5	38614.8	0.5981	0.6356	0.6893	0.7003
垦利县	15958.0	21734.5	32067.3	45605.6	0.3852	0.3777	0.4451	0.3862
文登市	34892.6	41473.7	48384.5	56838.0	0.5319	0.5438	0.5749	0.5763
莒县	7688.5	8884.8	7750.5	9609.8	0.5594	0.5665	0.5388	0.5513
均值	12541	15808	19610	23346	0.5053	0.5267	0.5241	0.5246
标准差	8055	10071	12816	15662	0.0567	0.0933	0.0559	0.0601
最小值	3487	4403	4997	5824	0.3852	0.3777	0.4204	0.3862
最大值	34893	41474	52450	63624	0.612	0.9334	0.6893	0.7003

产业结构(%)	2003年			2004年			2005年			2006年		
	第一产业	第二产业	第三产业	第一产业	第二产业	第三产业	第一产业	第二产业	第三产业	第一产业	第二产业	第三产业
章丘市	18.19	50.72	31.09	16.81	51.73	31.46	14.70	52.74	32.56	13.53	52.48	34.00
平阴县	16.49	51.83	31.69	16.31	56.12	27.58	16.41	59.96	23.63	14.56	60.33	25.12

续表

产业结构(%)	2003年			2004年			2005年			2006年		
	第一产业	第二产业	第三产业	第一产业	第二产业	第三产业	第一产业	第二产业	第三产业	第一产业	第二产业	第三产业
沂源县	17.56	49.25	33.19	15.98	50.47	33.54	12.59	53.89	33.52	11.84	54.14	34.02
滕州市	12.93	51.38	35.69	10.45	61.47	28.08	9.22	64.49	26.28	9.78	61.71	28.51
龙口市	8.45	54.10	37.45	8.08	58.98	32.93	6.29	64.07	29.63	5.49	64.31	30.20
蓬莱市	10.48	54.21	35.31	10.08	58.79	31.12	8.90	62.85	28.25	8.86	63.76	27.38
长岛县	51.04	9.18	39.78	55.15	10.15	34.71	56.38	11.48	32.14	55.34	12.09	32.56
昌乐县	23.36	44.84	31.79	20.57	51.72	27.71	20.20	52.61	27.19	19.94	52.84	27.22
寿光市	20.70	44.80	34.50	17.10	51.09	31.81	15.27	54.70	30.03	15.82	52.04	32.14
临朐县	25.28	45.20	29.52	23.78	46.82	29.40	21.76	49.45	28.79	20.46	50.29	29.25
曲阜市	9.15	47.75	43.10	8.87	48.86	42.27	9.41	48.27	42.31	8.88	48.55	42.56
邹城市	8.05	58.13	33.82	8.04	64.76	27.20	8.09	67.64	24.27	6.99	62.98	30.03
鱼台县	23.23	38.70	38.07	23.04	42.62	34.34	25.46	42.13	32.41	24.90	42.24	32.85
郯城县	17.43	44.27	38.29	18.08	46.52	35.41	16.17	52.17	31.65	15.06	50.60	34.34

续表

产业结构(%)	2003 年			2004 年			2005 年			2006 年		
	第一产业	第二产业	第三产业	第一产业	第二产业	第三产业	第一产业	第二产业	第三产业	第一产业	第二产业	第三产业
沂水县	15.52	48.06	36.43	14.70	50.49	34.81	13.47	52.79	33.74	13.35	52.19	34.46
蒙阴县	21.16	42.24	36.60	20.94	41.72	37.34	18.70	43.09	38.21	18.88	42.38	38.74
新泰市	9.93	62.06	28.01	10.19	65.44	24.37	9.74	65.86	24.40	8.47	67.40	24.13
宁阳县	24.62	42.23	33.15	24.80	44.89	30.31	23.39	49.32	27.28	20.81	51.29	27.90
临清市	17.95	57.82	24.23	16.52	59.94	23.54	14.36	64.14	21.50	12.30	61.20	26.50
东阿县	23.72	49.78	26.51	22.63	53.14	24.23	17.03	63.08	19.89	14.92	65.12	19.96
定陶县	45.55	35.77	18.67	43.27	39.36	17.38	43.05	38.33	18.62	39.07	41.55	19.39
郓城县	43.01	39.65	17.35	38.25	46.04	15.70	36.62	45.01	18.37	33.44	48.08	18.48
禹城市	21.63	50.79	27.58	19.66	51.03	29.31	17.38	53.13	29.50	17.00	51.56	31.44
临邑县	18.27	50.57	31.17	17.12	53.29	29.59	14.73	55.40	29.86	15.69	53.69	30.62
庆云县	19.13	38.43	42.44	19.29	42.99	37.72	14.36	42.94	42.71	13.05	44.89	42.06
惠民县	26.85	40.70	32.45	23.01	44.83	32.16	21.52	48.58	29.90	18.48	56.90	24.62

续表

产业结构(%)	2003年			2004年			2005年			2006年		
	第一产业	第二产业	第三产业	第一产业	第二产业	第三产业	第一产业	第二产业	第三产业	第一产业	第二产业	第三产业
邹平县	13.74	60.13	26.13	10.96	67.36	21.68	8.36	73.34	18.30	5.99	76.01	18.00
垦利县	16.90	63.69	19.41	14.28	69.14	16.58	10.72	76.00	13.28	8.19	80.51	11.30
文登市	9.72	60.80	29.48	8.85	60.89	30.26	9.04	61.48	29.49	8.24	61.70	30.06
莒县	23.01	38.05	38.94	22.07	39.69	38.23	27.05	40.86	32.09	23.42	47.29	29.29
均值	20.43	47.5	32.06	19.3	51.01	29.69	18.01	53.66	28.33	16.76	54.34	28.9
标准差	10.39	10.57	6.57	10.5	11.35	6.43	11.02	12.53	6.8	10.57	12.34	6.94
最小值	8.05	9.18	17.35	8.04	10.15	15.7	6.29	11.48	13.28	5.49	12.09	11.3
最大值	51.04	63.69	43.1	55.15	69.14	42.27	56.38	76	42.71	55.34	80.51	42.56

注:据历年《山东统计年鉴》、《中国区域经济年鉴》的数据计算而得。

表 11　**100 个县（市）中吉林省 30 个县（市）的经济健康指标**

	人均 GDP(元)				人均就业数			
	2003 年	2004 年	2005 年	2006 年	2003 年	2004 年	2005 年	2006 年
德惠市	10296. 1	11805. 5	13625. 2	15744. 0	0. 4642	0. 5045	0. 5122	0. 4838
农安县	9414. 5	96787. 4	9583. 6	11590. 9	0. 4864	0. 47228	0. 4968	0. 4856
九台市	8129. 3	9585. 1	10468. 0	12356. 0	0. 4103	0. 4869	0. 5059	0. 4625
永吉县	7850. 8	9676. 8	7319. 8	8017. 2	0. 4251	0. 3877	0. 4015	0. 3924
蛟河市	10693. 2	13587. 2	8618. 9	9873. 2	0. 3648	0. 3549	0. 3588	0. 3558
舒兰市	8962. 8	10689. 1	6563. 3	7308. 1	0. 4165	0. 3894	0. 3794	0. 3686
磐石市	13361. 8	15854. 1	20471. 8	25806. 2	0. 3832	0. 3960	0. 3961	0. 3634
梨树县	5974. 5	7915. 0	8574. 4	10761. 4	0. 4233	0. 4165	0. 4242	0. 4042
伊通县	6494. 6	6883. 3	7377. 0	8267. 4	0. 4493	0. 4274	0. 4275	0. 4070
公主岭市	8050. 7	9033. 8	9920. 4	10701. 7	0. 3656	0. 3704	0. 3622	0. 3400
东丰县	5564. 5	6297. 4	7890. 7	9407. 5	0. 4225	0. 4406	0. 4667	0. 4317
东辽县	4525. 2	5263. 3	7154. 0	8405. 8	0. 3921	0. 3913	0. 3943	0. 3829
通化县	8240. 6	9394. 3	8859. 7	10746. 9	0. 4713	0. 4804	0. 4800	0. 4513

续表

	人均 GDP(元)				人均就业数			
	2003 年	2004 年	2005 年	2006 年	2003 年	2004 年	2005 年	2006 年
柳河县	6003.8	6390.0	5836.1	6224.3	0.4138	0.4012	0.4270	0.4021
辉南县	5700.1	6459.2	6542.9	7464.1	0.4204	0.4327	0.4344	0.4133
梅河口市	9051.6	10161.2	10490.7	12681.1	0.3367	0.3383	0.3347	0.3254
抚松县	7640.4	9179.4	10612.7	12922.3	0.2728	0.2786	0.2599	0.2372
靖宇县	4547.6	5459.2	7831.1	9862.4	0.3318	0.3169	0.3191	0.2761
长白县	10527.0	11825.8	10338.1	12720.8	0.3588	0.3794	0.3770	0.2968
临江市	12428.8	14731.0	12798.5	13189.2	0.4291	0.3924	0.4128	0.3419
大安市	6679.0	7638.2	7423.4	8249.9	0.3427	0.3615	0.3671	0.3414
镇赉县	5835.0	6847.2	8759.0	14765.9	0.3927	0.4153	0.4247	0.5270
通榆县	5036.2	5076.8	5690.4	6124.3	0.4135	0.4192	0.3996	0.3842
长岭县	4332.1	5213.8	6552.6	7472.7	0.3878	0.3875	0.3959	0.3887
乾安县	5673.8	6933.5	10188.5	13113.8	0.4124	0.4101	0.3959	0.3746
扶余县	5359.6	6367.1	7071.7	7868.5	0.4167	0.4159	0.4221	0.4093

续表

	人均 GDP(元)				人均就业数			
	2003 年	2004 年	2005 年	2006 年	2003 年	2004 年	2005 年	2006 年
延吉市	13643.6	15116.4	17755.6	21242.8	0.4030	0.4049	0.4108	0.2353
图们市	9389.6	10898.8	9141.5	10502.8	0.2819	0.2874	0.2751	0.2245
安图县	6900.0	7732.8	7285.4	8505.0	0.3774	0.4007	0.3995	0.3354
敦化市	8639.0	10002.4	10070.4	10902.8	0.3657	0.3919	0.3951	0.3340
均值	7832	11960	9361	11093	0.3944	0.3984	0.4019	0.3725
标准差	2578	16305	3283	4230	0.0494	0.792	0.0587	0.0734
最小值	4332	5077	5690	6124	0.2728	0.279	0.2599	0.2245
最大值	13644	96787	20472	25806	0.4864	0.5045	0.5122	0.527

产业结构(%)	2003 年			2004 年			2005 年			2006 年		
	第一产业	第二产业	第三产业	第一产业	第二产业	第三产业	第一产业	第二产业	第三产业	第一产业	第二产业	第三产业
德惠市	38.28	30.77	30.95	37.70	11.43	50.87	33.92	26.99	39.09	30.41	30.36	39.24
农安县	39.25	29.17	31.58	38.51	29.19	32.30	37.19	26.13	36.68	34.32	26.21	39.47

续表

产业结构(%)	2003年			2004年			2005年			2006年		
	第一产业	第二产业	第三产业	第一产业	第二产业	第三产业	第一产业	第二产业	第三产业	第一产业	第二产业	第三产业
九台市	22.37	40.61	37.02	21.42	39.08	39.49	20.11	35.74	44.15	15.41	37.77	46.82
永吉县	22.95	39.91	37.14	21.60	43.27	35.13	28.13	22.24	49.63	28.40	22.93	48.67
蛟河市	24.46	34.06	41.48	23.83	37.33	38.84	37.52	23.24	39.24	36.79	24.12	39.09
舒兰市	27.60	30.10	42.30	26.65	31.21	42.14	49.17	11.80	39.03	47.46	12.91	39.63
磐石市	23.87	41.58	34.54	22.21	43.58	34.22	18.57	47.57	33.87	15.50	52.12	32.38
梨树县	54.71	20.03	25.26	51.70	22.56	25.74	54.08	19.22	26.69	49.31	22.59	28.10
伊通县	38.30	32.19	29.51	44.24	22.19	33.57	44.16	21.74	34.10	36.78	19.41	43.80
公主岭市	48.72	20.79	30.49	52.79	14.66	32.55	47.91	22.59	29.50	43.09	23.55	33.36
东丰县	38.61	24.32	37.07	38.60	25.28	36.12	36.76	30.99	32.25	34.80	34.54	30.66
东辽县	51.06	17.53	31.41	46.92	23.04	30.04	43.67	29.61	26.71	35.42	38.99	25.59
通化县	18.00	57.39	24.61	17.51	57.02	25.47	17.65	55.87	26.48	15.73	55.21	29.06
柳河县	39.93	24.91	35.16	39.46	23.81	36.73	43.26	24.38	32.37	38.31	29.08	32.61

续表

产业结构(%)	2003 年			2004 年			2005 年			2006 年		
	第一产业	第二产业	第三产业	第一产业	第二产业	第三产业	第一产业	第二产业	第三产业	第一产业	第二产业	第三产业
辉南县	24.15	46.76	29.10	24.36	46.60	29.04	26.82	37.90	35.27	27.66	35.81	36.52
梅河口市	25.01	32.11	42.88	23.65	32.03	44.32	23.50	31.01	45.49	18.30	37.95	43.75
抚松县	28.56	36.48	34.96	28.25	34.33	37.42	30.48	34.82	34.70	27.40	39.62	32.98
靖宇县	29.47	41.78	28.75	26.05	43.99	29.97	21.32	42.41	36.27	19.31	47.55	33.14
长白县	24.22	33.28	42.50	23.78	35.01	41.21	29.51	31.47	39.02	26.26	30.37	43.38
临江市	15.10	45.16	39.74	13.94	49.42	36.64	15.62	46.00	38.38	16.55	40.30	43.15
大安市	31.66	33.99	34.35	23.78	35.60	40.62	28.61	34.09	37.30	24.80	39.03	36.17
镇赉县	49.49	23.99	26.52	43.67	28.23	28.10	40.90	39.18	19.92	33.10	47.28	19.63
通榆县	50.57	23.89	25.53	35.75	29.83	34.43	35.62	29.20	35.18	35.25	28.71	36.05
长岭县	63.14	12.51	24.35	59.69	15.26	25.05	56.60	18.96	24.44	53.97	21.33	24.70
乾安县	36.62	37.29	26.09	27.38	48.38	24.24	26.17	52.44	21.39	20.43	59.63	19.94
扶余县	56.81	11.01	32.18	54.72	14.33	30.94	52.24	13.88	33.88	48.23	17.80	33.97

续表

产业结构(%)	2003年			2004年			2005年			2006年		
	第一产业	第二产业	第三产业	第一产业	第二产业	第三产业	第一产业	第二产业	第三产业	第一产业	第二产业	第三产业
延吉市	2.30	47.98	49.72	2.34	48.01	49.66	2.15	41.37	56.48	2.07	41.44	56.49
图们市	4.43	53.27	42.30	4.45	54.50	41.05	5.56	52.17	42.27	5.60	52.38	42.03
安图县	17.28	31.75	50.96	19.53	29.03	51.44	21.68	33.75	44.57	20.78	35.37	43.85
敦化市	23.91	45.75	29.33	24.99	46.66	28.36	25.52	37.27	37.21	24.26	36.01	39.73
均值	32.36	33.38	34.26	30.65	33.83	35.52	31.81	32.47	35.72	28.86	34.68	36.47
标准差	15.04	11.5	7.24	14.23	12.5	7.48	13.71	11.35	8.04	12.71	11.77	8.36
最小值	2.3	11.01	24.35	2.34	11.43	24.24	2.15	11.8	19.92	2.07	12.91	19.63
最大值	63.14	57.39	50.96	59.69	57.02	51.44	56.6	55.87	56.48	53.97	59.63	56.49

注：据历年《吉林统计年鉴》、《中国区域经济年鉴》的数据计算而得。

表12　　**100个县(市)的标准财政收入能力**　　单位:元/人

县(市)	2003年	2004年	2005年	2006年	2006年较2003年增加
大冶市	675.150	789.293	914.16	1056.51	381.356
阳新县	404.813	457.416	524.28	572.92	168.104
丹江口市	598.083	656.375	710.07	803.09	205.007
郧县	207.510	222.057	241.86	268.30	60.788
郧西县	206.611	228.555	249.40	277.25	70.640
竹山县	214.062	232.524	262.44	290.69	76.625
竹溪县	216.334	263.158	301.01	342.06	125.725
松滋市	347.494	392.697	463.55	482.12	134.625
公安县	325.578	375.466	409.14	454.45	128.876
石首市	479.531	518.700	587.93	631.01	151.475
监利县	281.631	310.618	335.31	369.20	87.567
宜都市	804.245	973.478	1150.77	1458.60	654.359
枝江市	642.728	792.769	965.56	1150.62	507.894
当阳市	838.306	897.985	988.90	1131.64	293.329
兴山县	637.074	704.273	848.87	891.24	254.163
秭归县	390.915	433.500	479.81	539.64	148.727
长阳县	492.517	552.490	625.47	665.80	173.281
老河口市	506.993	572.236	608.12	666.40	159.408
枣阳市	449.519	495.506	540.23	600.43	150.906
南漳县	296.071	358.333	396.55	447.00	150.927
保康县	344.168	385.515	414.74	460.47	116.303
钟祥市	490.459	573.360	646.87	740.34	249.876
京山县	555.333	658.681	734.82	837.44	282.106
沙洋县	491.740	565.686	652.99	733.30	241.561

续表

县(市)	2003年	2004年	2005年	2006年	2006年较2003年增加
孝昌县	268.817	296.042	324.03	352.14	83.326
大悟县	358.136	398.220	439.63	476.94	118.806
云梦县	541.819	592.496	666.15	729.75	187.930
应城市	542.727	584.909	665.23	747.56	204.832
汉川市	535.338	585.220	684.53	777.85	242.511
红安县	306.747	337.990	357.19	399.03	92.288
麻城市	283.222	309.561	336.94	377.77	94.551
罗田县	243.340	274.871	302.34	330.90	87.557
浠水县	279.010	317.100	356.46	392.09	113.085
武穴市	427.965	480.178	523.58	590.79	162.825
黄梅县	270.959	303.079	352.28	394.90	123.938
赤壁市	722.771	852.502	1023.95	1154.90	432.130
通城县	314.551	360.128	402.52	470.43	155.881
崇阳县	330.905	418.444	485.24	518.98	188.076
通山县	240.246	264.428	289.94	304.70	64.458
广水市	418.511	503.189	568.23	642.23	223.722
章丘市	996.63	1237.66	1538.74	1817.21	820.58
平阴县	1094.06	1286.45	1429.39	1765.75	671.69
沂源县	515.70	658.74	963.51	1111.66	595.95
滕州市	749.87	1105.66	1395.85	1455.11	705.24
龙口市	2114.40	2682.53	3613.82	4383.72	2269.32

续表

县(市)	2003年	2004年	2005年	2006年	2006年较2003年增加
蓬莱市	1643.33	2098.48	2634.54	3159.20	1515.87
长岛县	2119.13	2670.38	3342.18	3878.94	1759.81
昌乐县	535.25	694.99	841.69	966.93	431.69
寿光市	1007.27	1383.48	1716.43	1719.91	712.64
临朐县	427.02	489.53	592.22	655.68	228.66
曲阜市	1087.89	1351.79	1398.64	1604.61	516.72
邹城市	1174.23	1435.35	1642.93	1926.16	751.93
鱼台县	590.81	743.21	761.09	914.89	324.08
郯城县	508.13	609.46	762.05	846.96	338.83
沂水县	515.67	621.47	766.48	867.36	351.69
蒙阴县	521.95	651.31	863.11	985.75	463.80
新泰市	755.63	921.96	1172.67	1487.46	731.83
宁阳县	487.09	585.65	703.46	848.48	361.40
临清市	587.50	732.94	883.70	1101.62	514.11
东阿县	477.25	590.27	869.15	1064.36	587.11
定陶县	244.27	303.33	344.31	401.26	156.99
郓城县	240.28	310.33	364.00	427.98	187.70
禹城市	744.09	901.31	1084.40	1223.11	479.02
临邑县	713.03	898.09	1141.96	1307.54	594.51
庆云县	431.73	598.68	908.63	1094.19	662.46
惠民县	293.00	629.21	720.53	860.17	567.16

续表

县(市)	2003年	2004年	2005年	2006年	2006年较2003年增加
邹平县	1079.90	1516.58	2000.34	2660.56	1580.66
垦利县	1099.50	1497.51	2209.44	3142.23	2042.72
文登市	2404.10	2857.53	3333.69	3916.14	1512.03
莒县	529.74	612.16	534.01	662.12	132.38
德惠市	1273.63	1460.34	1685.44	1947.54	673.91
农安县	1164.58	1197.26	1185.49	1433.79	269.21
九台市	1005.60	1185.68	1294.89	1528.44	522.84
永吉县	971.15	1197.02	905.46	991.73	20.58
蛟河市	1322.75	1680.74	1066.16	1221.32	-101.43
舒兰市	1108.69	1322.24	811.88	904.02	-204.68
磐石市	1652.85	1961.15	2532.37	3192.22	1539.37
梨树县	739.04	979.08	1060.65	1331.18	592.14
伊通县	803.39	851.47	912.54	1022.67	219.29
公主岭市	995.88	1117.48	1227.15	1323.79	327.92
东丰县	688.33	778.98	976.08	1163.70	475.38
东辽县	559.77	651.07	884.95	1039.80	480.02
通化县	1019.37	1162.08	1095.94	1329.39	310.02
柳河县	742.67	790.44	721.92	769.95	27.28
辉南县	705.10	799.01	809.35	923.31	218.21
梅河口市	1119.68	1256.94	1297.70	1568.65	448.98
抚松县	945.11	1135.50	1312.79	1598.49	653.37

续表

县(市)	2003年	2004年	2005年	2006年	2006年较2003年增加
靖宇县	562.54	675.30	968.71	1219.98	657.44
长白县	1302.19	1462.85	1278.82	1573.56	271.37
临江市	1537.44	1822.22	1583.18	1631.51	94.06
大安市	826.19	944.85	918.27	1020.51	194.33
镇赉县	721.79	847.00	1083.49	1826.54	1104.75
通榆县	622.98	628.00	703.90	757.58	134.60
长岭县	535.88	644.95	810.55	924.37	388.49
乾安县	701.85	857.67	1260.31	1622.18	920.33
扶余县	662.99	787.62	874.77	973.34	310.35
延吉市	1687.71	1869.90	2196.37	2627.73	940.02
图们市	1161.49	1348.18	1130.80	1299.19	137.71
安图县	853.53	956.55	901.21	1052.06	198.53
敦化市	1068.65	1237.30	1245.70	1348.68	280.03
平均值	717.3	855.7	971.0	1139.6	422.2

表13　　100个县（市）的公共服务成本指数（%）

	2003年			2004年		
	农村	基本	管理	农村	基本	管理
大冶市	110.48	111.54	58.21	107.48	108.84	61.68
阳新县	100.12	95.73	71.67	97.94	94.23	68.62
丹江口市	130.33	123.35	152.45	143.53	138.75	173.49
郧县	102.70	96.01	139.66	116.74	109.79	164.97
郧西县	110.62	102.73	166.36	123.43	116.82	177.67
竹山县	98.13	92.24	160.15	108.23	103.08	175.15
竹溪县	88.73	82.64	136.20	95.00	89.48	148.82
松滋市	128.83	132.81	107.44	145.75	149.33	123.28
公安县	122.70	124.11	88.05	129.29	131.65	94.22
石首市	116.43	115.91	93.09	126.24	126.88	96.57
监利县	101.55	100.43	70.08	106.66	106.43	74.21
宜都市	118.18	118.93	117.53	122.67	126.09	117.44
枝江市	107.32	110.31	82.71	106.02	112.43	75.68
当阳市	93.77	94.70	96.12	99.33	101.15	103.57
兴山县	95.19	95.53	198.50	102.80	101.18	207.99
秭归县	83.02	83.00	122.09	91.40	90.94	139.47
长阳县	89.08	86.82	162.17	91.22	89.92	165.70
老河口市	79.70	83.67	52.45	83.92	86.03	53.32
枣阳市	84.80	83.98	64.38	89.38	91.37	67.28
南漳县	69.65	67.85	86.48	87.73	87.02	113.31
保康县	81.26	79.22	155.49	82.84	81.14	160.39
钟祥市	95.76	93.86	80.00	109.82	109.19	95.13
京山县	105.70	102.07	103.98	117.42	115.70	119.88
沙洋县	129.01	130.81	119.02	127.86	131.84	119.25

续表

	2003 年			2004 年		
	农村	基本	管理	农村	基本	管理
孝昌县	87.31	85.71	61.47	124.07	125.87	87.82
大悟县	91.40	87.98	86.50	98.77	107.52	94.20
云梦县	113.15	114.69	62.80	119.03	122.17	65.71
应城市	103.27	105.20	59.37	110.73	116.04	64.99
汉川市	95.99	99.41	58.07	96.11	100.97	57.90
红安县	85.70	85.61	64.81	88.81	89.45	67.33
麻城市	93.02	91.55	75.19	98.91	95.80	89.66
罗田县	100.43	95.40	99.18	101.04	96.44	102.34
浠水县	98.40	99.52	64.99	106.23	105.34	70.63
武穴市	96.67	97.69	48.69	102.51	103.75	60.33
黄梅县	107.11	110.34	61.04	110.85	115.31	63.21
赤壁市	87.14	85.68	60.52	96.72	96.05	68.09
通城县	114.87	113.09	85.96	131.71	129.67	98.81
崇阳县	87.34	85.10	78.82	97.00	93.17	89.45
通山县	95.88	88.08	102.93	105.06	95.79	116.90
广水市	104.18	101.13	93.32	112.63	110.90	101.36
章丘市	142.64	148.64	109.07	157.14	160.99	120.90
平阴县	100.07	102.11	75.47	110.58	112.95	84.05
沂源县	101.98	100.43	108.08	117.78	116.35	125.32
滕州市	132.63	134.62	66.98	158.70	162.60	80.20
龙口市	160.90	167.98	94.15	188.67	199.32	110.23
蓬莱市	147.22	151.51	125.87	163.67	168.66	142.74
长岛县	108.16	114.32	44.23	138.28	145.18	64.21
昌乐县	103.33	105.98	68.09	113.85	116.78	77.22

续表

	2003 年			2004 年		
	农村	基本	管理	农村	基本	管理
寿光市	164.54	162.69	121.91	171.34	170.08	126.05
临朐县	98.55	100.77	79.60	109.08	112.50	89.77
曲阜市	124.13	133.97	74.47	144.11	157.01	88.10
邹城市	173.58	179.30	98.35	197.55	205.03	113.92
鱼台县	88.77	89.79	60.81	105.82	106.10	72.90
郯城县	110.68	111.63	76.85	123.16	126.90	85.48
沂水县	107.28	109.36	95.00	116.78	120.13	102.47
蒙阴县	95.15	95.77	95.23	106.73	107.98	107.74
新泰市	129.51	136.00	82.24	148.25	156.50	93.78
宁阳县	91.49	96.01	55.02	103.10	109.42	62.72
临清市	110.21	114.70	68.06	87.54	92.44	52.61
东阿县	101.13	101.87	72.23	109.26	111.62	85.54
定陶县	79.49	78.76	52.72	96.28	96.57	63.35
郓城县	76.87	76.35	50.80	82.56	81.54	54.25
禹城市	78.34	81.43	57.69	77.69	85.33	57.87
临邑县	94.43	98.36	66.20	100.42	103.53	70.85
庆云县	82.41	83.44	50.48	90.77	93.88	56.62
惠民县	89.09	92.10	70.97	96.83	100.83	78.18
邹平县	123.00	124.93	91.12	135.29	138.06	100.08
垦利县	115.27	108.80	173.67	136.76	130.70	200.76
文登市	118.18	120.92	102.00	156.07	158.44	136.94
莒县	103.59	107.03	82.66	114.13	117.72	91.75

续表

	2003年			2004年		
	农村	基本	管理	农村	基本	管理
德惠市	95.23	94.10	94.60	93.11	92.23	92.05
农安县	95.57	92.22	115.85	103.78	99.01	122.87
九台市	97.34	97.44	95.07	108.79	109.00	108.06
永吉县	101.65	99.18	177.80	113.77	111.27	197.06
蛟河市	88.86	84.57	151.69	98.21	93.64	165.70
舒兰市	77.80	78.15	90.64	85.52	87.15	102.60
磐石市	115.35	111.81	147.02	118.46	117.42	145.66
梨树县	72.15	74.37	79.94	83.03	86.42	92.00
伊通县	80.39	81.40	97.71	89.79	90.84	105.13
公主岭市	97.47	100.24	78.62	106.23	108.94	85.69
东丰县	86.62	85.62	108.71	107.99	107.16	139.92
东辽县	97.10	97.40	117.35	102.97	104.20	125.19
通化县	94.31	89.53	196.75	99.54	97.71	209.16
柳河县	91.84	87.96	140.93	99.88	98.13	149.37
辉南县	93.73	93.64	114.01	97.48	98.15	121.49
梅河口市	112.49	113.79	81.94	115.32	117.85	83.83
抚松县	66.83	64.38	89.07	75.25	73.60	104.99
靖宇县	79.42	77.45	150.38	89.01	86.38	159.56
长白县	86.47	82.89	171.56	96.33	92.97	203.59
临江市	79.53	79.87	124.82	93.61	92.27	155.10
大安市	87.05	87.09	122.32	98.28	96.84	146.88
镇赉县	85.54	85.51	153.77	85.08	85.49	156.53

续表

	2003 年			2004 年		
	农村	基本	管理	农村	基本	管理
通榆县	77.85	73.43	189.60	82.49	76.13	205.40
长岭县	93.87	89.21	139.60	94.43	91.38	139.96
乾安县	76.35	75.18	130.81	84.87	84.95	146.00
扶余县	77.29	77.74	103.15	78.39	78.33	104.38
延吉市	88.94	101.74	23.28	98.09	112.24	26.14
图们市	95.84	98.58	73.05	110.04	114.98	84.77
安图县	70.78	66.51	172.51	77.01	73.09	194.62
敦化市	78.74	75.00	149.42	83.33	79.85	167.38
	2005 年			2006 年		
	农村	基本	管理	农村	基本	管理
大冶市	130.06	131.45	74.57	144.10	150.15	83.24
阳新县	109.50	105.53	79.06	123.57	119.23	92.55
丹江口市	165.77	164.30	198.75	190.83	189.20	231.09
郧县	119.94	116.74	163.57	129.55	129.50	174.82
郧西县	144.60	138.99	222.32	153.70	148.40	238.04
竹山县	112.16	109.68	183.00	124.13	121.91	199.56
竹溪县	104.28	98.65	165.16	116.38	111.03	187.63
松滋市	147.38	151.00	136.18	158.03	164.76	138.88
公安县	133.41	136.29	96.94	150.18	157.11	107.18
石首市	129.71	131.96	96.04	140.82	145.25	102.31
监利县	106.04	107.67	71.82	116.40	116.85	79.86
宜都市	132.93	138.88	128.14	154.62	164.16	150.03
枝江市	123.19	132.09	90.15	143.69	154.57	115.48
当阳市	109.08	112.31	117.30	118.22	123.61	126.91

续表

	2005年			2006年		
	农村	基本	管理	农村	基本	管理
兴山县	108.84	106.90	238.72	112.44	118.03	244.75
秭归县	96.80	97.70	149.06	102.36	105.24	157.14
长阳县	95.44	96.18	175.08	101.84	103.10	185.71
老河口市	95.92	100.88	59.14	101.18	107.31	61.31
枣阳市	95.67	98.39	73.64	99.02	103.07	76.36
南漳县	97.24	98.37	129.91	99.80	100.91	133.09
保康县	88.70	87.90	183.84	93.08	93.53	196.57
钟祥市	124.11	123.39	109.41	138.75	142.33	119.55
京山县	133.03	136.87	142.96	144.41	145.95	158.50
沙洋县	127.07	133.18	127.28	158.91	168.09	157.43
孝昌县	132.55	136.31	92.38	134.45	138.95	94.35
大悟县	103.96	113.49	98.16	98.80	99.40	95.21
云梦县	122.65	126.53	67.58	134.78	140.84	71.53
应城市	118.32	124.88	69.69	131.97	136.94	79.20
汉川市	113.00	120.41	68.16	126.01	136.34	76.01
红安县	93.77	93.51	70.90	100.56	102.18	76.09
麻城县	114.92	111.81	108.81	119.63	117.71	115.04
罗田县	113.15	109.43	115.65	122.72	120.41	123.53
浠水县	115.95	114.03	83.73	126.91	127.97	88.84
武穴市	110.10	112.57	66.54	114.87	118.78	67.98
黄梅县	129.19	130.66	77.63	140.44	142.80	85.26
赤壁市	107.53	106.82	81.61	112.72	113.80	84.07
通城县	135.50	133.89	102.14	144.50	148.76	107.22
崇阳县	114.14	111.19	115.23	128.44	123.38	129.51

续表

	2005年			2006年		
	农村	基本	管理	农村	基本	管理
通山县	122.92	111.66	140.74	127.59	118.54	139.72
广水市	124.15	124.58	109.31	136.16	135.07	119.39
章丘市	185.64	193.39	142.13	183.93	191.75	139.85
平阴县	128.35	132.39	97.37	143.56	150.59	110.41
沂源县	139.93	138.24	148.02	152.19	152.50	159.26
滕州市	180.85	187.37	93.58	172.62	180.68	88.66
龙口市	233.75	246.95	137.39	259.75	275.29	151.92
蓬莱市	177.75	185.35	161.61	252.08	266.51	230.43
长岛县	178.45	187.34	83.67	198.73	215.65	91.77
昌乐县	135.21	139.04	92.45	150.85	156.27	102.96
寿光市	202.93	200.63	146.46	204.67	202.46	148.31
临朐县	123.92	129.12	102.95	131.54	138.89	110.95
曲阜市	155.50	171.07	97.93	164.14	179.64	102.92
邹城市	259.78	271.65	151.32	293.54	307.40	163.77
鱼台县	139.38	142.19	96.27	160.30	168.12	107.49
郯城县	142.94	145.83	99.27	166.73	172.46	114.95
沂水县	135.51	142.38	119.09	155.76	163.45	138.58
蒙阴县	121.77	123.72	122.29	145.67	148.41	148.42
新泰市	178.13	189.09	114.23	193.92	208.22	120.42
宁阳县	115.62	126.12	70.56	135.77	149.13	83.88
临清市	129.46	138.75	80.14	157.44	168.81	95.85
东阿县	127.67	132.46	100.75	143.19	149.80	112.02
定陶县	88.23	89.43	57.83	129.45	132.29	82.04
郓城县	111.05	109.50	72.99	137.02	135.11	89.42

续表

	2005 年			2006 年		
	农村	基本	管理	农村	基本	管理
禹城市	121.59	122.43	92.32	152.11	160.52	113.59
临邑县	139.73	150.91	99.69	157.76	166.80	115.57
庆云县	109.58	112.85	70.72	118.62	122.02	77.14
惠民县	103.54	109.67	86.37	117.74	123.62	100.05
邹平县	154.43	159.82	114.18	172.71	180.04	127.19
垦利县	559.36	545.68	824.38	189.29	186.33	267.92
文登市	185.47	193.77	168.95	210.15	207.65	192.11
莒县	133.44	138.75	104.34	131.10	137.72	101.88
德惠市	129.01	124.55	150.04	133.23	129.78	152.97
农安县	124.19	120.33	153.03	160.70	155.93	209.46
九台市	140.02	138.72	160.82	160.45	158.17	183.96
永吉县	138.13	137.26	246.98	150.87	146.43	273.44
蛟河市	107.63	105.09	183.79	135.85	130.68	242.71
舒兰市	96.84	98.10	115.52	105.99	108.26	126.88
磐石市	144.26	142.48	178.91	172.75	170.19	215.98
梨树县	88.73	91.73	105.99	125.31	129.96	148.68
伊通县	111.99	115.20	132.47	134.93	138.34	160.13
公主岭市	123.61	127.27	102.11	151.60	155.75	127.99
东丰县	125.80	124.77	168.92	152.08	152.13	204.59
东辽县	131.41	131.26	166.76	167.44	167.57	216.69
通化县	119.29	118.96	250.99	131.18	125.20	277.15
柳河县	112.79	112.03	174.52	134.19	133.14	208.83
辉南县	101.34	105.24	127.50	126.21	128.67	157.56
梅河口市	134.88	139.02	99.59	185.02	189.65	136.90

续表

	2005 年			2006 年		
	农村	基本	管理	农村	基本	管理
抚松县	85.24	81.55	121.10	118.95	113.13	170.56
靖宇县	105.12	103.61	188.78	125.82	123.26	222.68
长白县	107.81	104.43	230.85	133.96	128.69	270.48
临江市	97.05	96.59	165.84	123.10	121.66	215.86
大安市	113.19	110.98	172.65	145.35	147.14	224.51
镇赉县	108.79	106.42	225.15	148.75	132.23	480.65
通榆县	94.98	89.80	236.50	105.68	100.66	259.50
长岭县	119.46	115.82	185.18	135.35	134.80	209.24
乾安县	105.00	105.38	177.50	119.59	117.34	203.69
扶余县	110.37	110.32	150.99	125.12	124.73	168.86
延吉市	112.00	129.63	28.71	161.79	181.05	40.93
图们市	121.36	128.24	96.23	155.94	163.07	125.69
安图县	85.83	82.32	215.50	106.65	102.62	260.54
敦化市	90.24	87.03	187.19	102.65	98.94	204.05

表14　　100个县(市)的标准支出需要　　单位:元/人

县(市)	2003年	2004年	2005年	2006年	2006年较2003年增加
大冶市	336.830	335.148	404.98	458.12	121.289
阳新县	320.620	312.737	353.17	403.32	82.696
丹江口市	494.904	558.125	650.15	751.64	256.732
郧县	414.106	480.358	493.05	536.53	122.425
郧西县	466.260	513.700	625.02	667.96	201.698
竹山县	432.728	477.827	502.64	553.25	120.520
竹溪县	378.181	410.868	454.24	513.20	135.017
松滋市	451.477	511.349	532.64	566.90	115.423
公安县	406.164	431.597	445.82	506.24	100.078
石首市	394.749	424.411	434.81	473.20	78.449
监利县	328.030	347.141	346.02	378.66	50.627
宜都市	434.268	449.636	492.72	579.41	145.142
枝江市	366.289	360.281	424.41	509.93	143.638
当阳市	349.080	373.729	417.59	455.87	106.787
兴山县	489.588	516.345	571.26	602.10	112.516
秭归县	357.438	399.510	427.60	455.17	97.733
长阳县	421.375	432.943	459.31	489.49	68.119
老河口市	263.231	270.659	311.76	329.12	65.892
枣阳市	282.065	301.933	326.52	340.50	58.438
南漳县	274.915	355.187	403.16	413.38	138.463
保康县	394.637	405.571	452.57	482.31	87.669
钟祥市	326.523	381.981	434.25	490.08	163.555
京山县	378.686	430.966	508.94	551.94	173.259
沙洋县	463.398	465.188	478.25	598.68	135.279

续表

县(市)	2003 年	2004 年	2005 年	2006 年	2006 年较 2003 年增加
孝昌县	282.443	409.773	439.32	447.80	165.358
大悟县	322.294	372.968	391.85	358.88	36.583
云梦县	350.131	370.754	383.09	420.70	70.567
应城市	323.349	354.673	381.00	422.47	99.125
汉川市	307.547	310.327	368.22	414.56	107.009
红安县	286.105	298.117	312.72	339.07	52.962
麻城市	314.484	344.555	407.57	429.17	114.684
罗田县	357.305	363.801	411.54	447.07	89.765
浠水县	318.108	340.057	378.33	416.32	98.211
武穴市	291.875	321.562	349.89	365.64	73.768
黄梅县	336.976	350.924	407.25	445.34	108.362
赤壁市	281.049	314.992	358.26	377.01	95.965
通城县	379.100	435.025	449.12	488.03	108.934
崇阳县	304.765	338.483	414.75	463.17	158.409
通山县	346.554	383.897	453.73	467.39	120.838
广水市	361.842	394.825	436.37	474.96	113.120
章丘市	628.483	686.946	818.11	809.29	180.803
平阴县	433.922	480.870	560.96	635.98	202.061
沂源县	485.671	562.610	666.97	727.68	242.008
滕州市	518.053	623.634	719.35	689.93	171.878
龙口市	661.330	780.851	968.81	1077.41	416.085
蓬莱市	666.362	746.034	826.51	1183.02	516.653
长岛县	416.010	542.352	701.21	795.47	379.461
昌乐县	432.918	480.686	572.96	641.68	208.764

续表

县(市)	2003 年	2004 年	2005 年	2006 年	2006 年较 2003 年增加
寿光市	697.278	726.191	853.39	861.99	164.710
临朐县	436.682	488.455	559.70	601.33	164.648
曲阜市	523.836	614.450	671.82	706.12	182.279
邹城市	703.414	806.217	1067.64	1195.39	491.977
鱼台县	372.750	442.778	589.50	683.64	310.885
郯城县	465.700	524.619	605.47	710.52	244.815
沂水县	488.534	532.820	625.80	721.65	233.118
蒙阴县	448.727	506.207	577.73	695.68	246.948
新泰市	545.045	625.264	756.41	822.58	277.532
宁阳县	379.730	432.085	493.15	583.27	203.540
临清市	458.085	364.659	548.11	664.04	205.959
东阿县	428.572	479.363	566.37	636.56	207.991
定陶县	326.911	397.943	366.57	535.71	208.802
郓城县	316.281	338.059	454.33	559.50	243.215
禹城市	340.976	350.289	524.32	670.52	329.544
临邑县	405.905	429.832	616.45	692.44	286.530
庆云县	336.237	376.812	457.69	496.10	159.858
惠民县	395.524	433.404	472.55	537.79	142.263
邹平县	529.208	583.414	671.22	752.97	223.758
垦利县	623.819	735.176	3039.13	1013.98	390.160
文登市	534.824	707.015	863.84	951.21	416.384
莒县	460.003	507.444	591.07	583.02	123.021
德惠市	521.840	510.160	735.92	760.15	238.306
农安县	553.193	592.080	724.74	958.40	405.205

续表

县(市)	2003年	2004年	2005年	2006年	2006年较2003年增加
九台市	534.503	600.816	806.23	920.83	386.332
永吉县	686.842	766.189	950.44	1033.63	346.785
蛟河市	587.258	646.179	719.70	920.94	333.683
舒兰市	453.559	507.621	571.84	629.42	175.856
磐石市	681.775	698.991	852.28	1022.31	340.533
梨树县	419.385	485.219	529.96	747.99	328.601
伊通县	477.725	526.380	664.80	800.47	322.742
公主岭市	514.674	559.986	657.37	809.94	295.269
东丰县	514.199	650.019	767.35	932.33	418.128
东辽县	573.012	611.784	787.57	1011.84	438.827
通化县	684.808	735.450	887.78	960.70	275.888
柳河县	581.099	632.878	728.67	868.56	287.456
辉南县	553.208	582.809	617.99	760.02	206.816
梅河口市	572.761	590.615	697.16	953.54	380.782
抚松县	400.529	462.650	522.14	729.27	328.745
靖宇县	556.467	606.710	722.10	856.24	299.773
长白县	615.010	708.793	799.70	961.82	346.815
临江市	519.605	620.386	654.87	837.55	317.950
大安市	542.785	623.464	722.39	946.98	404.190
镇赉县	591.613	596.055	796.62	1348.64	757.022
通榆县	611.156	650.154	755.31	836.38	225.222

续表

县(市)	2003 年	2004 年	2005 年	2006 年	2006 年较 2003 年增加
长岭县	584.036	591.806	763.47	875.21	291.178
乾安县	513.247	575.877	707.91	800.55	287.300
扶余县	473.718	478.426	680.75	766.68	292.958
延吉市	417.357	461.225	529.25	744.16	326.803
图们市	498.730	579.786	648.67	831.70	332.970
安图县	555.076	618.280	689.32	844.96	289.884
敦化市	546.669	596.171	657.66	732.46	185.793
平均值	451.9	498.3	604.5	673.2	221.4

表15　　100个县(市)的标准财政健康指数(%)

县(市)	2003年	2004年	2005年	2006年	2006年较2003年增加
大冶市	37.43	46.74	44.44	45.62	8.19
阳新县	0.66	14.25	15.51	11.71	11.04
丹江口市	-3.78	-6.65	-14.84	-17.38	-13.60
郧县	-150.29	-171.31	-155.68	-150.81	-0.52
郧西县	-183.04	-181.89	-214.31	-202.17	-19.13
竹山县	-153.54	-157.73	-140.21	-138.71	14.83
竹溪县	-119.25	-95.82	-89.27	-88.17	31.08
松滋市	-62.95	-63.31	-44.11	-47.47	15.48
公安县	-56.46	-44.17	-36.66	-39.71	16.75
石首市	-3.25	-2.62	7.24	5.95	9.19
监利县	-46.08	-40.17	-29.43	-28.63	17.45
宜都市	32.28	42.07	46.30	50.18	17.90
枝江市	28.52	43.00	44.87	44.42	15.89
当阳市	47.77	47.80	47.04	49.48	1.70
兴山县	3.62	8.05	15.60	15.27	11.65
秭归县	-14.68	-15.59	-11.77	-5.79	8.89
长阳县	-7.30	1.72	7.90	7.79	15.10
老河口市	34.88	40.68	35.70	38.06	3.18
枣阳市	21.30	23.58	24.19	28.87	7.57
南漳县	-16.46	-24.32	-27.51	-15.99	0.47
保康县	-43.81	-31.94	-36.86	-31.37	12.44
钟祥市	16.50	16.44	15.80	16.98	0.47
京山县	14.48	17.94	13.13	17.34	2.86
沙洋县	-18.19	-3.14	8.14	-2.39	15.80

续表

县(市)	2003 年	2004 年	2005 年	2006 年	2006 年较 2003 年增加
孝昌县	-31.78	-73.60	-70.05	-59.49	-27.71
大悟县	-12.87	-17.47	-11.79	5.63	18.50
云梦县	18.95	21.52	27.87	27.70	8.74
应城市	25.28	23.95	28.17	29.12	3.84
汉川市	27.95	33.49	32.53	33.16	5.21
红安县	-16.98	-10.62	-9.81	-6.57	10.41
麻城市	-39.26	-39.60	-51.71	-42.48	-3.22
罗田县	-84.16	-66.00	-70.72	-69.45	14.71
浠水县	-43.00	-34.50	-33.11	-33.17	9.83
武穴市	14.46	16.01	16.19	22.38	7.91
黄梅县	-55.98	-45.22	-44.99	-41.44	14.54
赤壁市	51.23	53.66	56.12	59.06	7.83
通城县	-51.16	-51.50	-39.94	-30.11	21.04
崇阳县	-15.51	-1.45	-7.20	-11.93	3.58
通山县	-80.92	-82.08	-96.27	-92.38	-11.47
广水市	-8.44	1.59	3.68	7.25	15.68
湖北省县(市)平均	-23.60	-20.21	-18.65	-15.99	7.60
章丘市	20.91	30.39	33.32	44.14	23.24
平阴县	50.26	53.12	50.78	54.83	4.57
沂源县	-18.12	-7.12	13.18	17.90	36.02
滕州市	13.35	29.26	35.37	40.53	27.18
龙口市	60.77	63.49	66.38	69.17	8.40

续表

县(市)	2003 年	2004 年	2005 年	2006 年	2006 年较 2003 年增加
蓬莱市	49.14	55.41	60.65	53.03	3.89
长岛县	75.38	74.53	73.69	74.28	-1.10
昌乐县	-1.44	13.25	14.62	16.77	18.21
寿光市	13.18	34.17	37.64	37.14	23.96
临朐县	-28.26	-25.15	-18.53	-15.02	13.23
曲阜市	39.61	42.99	39.76	44.81	5.20
邹城市	24.87	29.55	18.50	22.16	-2.70
鱼台县	20.87	25.28	2.86	6.28	-14.59
郯城县	-14.95	-7.96	0.35	-5.22	9.73
沂水县	-18.82	-7.53	-2.40	-4.35	14.47
蒙阴县	-7.83	2.52	16.05	11.49	19.31
新泰市	9.53	14.94	19.10	30.64	21.11
宁阳县	2.22	7.47	12.08	13.78	11.56
临清市	2.21	37.60	22.21	24.40	22.19
东阿县	-12.63	-1.85	18.27	24.99	37.62
定陶县	-67.85	-64.54	-33.53	-67.44	0.41
郓城县	-65.09	-36.63	-56.54	-63.96	1.13
禹城市	42.53	51.26	39.36	31.24	-11.28
临邑县	28.60	39.97	32.30	33.58	4.98
庆云县	2.32	21.06	36.82	43.14	40.82
惠民县	-69.30	13.61	17.75	21.59	90.89
邹平县	38.54	51.75	57.91	64.50	25.97
垦利县	28.84	38.43	-72.52	59.53	30.69
文登市	72.10	68.97	67.50	69.54	-2.56
莒县	-8.91	-3.97	-38.82	-10.44	-1.53

续表

县(市)	2003年	2004年	2005年	2006年	2006年较2003年增加
山东省县(市)平均	9.40	21.48	18.80	24.77	15.37
德惠市	48.61	56.19	45.24	51.05	2.44
农安县	40.42	37.98	23.33	16.16	-24.26
九台市	33.34	36.45	21.91	24.44	-8.90
永吉县	11.30	19.72	-31.65	-30.72	-42.02
蛟河市	44.32	51.78	15.34	5.43	-38.89
舒兰市	48.69	51.85	11.66	12.68	-36.01
磐石市	48.27	55.30	57.79	59.83	11.57
梨树县	28.83	37.84	37.33	29.53	0.70
伊通县	25.42	22.47	8.63	1.83	-23.59
公主岭市	35.18	37.15	32.81	23.26	-11.92
东丰县	6.31	-4.66	1.40	-0.48	-6.79
东辽县	-28.39	-17.85	-11.62	-22.05	6.34
通化县	15.74	20.62	-1.60	9.36	-6.38
柳河县	1.87	-0.42	-26.59	-41.48	-43.35
辉南县	1.60	8.52	4.23	-3.24	-4.84
梅河口市	35.84	41.07	32.62	23.76	-12.08
抚松县	46.85	48.90	50.12	42.78	-4.07
靖宇县	-24.07	-12.68	6.51	11.97	36.04
长白县	40.77	39.23	21.57	23.34	-17.43
临江市	57.61	57.30	48.12	35.61	-22.00
大安市	17.60	17.24	1.33	-16.38	-33.98
镇赉县	-2.80	11.74	7.79	7.40	10.20
通榆县	-23.04	-29.84	-34.58	-38.47	-15.43

续表

县(市)	2003 年	2004 年	2005 年	2006 年	2006 年较 2003 年增加
长岭县	-36.69	-15.09	-18.13	-18.75	17.94
乾安县	8.28	15.79	29.55	38.11	29.82
扶余县	10.38	23.82	2.40	1.21	-9.18
延吉市	68.98	69.06	69.78	64.48	-4.50
图们市	46.15	46.06	28.05	19.71	-26.44
安图县	18.44	18.93	4.07	-0.73	-19.17
敦化市	35.84	39.57	33.79	31.88	-3.96
吉林省县(市)平均	22.06	26.13	15.71	12.05	-10.00
平均值	0.00	6.20	2.89	4.65	4.65
标准差	47.37	47.77	47.36	46.56	-0.81
最小值	-183.04	-181.89	-214.31	-202.17	-19.13
最大值	75.38	74.53	73.69	74.28	-1.1

表16　　100个县(市)的实际财政收入能力　　单位:元/人

县(市)	2003年	2004年	2005年	2006年	2006年较2003年增加
大冶市	675.150	786.419	975.17	1289.86	614.711
阳新县	404.813	455.751	559.27	699.46	294.646
丹江口市	598.083	653.986	757.46	980.47	382.389
郧县	207.510	221.249	258.00	327.56	120.047
郧西县	206.611	227.723	266.05	338.49	131.877
竹山县	214.062	231.678	279.96	354.89	140.830
竹溪县	216.334	262.200	321.10	417.61	201.277
松滋市	347.494	391.268	494.49	588.61	241.113
公安县	325.578	374.099	436.45	554.83	229.253
石首市	479.531	516.812	627.18	770.38	290.848
监利县	281.631	309.487	357.69	450.74	169.113
宜都市	804.245	969.934	1227.58	1780.77	976.526
枝江市	642.728	789.882	1030.01	1404.76	762.036
当阳市	838.306	894.716	1054.91	1381.58	543.278
兴山县	637.074	701.709	905.53	1088.09	451.014
秭归县	390.915	431.922	511.83	658.84	267.920
长阳县	492.517	550.478	667.22	812.86	320.339
老河口市	506.993	570.153	648.71	813.59	306.599
枣阳市	449.519	493.702	576.29	733.04	283.524
南漳县	296.071	357.029	423.02	545.73	249.657
保康县	344.168	384.112	442.42	562.18	218.009
钟祥市	490.459	571.273	690.04	903.86	413.396
京山县	555.333	656.283	783.87	1022.41	467.075
沙洋县	491.740	563.627	696.58	895.27	403.528

续表

县(市)	2003年	2004年	2005年	2006年	2006年较2003年增加
孝昌县	268.817	294.964	345.65	429.92	161.105
大悟县	358.136	396.770	468.97	582.29	224.150
云梦县	541.819	590.339	710.62	890.93	349.113
应城市	542.727	582.779	709.63	912.68	369.948
汉川市	535.338	583.089	730.22	949.66	414.317
红安县	306.747	336.759	381.03	487.17	180.424
麻城市	283.222	308.434	359.43	461.21	177.991
罗田县	243.340	273.870	322.52	403.98	160.643
浠水县	279.010	315.945	380.25	478.70	199.689
武穴市	427.965	478.430	558.53	721.28	293.316
黄梅县	270.959	301.976	375.80	482.12	211.160
赤壁市	722.771	849.398	1092.29	1409.99	687.217
通城县	314.551	358.816	429.39	574.34	259.787
崇阳县	330.905	416.921	517.63	633.61	302.705
通山县	240.246	263.465	309.29	372.00	131.759
广水市	418.511	501.357	606.16	784.09	365.575
章丘市	996.63	1198.15	1520.88	1856.77	860.14
平阴县	1094.06	1245.38	1412.80	1804.19	710.13
沂源县	515.70	637.71	952.33	1135.86	620.16
滕州市	749.87	1070.36	1379.64	1486.79	736.92
龙口市	2114.40	2596.88	3571.86	4479.16	2364.76
蓬莱市	1643.33	2031.48	2603.95	3227.98	1584.64

续表

县(市)	2003 年	2004 年	2005 年	2006 年	2006 年较 2003 年增加
长岛县	2119.13	2585.11	3303.37	3963.39	1844.25
昌乐县	535.25	672.80	831.91	987.98	452.74
寿光市	1007.27	1339.31	1696.50	1757.36	750.09
临朐县	427.02	473.90	585.34	669.95	242.93
曲阜市	1087.89	1308.63	1382.40	1639.54	551.65
邹城市	1174.23	1389.52	1623.86	1968.09	793.86
鱼台县	590.81	719.48	752.25	934.81	344.00
郯城县	508.13	590.00	753.20	865.39	357.27
沂水县	515.67	601.63	757.58	886.25	370.57
蒙阴县	521.95	630.51	853.09	1007.21	485.26
新泰市	755.63	892.52	1159.05	1519.84	764.22
宁阳县	487.09	566.95	695.29	866.95	379.87
临清市	587.50	709.54	873.44	1125.60	538.10
东阿县	477.25	571.42	859.06	1087.53	610.28
定陶县	244.27	293.65	340.31	410.00	165.73
郓城县	240.28	300.42	359.77	437.30	197.02
禹城市	744.09	872.53	1071.81	1249.74	505.65
临邑县	713.03	869.42	1128.70	1336.01	622.98
庆云县	431.73	579.56	898.08	1118.01	686.28
惠民县	293.00	609.12	712.16	878.89	585.89
邹平县	1079.90	1468.15	1977.11	2718.48	1638.58
垦利县	1099.50	1449.69	2183.78	3210.63	2111.13

续表

县(市)	2003 年	2004 年	2005 年	2006 年	2006 年较 2003 年增加
文登市	2404.10	2766.29	3294.98	4001.39	1597.29
莒县	529.74	592.61	527.81	676.53	146.79
德惠市	1273.63	1561.87	1609.14	1909.75	636.12
农安县	1164.58	1280.50	1131.83	1405.97	241.39
九台市	1005.60	1268.11	1236.27	1498.79	493.19
永吉县	971.15	1280.24	864.47	972.48	1.34
蛟河市	1322.75	1797.59	1017.90	1197.62	-125.12
舒兰市	1108.69	1414.17	775.13	886.48	-222.22
磐石市	1652.85	2097.50	2417.72	3130.29	1477.44
梨树县	739.04	1047.15	1012.64	1305.36	566.31
伊通县	803.39	910.67	871.23	1002.83	199.44
公主岭市	995.88	1195.17	1171.60	1298.11	302.23
东丰县	688.33	833.14	931.89	1141.12	452.80
东辽县	559.77	696.34	844.89	1019.62	459.85
通化县	1019.37	1242.87	1046.33	1303.60	284.23
柳河县	742.67	845.40	689.24	755.01	12.34
辉南县	705.10	854.56	772.71	905.40	200.29
梅河口市	1119.68	1344.33	1238.95	1538.22	418.54
抚松县	945.11	1214.44	1253.36	1567.47	622.36
靖宇县	562.54	722.25	924.86	1196.31	633.77
长白县	1302.19	1564.55	1220.92	1543.03	240.84
临江市	1537.44	1948.91	1511.50	1599.85	62.41

续表

县(市)	2003 年	2004 年	2005 年	2006 年	2006 年较 2003 年增加
大安市	826.19	1010.54	876.70	1000.71	174.53
镇赉县	721.79	905.88	1034.43	1791.10	1069.31
通榆县	622.98	671.66	672.03	742.88	119.90
长岭县	535.88	689.79	773.86	906.43	370.55
乾安县	701.85	917.30	1203.26	1590.71	888.86
扶余县	662.99	842.37	835.17	954.45	291.47
延吉市	1687.71	1999.90	2096.94	2576.75	889.04
图们市	1161.49	1441.91	1079.61	1273.99	112.50
安图县	853.53	1023.05	860.41	1031.65	178.12
敦化市	1068.65	1323.32	1189.31	1322.51	253.86
平均值	717.3	868.0	965.1	1196.3	478.9

表16　　**100个县(市)的实际财政支出需要**　　单位:元/人

县(市)	2003年	2004年	2005年	2006年	2006年较2003年增加
大冶市	336.836	365.795	449.40	573.02	236.19
阳新县	320.626	342.738	393.93	507.15	186.53
丹江口市	494.914	617.012	730.64	949.87	454.96
郧县	414.115	532.834	555.72	678.83	264.71
郧西县	466.271	569.914	706.28	847.47	381.20
竹山县	432.738	531.123	568.28	701.94	269.20
竹溪县	378.189	456.555	513.83	651.67	273.48
松滋市	451.485	561.145	595.18	712.42	260.94
公安县	406.171	472.610	496.26	634.57	228.40
石首市	394.757	465.234	484.23	593.54	198.79
监利县	328.036	380.057	384.84	475.07	147.03
宜都市	434.277	494.373	550.59	728.63	294.35
枝江市	366.295	394.001	471.67	639.50	273.21
当阳市	349.087	411.593	467.77	574.28	225.19
兴山县	489.600	575.750	649.24	765.67	276.07
秭归县	357.446	443.154	482.44	576.41	218.97
长阳县	421.384	481.825	519.92	621.58	200.19
老河口市	263.236	295.737	345.82	411.64	148.40
枣阳市	282.070	330.755	363.71	427.27	145.20
南漳县	274.920	392.866	453.65	522.75	247.83
保康县	394.646	451.934	513.69	613.76	219.12
钟祥市	326.529	419.652	485.37	616.05	289.52
京山县	378.693	474.849	570.11	696.23	317.54
沙洋县	463.407	511.212	534.72	753.14	289.73

续表

县(市)	2003年	2004年	2005年	2006年	2006年较2003年增加
孝昌县	282.448	448.558	488.60	561.43	278.98
大悟县	322.300	409.466	437.04	452.02	129.72
云梦县	350.137	404.315	424.56	525.72	175.58
应城市	323.355	386.901	422.28	528.72	205.36
汉川市	307.552	338.625	408.12	518.13	210.58
红安县	286.110	326.729	348.63	425.70	139.59
麻城市	314.489	379.059	456.45	540.91	226.42
罗田县	357.312	401.109	461.59	563.84	206.53
浠水县	318.113	372.112	421.68	522.36	204.25
武穴市	291.880	351.093	388.40	457.58	165.70
黄梅县	336.982	382.731	452.21	557.77	220.78
赤壁市	281.054	344.961	399.48	473.36	192.31
通城县	379.107	476.973	500.83	612.34	233.23
崇阳县	304.770	372.560	464.98	584.54	279.77
通山县	346.561	424.413	511.02	591.07	244.51
广水市	361.849	434.133	487.58	597.81	235.96
章丘市	628.494	736.061	897.62	941.47	312.98
平阴县	433.929	515.246	615.50	739.83	305.90
沂源县	485.681	603.549	733.26	846.99	361.31
滕州市	518.061	667.542	788.02	802.41	284.35
龙口市	661.341	835.902	1061.63	1253.00	591.66
蓬莱市	666.375	799.612	907.55	1376.24	709.87

续表

县(市)	2003年	2004年	2005年	2006年	2006年较2003年增加
长岛县	416.017	580.321	767.79	924.77	508.76
昌乐县	432.926	514.880	628.40	746.49	313.56
寿光市	697.291	778.209	936.52	1003.24	305.95
临朐县	436.690	523.447	614.32	699.52	262.83
曲阜市	523.845	657.683	736.13	820.98	297.13
邹城市	703.426	863.149	1170.00	1390.33	686.91
鱼台县	372.757	474.378	646.62	795.19	422.44
郯城县	465.709	561.952	664.15	826.58	360.87
沂水县	488.543	571.103	687.00	839.56	351.02
蒙阴县	448.736	542.863	634.84	809.62	360.88
新泰市	545.054	669.477	829.15	956.55	411.50
宁阳县	379.737	462.576	540.32	678.12	298.38
临清市	458.093	390.395	600.67	772.20	314.11
东阿县	428.579	513.671	621.52	740.53	311.95
定陶县	326.917	426.293	402.02	623.27	296.35
郓城县	316.287	362.186	498.40	651.17	334.88
禹城市	340.982	375.101	575.43	779.94	438.96
临邑县	405.912	460.437	675.93	805.41	399.50
庆云县	336.243	403.508	501.85	577.15	240.90
惠民县	395.532	464.393	518.59	625.63	230.10
邹平县	529.217	625.080	736.38	875.94	346.72
垦利县	623.832	789.620	3347.28	1180.61	556.77

续表

县(市)	2003 年	2004 年	2005 年	2006 年	2006 年较 2003 年增加
文登市	534.834	757.889	948.53	1107.22	572.39
莒县	460.011	543.761	648.59	678.22	218.20
德惠市	521.850	595.264	868.06	958.54	436.69
农安县	553.204	686.299	852.91	1204.70	651.50
九台市	534.513	701.147	952.36	1161.28	626.77
永吉县	686.856	877.365	1101.21	1288.09	601.23
蛟河市	587.270	740.071	835.07	1148.00	560.73
舒兰市	453.568	589.200	674.95	793.10	339.54
磐石市	681.788	810.072	1003.42	1286.51	604.72
梨树县	419.393	564.923	625.94	942.80	523.40
伊通县	477.735	611.328	785.38	1008.87	531.14
公主岭市	514.684	657.761	787.42	1028.69	514.01
东丰县	514.209	752.056	900.50	1171.25	657.04
东辽县	573.023	709.664	926.70	1272.38	699.35
通化县	684.823	836.509	1021.02	1192.02	507.20
柳河县	581.112	728.503	849.82	1086.99	505.88
辉南县	553.219	675.421	728.46	956.69	403.47
梅河口市	572.771	695.588	838.34	1214.32	641.55
抚松县	400.537	533.740	610.41	914.31	513.77
靖宇县	556.479	693.747	836.22	1067.81	511.33
长白县	615.023	805.615	917.91	1194.98	579.96
临江市	519.615	711.670	760.38	1044.86	525.24

续表

县(市)	2003 年	2004 年	2005 年	2006 年	2006 年较 2003 年增加
大安市	542.796	717.742	842.62	1185.57	642.77
镇赉县	591.626	681.642	916.19	1652.83	1061.21
通榆县	611.170	733.675	860.03	1033.50	422.33
长岭县	584.048	681.138	889.51	1095.55	511.50
乾安县	513.258	660.043	822.64	999.39	486.14
扶余县	473.728	553.135	798.45	963.05	489.32
延吉市	417.363	554.374	654.10	961.44	544.08
图们市	498.738	682.144	778.71	1057.37	558.63
安图县	555.088	697.916	785.03	1044.37	489.28
敦化市	546.681	678.695	755.87	910.44	363.76
平均值	451.9	553.1	682.7	824.9	373.1

表17　**100个县(市)的实际财政健康指数(%)**

县(市)	2003年	2004年	2005年	2006年	2006年较2003年增加
大冶市	37.44	41.67	42.21	44.29	6.85
阳新县	0.68	5.70	11.67	9.08	8.40
丹江口市	-3.77	-18.31	-20.96	-21.49	-17.72
郧县	-150.25	-202.00	-170.10	-159.88	-9.62
郧西县	-183.00	-213.83	-232.89	-213.96	-30.97
竹山县	-153.50	-187.48	-154.54	-148.03	5.47
竹溪县	-119.22	-118.35	-100.67	-95.68	23.54
松滋市	-62.93	-79.85	-50.93	-51.78	11.15
公安县	-56.44	-58.42	-42.59	-43.42	13.02
石首市	-3.23	-12.89	3.18	3.38	6.62
监利县	-46.06	-53.99	-34.92	-32.17	13.89
宜都市	32.29	36.08	43.76	48.69	16.40
枝江市	28.53	37.45	42.58	42.91	14.38
当阳市	47.78	42.31	44.39	47.88	0.09
兴山县	3.63	-2.89	10.09	11.76	8.13
秭归县	-14.66	-28.66	-18.20	-9.71	4.95
长阳县	-7.29	-9.76	2.28	4.11	11.40
老河口市	34.89	34.96	33.15	36.55	1.66
枣阳市	21.31	15.99	20.86	26.91	5.60
南漳县	-16.44	-37.99	-34.48	-20.12	-3.68
保康县	-43.79	-47.54	-45.60	-36.91	6.89
钟祥市	16.51	7.88	11.79	14.53	-1.98
京山县	14.49	9.27	8.80	14.61	0.12
沙洋县	-18.17	-13.74	3.74	-5.49	12.68

续表

县(市)	2003年	2004年	2005年	2006年	2006年较2003年增加
孝昌县	-31.76	-90.70	-77.26	-63.76	-32.00
大悟县	-12.85	-29.41	-16.86	2.65	15.51
云梦县	18.96	14.12	25.08	26.00	7.04
应城市	25.29	16.75	25.38	27.36	2.07
汉川市	27.96	27.17	29.91	31.58	3.62
红安县	-16.96	-21.67	-14.74	-9.58	7.39
麻城市	-39.24	-54.11	-59.25	-47.07	-7.82
罗田县	-84.13	-83.66	-79.47	-75.02	9.11
浠水县	-42.97	-47.69	-39.06	-36.84	6.14
武穴市	14.47	7.98	12.80	20.45	5.97
黄梅县	-55.96	-58.93	-50.90	-45.08	10.88
赤壁市	51.24	49.07	54.14	57.90	6.66
通城县	-51.14	-66.69	-46.26	-33.70	17.44
崇阳县	-15.50	-12.06	-12.65	-15.69	-0.19
通山县	-80.89	-102.01	-107.19	-99.24	-18.35
广水市	-8.42	-8.59	-0.87	4.39	12.81
湖北省县(市)均值	-23.58	-32.9	-24.61	-19.74	3.84
章丘市	20.92	22.96	25.99	36.42	15.50
平阴县	50.26	48.12	45.37	48.58	-1.68
沂源县	-18.10	-18.68	3.45	6.49	24.59
滕州市	13.37	21.79	28.37	32.32	18.96
龙口市	60.78	59.64	62.73	64.92	4.14

续表

县(市)	2003 年	2004 年	2005 年	2006 年	2006 年较 2003 年增加
蓬莱市	49.15	50.64	56.29	46.54	-2.61
长岛县	75.38	71.85	70.85	70.74	-4.64
昌乐县	-1.43	4.03	5.28	5.25	6.68
寿光市	13.19	27.14	30.78	28.41	15.22
临朐县	-28.24	-38.51	-31.61	-30.93	-2.69
曲阜市	39.62	36.98	33.22	37.21	-2.41
邹城市	24.88	22.10	9.65	11.41	-13.47
鱼台县	20.88	17.32	-7.79	-6.67	-27.55
郯城县	-14.93	-19.44	-10.57	-19.78	-4.84
沂水县	-18.80	-19.04	-13.72	-18.79	0.01
蒙阴县	-7.81	-7.97	6.68	-0.80	7.01
新泰市	9.55	5.94	10.29	21.08	11.53
宁阳县	2.24	-2.31	2.55	1.91	-0.32
临清市	2.22	31.00	13.76	13.97	11.75
东阿县	-12.61	-12.73	9.27	14.61	27.22
定陶县	-67.83	-82.05	-48.14	-90.63	-22.80
郓城县	-65.06	-51.18	-73.72	-86.73	-21.66
禹城市	42.53	46.09	32.67	21.74	-20.80
临邑县	28.61	33.59	24.90	24.40	-4.21
庆云县	2.33	12.69	29.93	35.27	32.93
惠民县	-69.28	4.40	8.68	10.73	80.01
邹平县	38.55	46.61	53.29	59.59	21.05

续表

县(市)	2003 年	2004 年	2005 年	2006 年	2006 年较 2003 年增加
垦利县	28.85	31.70	-92.21	53.89	25.04
文登市	72.10	65.64	63.90	65.30	-6.80
莒县	-8.89	-15.06	-54.10	-25.71	-16.82
山东省县(市)均值	9.41	13.11	9.87	14.36	4.94
德惠市	48.62	52.21	32.35	37.06	-11.56
农安县	40.43	32.79	5.50	-7.45	-47.88
九台市	33.35	30.67	3.40	2.84	-30.51
永吉县	11.31	14.06	-59.74	-66.10	-77.41
蛟河市	44.33	48.37	-2.88	-20.20	-64.53
舒兰市	48.70	47.75	-9.19	-12.19	-60.89
磐石市	48.27	51.57	47.96	48.46	0.19
梨树县	28.84	32.35	22.49	9.43	-19.41
伊通县	25.43	15.82	-13.04	-26.16	-51.59
公主岭市	35.19	30.99	15.72	0.63	-34.57
东丰县	6.32	-13.20	-21.18	-28.71	-35.03
东辽县	-28.37	-27.80	-37.54	-56.49	-28.12
通化县	15.75	15.60	-22.37	-14.67	-30.42
柳河县	1.88	-8.06	-54.62	-80.54	-82.42
辉南县	1.61	0.89	-18.22	-32.50	-34.12
梅河口市	35.85	35.11	15.15	1.01	-34.85
抚松县	46.86	44.89	38.93	26.85	-20.00
靖宇县	-24.05	-20.45	-13.38	-11.93	12.12
长白县	40.77	35.43	5.72	2.89	-37.89

续表

县(市)	2003 年	2004 年	2005 年	2006 年	2006 年较 2003 年增加
临江市	57.62	54.21	36.92	18.10	-39.52
大安市	17.61	10.93	-20.52	-48.56	-66.18
镇赉县	-2.79	5.64	-11.07	-15.72	-12.93
通榆县	-23.02	-36.98	-60.48	-74.46	-51.43
长岭县	-36.67	-23.83	-44.14	-51.56	-14.89
乾安县	8.30	9.77	14.27	21.21	12.92
扶余县	10.40	17.66	-19.89	-26.53	-36.93
延吉市	68.99	65.24	60.88	53.21	-15.78
图们市	46.15	40.68	9.55	-4.08	-50.23
安图县	18.45	14.45	-14.41	-26.95	-45.39
敦化市	35.85	35.69	20.30	13.67	-22.18
吉林省县(市)均值	22.07	20.41	-3.12	-12.31	-34.38
平均值	0.00	-3.09	-7.82	-7.28	-7.28
标准差	47.36	53.17	49.87	49.02	1.66
最小值	-183.00	-213.83	-232.89	-213.96	-30.96
最大值	75.38	71.85	70.85	70.74	-4.64

表 18 **100 个县(市)经调整后的实际财政健康指数(%)**

县(市)	2003 年	2004 年	2005 年	2006 年	2006 年较 2003 年增加
大冶市	37.427	43.453	45.622	47.731	10.3041
阳新县	0.663	8.577	16.888	14.692	14.0291
丹江口市	-3.785	-14.696	-13.819	-13.984	-10.1986
郧县	-150.293	-192.775	-154.158	-143.829	6.4643
郧西县	-183.043	-204.247	-213.241	-194.575	-11.5317
竹山县	-153.544	-178.698	-139.516	-132.712	20.8317
竹溪县	-119.256	-111.682	-88.822	-83.599	35.6566
松滋市	-62.953	-74.351	-42.024	-42.405	20.5477
公安县	-56.467	-53.582	-34.168	-34.566	21.9006
石首市	-3.248	-9.437	8.897	9.351	12.5989
监利县	-46.085	-49.289	-26.954	-24.005	22.0800
宜都市	32.276	38.037	47.077	51.860	19.5839
枝江市	28.522	39.360	45.966	46.439	17.9164
当阳市	47.773	44.075	47.678	51.094	3.3218
兴山县	3.613	0.253	15.399	17.207	13.5943
秭归县	-14.682	-24.730	-11.220	-2.936	11.7454
长阳县	-7.306	-6.407	8.053	10.031	17.3368
老河口市	34.881	36.943	37.098	40.472	5.5913
枣阳市	21.300	18.555	25.529	31.422	10.1225
南漳县	-16.460	-33.772	-26.541	-12.703	3.7575
保康县	-43.815	-43.034	-37.006	-28.452	15.3630
钟祥市	16.500	10.696	17.002	19.808	3.3082
京山县	14.474	12.040	14.182	19.880	5.4062
沙洋县	-18.194	-10.264	9.422	1.022	19.2160

续表

县(市)	2003 年	2004 年	2005 年	2006 年	2006 年较 2003 年增加
孝昌县	-31.780	-84.873	-66.795	-53.646	-21.8660
大悟县	-12.870	-25.459	-9.963	8.666	21.5363
云梦县	18.950	16.739	29.503	30.574	11.6238
应城市	25.275	19.292	29.785	31.842	6.5664
汉川市	27.946	29.400	34.052	35.808	7.8615
红安县	-16.982	-17.948	-7.964	-2.810	14.1720
麻城市	-39.266	-49.406	-49.846	-37.987	1.2798
罗田县	-84.163	-78.049	-68.878	-64.212	19.9505
浠水县	-42.998	-43.181	-30.851	-28.388	14.6101
武穴市	14.461	10.787	17.946	25.359	10.8982
黄梅县	-55.981	-54.079	-41.988	-36.116	19.8641
赤壁市	51.230	50.628	56.846	60.500	9.2707
通城县	-51.161	-61.601	-37.629	-25.440	25.7205
崇阳县	-15.514	-8.634	-5.995	-8.545	6.9697
通山县	-80.922	-95.834	-94.960	-86.940	-6.0183
广水市	-8.440	-5.269	5.087	10.296	18.7359
章丘市	20.908	25.847	30.180	40.270	19.3621
平阴县	50.256	50.061	48.461	51.695	1.4398
沂源县	-18.119	-14.239	8.913	12.159	30.2775
滕州市	13.351	24.721	32.429	36.424	23.0729
龙口市	60.771	61.147	64.839	67.047	6.2754
蓬莱市	49.142	52.490	58.769	49.776	0.6346

续表

县(市)	2003 年	2004 年	2005 年	2006 年	2006 年较 2003 年增加
长岛县	75.378	72.904	72.504	72.514	-2.8643
昌乐县	-1.444	7.627	10.640	10.995	12.4386
寿光市	13.177	29.864	34.695	32.750	19.5736
临朐县	-28.260	-33.325	-24.157	-22.998	5.2624
曲阜市	39.607	39.337	37.005	41.014	1.4062
邹城市	24.867	25.020	14.764	16.782	-8.0846
鱼台县	20.869	20.415	-1.688	-0.206	-21.0752
郯城县	-14.950	-14.965	-4.314	-12.516	2.4341
沂水县	-18.821	-14.580	-7.279	-11.594	7.2271
蒙阴县	-7.827	-3.924	11.966	5.310	13.1375
新泰市	9.531	9.460	15.373	25.860	16.3289
宁阳县	2.221	1.517	8.067	7.859	5.6375
临清市	2.206	33.587	18.644	19.186	16.9795
东阿县	-12.630	-8.505	14.411	19.788	32.4172
定陶县	-67.856	-75.228	-39.749	-79.075	-11.2194
郓城县	-65.090	-45.522	-63.883	-75.411	-10.3207
禹城市	42.526	48.109	36.487	26.483	-16.0427
临邑县	28.601	36.076	29.156	28.985	0.3835
庆云县	2.319	15.962	33.894	39.189	36.8700
惠民县	-69.307	7.975	13.854	16.145	85.4520
邹平县	38.537	48.609	55.939	62.043	23.5066
垦利县	28.840	34.255	-81.329	56.683	27.8434

续表

县(市)	2003 年	2004 年	2005 年	2006 年	2006 年较 2003 年增加
文登市	72.098	66.930	65.945	67.404	-4.6943
莒县	-8.911	-10.754	-45.371	-18.093	-9.1813
德惠市	48.611	53.633	34.677	39.256	-9.3552
农安县	40.422	34.795	8.750	-3.699	-44.1213
九台市	33.335	32.733	6.717	6.229	-27.1062
永吉县	11.295	16.624	-54.253	-60.300	-71.5956
蛟河市	44.316	49.912	0.658	-16.010	-60.3264
舒兰市	48.690	49.311	-5.441	-8.277	-56.9671
磐石市	48.265	53.014	49.744	50.260	1.9953
梨树县	28.826	34.366	25.150	12.590	-16.2365
伊通县	25.419	18.330	-9.159	-21.753	-47.1723
公主岭市	35.181	33.045	18.616	4.094	-31.0873
东丰县	6.306	-9.820	-17.012	-24.219	-30.5250
东辽县	-28.389	-23.989	-32.817	-51.025	-22.6360
通化县	15.741	18.117	-18.162	-10.666	-26.4069
柳河县	1.864	-4.838	-49.302	-74.238	-76.1019
辉南县	1.596	3.843	-14.155	-27.881	-29.4772
梅河口市	35.841	37.050	18.064	4.459	-31.3820
抚松县	46.847	46.531	41.027	29.406	-17.4410
靖宇县	-24.069	-16.858	-9.486	-8.025	16.0442
长白县	40.764	37.355	8.962	6.274	-34.4901
临江市	57.611	55.574	39.084	20.960	-36.6517

续表

县(市)	2003 年	2004 年	2005 年	2006 年	2006 年较 2003 年增加
大安市	17.601	13.590	-16.383	-43.380	-60.9808
镇赉县	-2.803	8.455	-7.249	-11.682	-8.8787
通榆县	-23.042	-32.893	-54.965	-68.369	-45.3268
长岭县	-36.693	-20.135	-39.188	-46.274	-9.5812
乾安县	8.281	12.459	17.213	23.964	15.6830
扶余县	10.383	20.113	-15.767	-22.114	-32.4969
延吉市	68.984	66.276	62.228	54.843	-14.1410
图们市	46.145	42.445	12.658	-0.446	-46.5911
安图县	18.434	17.004	-10.482	-22.517	-40.9504
敦化市	35.840	37.604	23.040	16.685	-19.1548
平均值	0.00	0.22	-2.28	-1.59	-1.59
标准差	47.37	51.55	47.01	46.3	-1.07
最小值	-183.04	-204.25	-213.24	-194.57	-11.53
最大值	75.38	72.9	72.5	72.51	-2.87

第二章　“省管县”财政改革对市、县公共服务提供的影响

——基于湖北省市、县两级政府相关数据的实证研究

摘　要：本章在建立地方公共品最优供给模型的基础上，运用湖北省县级和地市级面板数据就人口规模、“省管县”财政改革对地方公共品供给的影响进行了实证检验。研究发现：基于 Bordherding-Deacon 常弹性拥挤函数的模型比较有效地刻画了地方公共品的供给，地市和县人口增加产生的“规模效应”大于“拥挤效应”。在县级，公共服务需求的价格弹性为正，价格机制在县域公共品供给中是失灵的；而在地市级，价格弹性为负，价格机制有一定作用。不过，无论地市级还是县级，公共品需求的收入弹性都大于 1 且富有弹性，符合“瓦格纳法则”，但上级财政补助在改善地方公共服务中的作用并不明显。“省管县”财政改革使财政层次简化、地方财政关系规范化，促进了县和地市公共服务的改善。

一、问题的提出

实现公共品的最优供给是公共部门的责任和追求，也是公共经济学研究的中心问题。Buchanan（1965）针对 Samulson（1954）对公共品定义的局限提出了俱乐部公共品的概念，分析了在提供俱乐部公共品时俱乐部的最优规模问题。自 Borcherding 和 Deacon（1972）、Bergstrom 和 Goodman（1973）开创性的研究之后，地方提供公共品的财政决策常被视为中间选民在其预算约束下最大化其效用的选择过程的结果。地方人口规模不同则选民面临不同的税收

价格，这使人口成为选民决策中的一个参数。人口增加所引起的拥挤成本和税收分担利益呈现相反的效应，随着人口增加，前者提高税收价格，后者降低税收价格。这样，人口规模就成为影响地方公共品需求和公共支出的重要变量。

国外有许多文献就人口规模对地方公共支出的影响进行了实证研究。多数研究（Oates，1988；Gonzalez 等，1993；Hudson 和 Jones，2005 等）没有发现地方公共品供给中税收分担利益或规模经济存在的证据，这意味着公共部门提供的产品及服务与私人品有相似的特征，这些研究也引起一些人对公共品的政府提供原理的质疑（Holcombe 和 Sobel，1995）。而 Guengant 等（2002）利用法国自治市的数据将市按人口分大中小三类分别进行研究，发现人口规模对公共品供给存在影响，但三类样本市的公共品供给中的人口效应具有不同的特征。最近，Breunig 和 Rocaboy（2008）同样利用法国自治市的数据，同时运用不同于前者的半参数计量方法，发现人口规模与人均公共支出之间具有 U 形关系。

G. J. Stigler（1957）从信息优势和偏好表达的角度阐述了地方政府在公共品供给上的优势，进一步说明了分级财政管理的必要性。奥茨（W. E. Oates）、罗森、萨缪尔森和费雪研究了公共品的需求差异和层次性、公共品成本和受益的外部性、外部性的层次性、公共品供给的规模经济、技术条件及政府自身的管理成本和附属成本在决定最优政府结构时的作用。政府及财政分级具有必然性，然而理论学家们并没有指出政府及财政级次到底分几级才是最佳的。在国外，虽然各国的国情和地方政府组织不尽相同，但世界上主要的市场经济大国，如美国、英国、德国、日本、澳大利亚、加拿大、意大利等，基本上都是三级政府体制。

纵观我国历史，行政级次多为 2 ~ 3 层。① 中华人民共和国成

① 从秦朝至民国末 2100 多年，我国地方政权有 290 年为两级制，占 13.6%，有 610 年为虚三级制，占 28.7%，有 600 年为三级制，占 28.2%；有 276 年为三级、四级并存制，占 13%；有 350 年为多级制，占 16.5%。见孙学玉：《体制创新：地方行政机构改革的现实选择》，《中国行政管理》，2003 第 4 期。

立后我国政府和财政层级处于四级和五级的变动中，20 世纪 80 年代随着“地改市”的逐步推行，我国形成了中央—省—市—县—乡五级行政及财政管理体制。“市管县”体制的初衷是发挥中心城市的辐射作用，实现“以城带乡”、“城乡互补”；该体制在一定程度上是符合特定历史时期城乡非均衡发展模式的需要和农村对城市的高依赖性特点的，在实现对地方的有效组织管理，促进经济的发展过程中起过积极作用。但是，由于市区经济实力有限，且很多地市的建立是计划经济的产物，市与所辖县的经济联系与互补有限，被定义为中心城市的地市经济发展规模和水平也有限，对下辖县（市）的辐射作用难以实现，出现所谓的“小马拉大车”。随着市场经济体制的建立和经济的发展，地方各级政府逐步成为具有相对独立的经济社会利益的主体，相应的政府间的关系也逐步由过去的以层级控制为主要基础的行政服从关系，转变为不同地方利益主体之间的利益博弈关系；在各种可利用的资源有限的约束下，不可避免地存在资源在地市和县之间配置的矛盾，而地市又把精力集中于市区范围，要求县的发展服从服务于地市的市区发展，在税收分成、基建投资等方面优先考虑市区，从而不仅形不成“市带县”的良好机制，反而变成“市卡县”、“市刮县”，这不但阻碍县的发展，而且长期以来市区通过非规范方式对县的索取而形成的依赖，也损害了其自身的发展。近年来，湖北、安徽、湖南、河南、山东等①省进行了改“市管县”为“省管县”的省管县财政改革。“省管县”的基本内容是：在保持市对县的行政管理不变的条件下，改革省管市、市管县（市）财政体制，明确界定省、市、县（市）的财政分配关系，县级财政收入划分、转移支付、财政结算、资金报解和调度等直接与省财政进行，市、县（市）成为平等的财政

① 据财政部向《中国经济周刊》提供的资料显示，截至目前，全国实行“省管县”财政体制的有湖北、河北、山西、海南、辽宁、吉林、黑龙江、江苏、浙江、安徽、福建、江西、山东、河南等 18 个省份，加上北京、上海、天津、重庆四个直辖市，共有 22 个地区实行了“省管县”财政体制；本研究不讨论中国香港、澳门、台湾地区。

主体，减少财政层级。“省管县”财政体制改革，是分税制以来地方财政制度的重大变革，省管县体制减少了财政级次，提高了财政管理效率，也使省以下地方政府及财政行为方式发生了改变，从而影响着地方公共品的供给。

虽然国外学者已就辖区人口对地方公共品供给的效应进行了大量的研究，但是国内就此进行研究的却凤毛麟角（刘小鲁，2008)，以市、县级相关数据进行研究的更是没有发现；关于“省管县”讨论的文献很多，但现有的文献都是就省管县有关问题的规范分析，鲜有对省管县效应的定量研究；本书把辖区人口和“省管县”纳入同一框架建立模型，以湖北省的地市级和县级相关数据分别来研究其对地方公共品供给的影响。

本章的结构如下：第一部分提出所要研究的问题；第二部分构建地方公共品供给的理论模型；第三部分分别以湖北省的县级和地市级相关数据进行实证分析；第四部分为结论。

二、理论模型

1. 公共品最优供给的规模因素

公共品的供给根本上是以满足消费者需要，增进居民的效用和福利为最终目的的。因而最优的公共品供给，必定是使居民福利函数最大化的公共品种类、数量及质量等的供给组合。对每个居民 i 来说满足 $\max u_i\ (X_i,\ G)$，其中，$u_i\ (.)$ 为居民个体的效用函数，且 $u'_i>0$，$u''_i<0$；X_i 为居民的私人品消费集，G 为居民的公共品消费集。居民 i 在其效应最大化决策中的预算约束条件为：

$$\gamma_i=x_i+tb_i \tag{2.1}$$

这里，γ_i 为居民收入，x_i 为其私人品消费支出，t 为辖区税率水平，b_i 为该居民的税基。而政府提供公共品面临的预算约束为：

$$tB+S=pG \tag{2.2}$$

(2.2) 式中，B 表示总体税基，S 为上级政府补贴收入，p 为单位公共品的价格，G 为公共品供给量。由于完全的纯公共品很少，绝大多数地方公共品为具有“俱乐部”性质的公共品，在供给量不变的条件下，居民人数的增加会导致每个居民获得的服务水平或效用水平下降，这称为公共品供给的“拥挤效应”。但是，随着居民人数的增加，分担公共品成本的人数增多所产生的“分担效应”以及公共品数量增加的“规模经济”和“干中学效应”，也可能使每个居民的公共品消费水平不变而平均分担成本下降，或平均分担成本不变而使每个居民获得的服务水平提高，我们称之为公共品供给的“规模效应”。居民获得的公共服务质量水平 q 可表示为：

$$q=q(G,N) \tag{2.3}$$

在（2.3）式中，N 是公共品消费者数量；理论上有 $\partial q/\partial G>0$ 及 $\partial q/\partial N<0$。大多数研究假设 q 与 G 成比例（Reiter and Weichenrieder，1999），并有以下公式：

$$q=g(N)G \tag{2.4}$$

其中，$g(N)$ 为拥挤函数，反映拥挤效应和规模效应对个人可获得的公共服务水平的影响，且 $g'<0$。结合（2.1）式、（2.2）式和（2.4）式整理得：

$$y_i+\frac{b_i}{B}S=x_i+cq \tag{2.5}$$

其中，$c=(p\cdot b_i)/(B\cdot g(N))$ 表示个人获得单位质量水平的公共服务的税收价格。令人均税基 $b=B/N$，则人口规模 N 的增加对个人税收价格 c 的影响为：

$$\frac{\partial c}{\partial N}=-\frac{c}{N}(\zeta+1) \tag{2.6}$$

其中，$\zeta=(\partial q/\partial N)(N/q)=(dg/dN)(N/g)$，它为拥挤弹性，反映在公共服务数量不变的条件下，人口规模变化 1% 所引起的居民获得的公共服务质量水平变化的百分比。若 $\zeta=0$，则为纯公共品，税收价格 c 为人口规模的减函数；若 $\zeta<0$，则随着人口增加存在一定程度的拥挤；当 $\zeta<-1$ 时，拥挤效应大于规模效应；当 $-1<\zeta<0$ 时，规模效应大于拥挤效应。人均公共支出为 $e=pG/N$，将（2.4）式代入得：

$$e=\frac{pq}{Ng(N)} \tag{2.7}$$

由（2.7）式可得边际人口变化对人均公共支出的影响：

$$\frac{\partial e}{\partial N}=-\frac{e}{N}(\tau+1)(\zeta+1) \qquad (2.8)$$

其中，$\tau=(\partial q/\partial c)(c/q)$ 表示公共品质量水平的需求价格弹性。若公共服务拥挤度高（$\zeta<-1$），人口增加导致个人税收价格提高，则人均公共支出依赖于价格弹性。若公共品需求非常具有弹性（$\tau<-1$），税收价格的增长将引起居民对公共品的需求及公共支出大幅下降；而若需求无弹性（$\tau>-1$），税收价格增长将使人均公共支出增加。若公共服务有轻度拥挤（$-1<\zeta<0$），人口增加使个人税收价格降低，则当 $\tau<-1$ 时，人均公共支出增加；当 $\tau>-1$ 时，人均公共支出减少。而若 $\zeta=0$，不存在拥挤效应，为纯公共品，则人口增加将降低个人税收价格，此时公共支出的总体效应取决于需求价格弹性。

2. 模型设定

公共支出为公共品与其价格之积，公共部门通过购买人力、商品等来提供公共产品及服务。由于市场商品及要素价格外生于公共部门，因而辖区人均公共支出是其公共品供给水平的映射。在 Guengant, Josselin 和 Rocaboy（2002）的模型的基础上，我们建立了我国辖区公共品质量水平需求函数：

$$q=k\cdot c^{\tau}\cdot y^{\alpha}\cdot s^{\beta} \qquad (2.9)$$

（2.9）式中 y、s 分别为人均收入和人均上级补贴，k、τ、α、β 分别为常数、价格弹性、收入弹性和上级补助弹性。由于 $q=g(N)G$, $c=(p\cdot b_i)/(B\cdot g(N))$、$b=B/N$，且假设个体税基等于平均居民税基 $b_i=b$，则有人均公共支出水平决定函数：

$$e=\frac{pG}{N}=\frac{p}{N\cdot g(N)}\cdot k\cdot\left[\frac{pb_i}{bN\cdot g(N)}\right]^{\tau}\cdot y^{\alpha}\cdot s^{\beta}$$

$$=k\cdot[Ng(N)]^{-(\tau+1)}\cdot p^{\tau+1}\cdot y^{\alpha}\cdot s^{\beta} \qquad (2.10)$$

将（2.10）式两边取对数得下式：

$$\ln(e)=\ln(k)-(\tau+1)\ln[Ng(N)]+(\tau+1)\ln(p)+\alpha\ln(y)+\beta\ln(s) \qquad (2.11)$$

文献中拥挤函数的形式主要有三种（Guengant 等，2002）：

Bordherding 和 Deacon（1972）提出的拥挤函数 $g(N)=N^{\gamma_0}$，$\zeta=\gamma_0$；Buchanan（1965）提出的拥挤函数 $g(N)=N^{\gamma_0}e^{\gamma_1 N}$，$\zeta=\gamma_0+\gamma_1 N$ 以及 Edward（1990）提出的拥挤函数 $g(N)=N^{\gamma_0}e^{\gamma_1 N+\gamma_2 N^2+\gamma_3 N^3}$，$\zeta=\gamma_0+\gamma_1 N+2\gamma_2 N^2+3\gamma_3 N^3$。除人口规模外，不同人群对公共品的需求也不同，这反映在政府提供公共品的类型和规模上。我们把对数化的中小学在校学生比 $\ln(r_s)$ 和全社会从业人员比 $\ln(r_w)$ 纳入模型，进一步考察人口结构对公共品供给的影响。

"省管县"财政体制改革是实行分税制以来地方财政制度的重大变革，省管县财政体制减少了财政级次，提高了财政管理效率，也使省以下地方政府及财政行为方式发生了变化，从而影响地方公共品的供给。为此，我们又设置省管县的哑变量 D，以分析省管县财政改革对地方公共品供给的影响。将三种拥挤函数分别代入（2.11）式，构建如下形式的面板数据模型：

$$\ln(e)=k'+\alpha[\ln(y)]_{it}+\beta[\ln(s)]_{it}+(\tau+1)[\ln(p)]_{it}+\varphi[\ln(r_s)]_{it}+\rho[\ln(r_w)]_{it}+\sigma D_{it}-(\tau+1)(\gamma_0+1)[\ln(N)]_{it}+\mu_i+\lambda_i+\varepsilon_{it} \quad (2.12)$$

$$\ln(e)=k'+\alpha[\ln(y)]_{it}+\beta[\ln(s)]_{it}+(\tau+1)[\ln(p)]_{it}+\varphi[\ln(r_s)]_{it}+\rho[\ln(r_w)]_{it}+\sigma D_{it}-(\tau+1)(\gamma_0+1)[\ln(N)]_{it}-(\tau+1)\gamma_1 N_{it}+\mu_i+\lambda_i+\varepsilon_{it} \quad (2.13)$$

$$\ln(e)=k'+\alpha[\ln(y)]_{it}+\beta[\ln(s)]_{it}+(\tau+1)[\ln(p)]_{it}+\varphi[\ln(r_s)]_{it}+\rho[\ln(r_w)]_{it}+\sigma D_{it}-(\tau+1)(\gamma_0+1)[\ln(N)]_{it}-(\tau+1)\gamma_1 N_{it}-(\tau+1)\gamma_2 N_{it}^2-(\tau+1)\gamma_3 N_{it}^3+\mu_i+\lambda_i+\varepsilon_{it} \quad (2.14)$$

其中，i 表示县（市）或地市、t 表示时间；μ 为个体效应，λ 为时间效应、ε 为随机误差项。其他符号的含义如前所述。

三、实证研究

1. 数据说明

本部分选取 2002—2006 年湖北省 52 个县（市）及 16 个地市级单位（含省直辖行政单位）的县级和地市级两组面板数据分别

对三种模型进行估计。原始数据来自历年《湖北财政年鉴》、《湖北统计年鉴》、《湖北农村统计年鉴》、《中国区域经济统计年鉴》及INFOBANK数据库。人口N的单位为万人；居民收入y由各地城镇居民人均可支配收入和农民人均纯收入，按城乡人口加权计算而得；人均上级补贴收入s为地方财政总收入与预算收入之差除以人口；中小学在校学生比r_s和全社会从业人员比r_w，分别为中小学在校学生数、全社会从业人数与人口之比。对于各地单位公共品平均价格p，由于单位相同公共品价格在不同地区的差别在于各地为提供该公共品所要投入的要素价格不同，因此便可以用各地要素价格水平近似地表示地区单位公共品价格。由于县（市）缺乏价格指数的数据，我们用指数化的地区职工平均年工资做为替代来描述各地单位公共品平均价格，这是基于：人力成本是各地公共品和服务提供成本的主要组成部分；市场经济中地区工资水平和地区价格水平是相一致的，工资水平也反映了总体价格水平。本书的公共品价格指数的计算公式为：$p=(\text{wage}_{it}/\text{awage}_{2002})\cdot 100$，其中$\text{wage}_{it}$为$i$地区$t$年的工资，$\text{awage}_{2002}$为基年各地平均工资，这样以工资指数表示的公共品价格指数在不同地区及不同年份都具有可比性。

本书的样本县（市）是自2004年开始实行“省管县”财政体制的县（市），由于各县（市）的各项公共预算在年初已经确定，我们研究的又是省管县财政改革对地方公共品供给的影响，因此对“省管县”财政改革的哑变量D的取值是：2004年以前取值为0，2004年以后取值为1。

2. 实证分析

面板数据模型主要分混合回归模型、固定效应模型（FE）和随机效应模型（RE）三种情况。从固定效应模型的F检验值以及随机效应模型的Breusch-Pagan拉格朗日乘数（LM）检验值来看，检验值均表明应该拒绝采用OLS的原假设，接受固定效应和随机效应的备择假设。进一步，通过Hausman检验来确定是选择固定效应模型还是随机效应模型，结果都拒绝原假设，应选择固定效应模型。表2.1给出了根据县级和地市级样本数据对（2.12）、

(2.13)和(2.14)三模型的估计结果。

根据县级和地市级样本数据，基于 Bordherding-Deacon 拥挤函数的模型的估计效果都比较好，人口、省管县哑变量等主要考察的变量都有较高的显著性。而基于 Buchanan 的拥挤函数的模型的回归系数及其统计显著性都与前者基本一致，但其拥挤函数的回归系数中有部分统计上不显著；基于 Edward 的拥挤函数的模型的省管县哑变量、收入、补贴、价格及中小学在校学生比等变量的回归系数及其统计显著性都与前两者基本一致，但是其拥挤函数回归系数在统计上都不显著。这意味着基于 Bordherding-Deacon 的拥挤函数的模型比较有效地反映了我国地方公共品的供给，且模型具有稳定性。我们以基于 Bordherding-Deacon 的拥挤函数的模型估计结果进行分析。对比(2.12)式的形式，我们可以确定地方公共品提供的各种弹性(见表2.2)。

如表2.2所示，第一，就县级而言，公共品的拥挤弹性 ζ 为 0.3423，即县域人口数量增加1%可使居民获得的公共服务支出水平提高约0.34个百分点，这说明随着人口增加，人均提供成本降低，“规模效应”大于因人口增加造成的“拥挤效应”(人均公共服务的减少)，也即扩大县域范围、增加人口规模，在公共服务水平不变的情况下，可以降低居民平均负担的成本(或是在居民分担的成本不变的情况下使每个居民享有的公共服务水平提高)。第二，县级公共品的价格弹性小，$\tau=0.0268$，这表明在我国县域范围，虽然居民是公共品的最终需求者和价格的负担者，但公共品供给缺乏“自下而上”的需求表达及决策机制，主要由政府主导(这也说明西方学术界常用的公共品价格对需求的弹性反映机制这一假设不适合我国的现实)；而税收的提高则意味着政府掌握的可用于提供公共品的资源增加，这将有助于公共服务的质量和水平的提高。第三，在县级，公共品需求的收入弹性 α 为1.1822，补贴弹性 β 为0.05012。这意味着居民收入增加1%，人均公共品供给水平将提高约1.18%，居民收入的提高是地方公共品供给水平提高的基础和关键，而上级补贴对提高县级公共品供给水平的作用较小。

表 2.1 人口规模、省管县等对地方公共品供给影响的估计结果

变量	县级			地市级		
	Bordherding-Deacon	Buchanan	Edward	Bordherding-Deacon	Buchanan	Edward
常数项	-3.4481**	-3.4685**	-7.229*	-4.4635***	-5.5809***	-9.1741
	(-2.523)	(-2.486)	(-1.824)	(-2.8034)	(-2.924)	(-0.4518)
ln(y)	1.1822***	1.1804***	1.1685***	1.6246***	1.6286***	1.5634***
	(6.262)	(6.118)	(5.946)	(11.263)	(15.618)	(10.884)
ln(s)	0.05012*	0.0505*	0.0529*	0.0237	0.0239	0.0286
	(1.8063)	(1.882)	(1.9264)	(0.5941)	(0.4935)	(0.5859)
ln(p)	1.0268***	1.0266***	1.0347***	0.7501***	0.7037***	0.7769***
	(5.7895)	(5.737)	(5.5893)	(4.0945)	(3.7987)	(2.7662)
ln(r_s)	0.05349*	0.0536*	0.0525**	0.4678*	0.4305*	0.4223*
	(1.903)	(1.9378)	(1.9794)	(1.9938)	(1.8865)	(1.7184)
ln(r_w)	0.05925	0.0591	0.0599	0.2881	0.30086	0.29276
	(0.475)	(0.4753)	(0.4744)	(1.331)	(1.3684)	(1.1306)
D	0.05314**	0.0532*	0.0531**	0.04704**	0.0539***	0.0451**
	(1.9757)	(1.9653)	(1.9847)	(2.5614)	(2.7806)	(2.221)

续表

变量	县级			地市级		
	Bordherding-Deacon	Buchanan	Edward	Bordherding-Deacon	Buchanan	Edward
ln(N)	−1.3783***	−1.3718***	−0.1645	−1.0649***	−0.8038**	0.2876
	(−3.852)	(−3.4781)	(−0.1639)	(−5.2058)	(−1.9699)	(0.05396)
N		0.000000151	0.000000052		−0.000691	−0.0142
		(0.1646)	(0.05292)		(−0.8955)	(−0.3017)
N^2			−0.000463			0.0000197
			(−1.11746)			(0.3735)
N^3			0.00000274			−0.00000001
			(1.2094)			(−0.4577)
F 检验	8.44***	8.40***	7.94***	13.9***	13.71***	13.09***
LM 检验	69.4***	69.21***	64.04***	21.59***	21.67***	15.59***
Hausman 检验	152.32***	130.64***	104.18***	24.62***	24.49***	21.22**
R^2	0.915	0.9151	0.9153	0.9996	0.9997	0.9996
$D \cdot W$	2.1824	2.1820	2.214	2.2372	2.226	2.2896

注：*、**、*** 分别表示 10%、5% 和 1% 的置信度上显著。( ) 中为 t 值。人口 N 的单位为万，N^2 的单位为万的平方，N^3 的单位为万的 3 次方。各个体的截距项略。

表2.2　基于 Bordherding-Deacon 拥挤函数的模型中各弹性

	ζ（拥挤弹性）	τ（价格弹性）	α（收入弹性）	β（补贴弹性）
县级	0.3423	0.0268	1.1822	0.05012
地市级	0.4197	-0.2499	1.6246	—

就地市级来说，第一，公共品的拥挤弹性 ζ 为 0.4197，说明在地市级公共品供给同样是“规模效应”大于“拥挤效应”，且还大于县级，这意味着增加地市的人口规模，可以提高公共服务水平，或降低人均成本——这可能是由于地市范围更大及市区人口更集中，相对于县，地市在公共品供给上的规模效应更大。第二，在地市级，公共品的需求价格弹性也比较小且符号为负：$\tau=-0.2499$，这说明在地市范围内，价格机制有一定作用，如果公共品价格上升，人们将减少需求——这可能是由于城市的治理更具现代性，在公共品供给中居民有一定的参与度。第三，在地市级，公共品需求的收入弹性较高 α 为1.6246，而补贴弹性不显著。这意味着居民收入提高会引起公共品供给水平的较大提高，居民收入的增加是公共服务水平提高的基础，而上级补助对地市范围的公共品供给的作用也不明显。

另外，县级和地市级的“省管县”哑变量回归系数 D 大体相当。这表明“省管县”财政改革并没有损害地市的利益，而是促进了县和地市两级的公共服务提供。

四、结　论

基于以上的实证分析，我们得出以下结论：

1. 在地市和县，公共品供给随着人口增加所产生的人均成本降低的“规模效应”大于人口增加所造成的“拥挤效应”。这说明，在“省管县”财政体制下，适当扩大地市和县的人口规模，从提供公共服务的角度来看是可行的。

2. 在县，公共服务需求的价格机制不灵活；而在地市，公共服务的价格机制有一定作用，这与城市公共决策中居民的较高参与度相关。

3. 在地市和县，公共品需求的收入弹性都大于1且富有弹性。这表明本地居民的收入提高是决定地市和县公共品供给水平提高的主要因素，这说明我国地方的公共品供给与地方人均收入之间的关系符合"瓦格纳法则"。

4. 在县，上级财政的补贴弹性不大；而在地市，补贴弹性在统计上不显著。这表明来自上级的财政补助对改善县提供公共服务的作用虽然不是很大（可能主要用于保证政府机构的运转），但比地市的作用要明显。

5. "省管县"财政改革提高了县级政府提供公共服务的水平，同时也提高了地市级政府提供公共服务的水平。这说明改革"利县，不利市"的说法是不科学的，相反，改革是一个县和地市共同改善的帕累托改进过程。其原因在于：（1）改革减少了财政级次，调整了省、市（地）和县（市）的财政关系，降低了财政运行和信息传递的成本，提高了财政资金流转的速度和财政工作的效率，上级对县的财政结算、转移支付等能迅速到位，消除了地市对县财政资源的不合理占用，促进了县财政状况的改善和财政能力的提高，进而改善了县公共服务的提供；（2）省管县财政改革使市（地）、县（市）分别将其财政活动和公共服务提供集中于市区和县域乡村，降低了制度运行的摩擦成本，尤其是使地市不再依赖对所属各县的财政资源的占用，而致力于市域和城区范围内的公共服务提供和经济发展，增强了自身的发展能力，从而产生了地市在公共品提供上的正效应。

参考文献

[1] K. J. ARROW. Social choice and individual values. New York: John Wiley and Sons, 1951.

[2] O. BIRULIN. Public goods with congestion. Journal of Economic Theory, 2006 (129): 289-299.

[3] J. M. BUCHANNAN. An economic theory of clubs. Economica, 1965 (32): 1-14.

[4] T. E. BORCHERDING., R. T. DEACON. The demand of services of non-federal governments. American Economic Review, 1972 (62): 891-901.

[5] T. C. BERGSTORM., R. P. GOODMAN. Private demand for public goods. American Economic Review, 1973 (63): 286-296.

[6] R. BREUNIG, Y. ROCABOY. Per-capita public expenditures and population size: a non-parametric analysis using French data. Public Choice, 2008 (163): 429-445.

[7] A. GUENGANT, J. M. JOSSELIN. Rocaboy, Y. Effects of club size in the provision of public goods: network and congestion effects in the case of the French municipalities. Papers in Regional Science, 2002 (81): 443-460.

[8] M. HELLWIG. Public good provision with many participants. Review of Economic Study, 2003 (70): 589-614.

[9] JAMES S. GUSH. Government size and economic growth in developing countries: a political-economy framework. Journal of Macroeconomics, 1997 (19): 175-192.

[10] W. OATES. On the measurement of congestion in the provision of local public goods. Journal of Urban Economics, 1988 (24): 85-94.

[11] P. PECORINO. The effect of group size on public good provision in a repeated game setting. Journal of Public Economics, 1999 (72): 121-134.

[12] M. REITER, A. WEICHENRIEDER. Public goods, club goods and the measurement of crowding. Journal of Urban Economics, 1999 (46): 69-79.

[13] P. A. SAMUELSON. The pure theory of public expenditures. Review of Economics and Statistics, 1954 (36): 387-389.

[14] G. TRIDIMAS. The economics and politics of the structure of public expenditure. Public Choice, 2001 (106): 299-316.

[15] J. M. WOOLDRIDGE. Econometric analysis of cross section and panel data. Canbridge: The MIT Press, 2002.

[16] XIAOBO ZHANG et al. Local governance and public goods provision in rural China. Journal of Public Economics, 2004 (88): 2857-2871.

[17] 曹荣湘，吴欣望．蒂布特模型．北京：社会科学文献出版社，2004：3-46.

[18] 刘小鲁．区域性公共品的最优供给：应用中国省际面板数据的分析．世界经济，2008 (4)：86-95.

第三章 县（市）财政支出与辖区最优人口和面积

——基于湖北、山东、吉林3个省178个县（市）数据的实证研究

摘　要：本章利用湖北、山东和吉林3个省178个县（市）的数据，实证分析了辖区人口和面积对地方财政支出的影响。研究发现，人口与人均财政支农、教育支出、卫生支出、社会管理支出及总支出呈“U形”关系，辖区人口规模为100万左右时，公共产品及服务供给相对最有效率、人均公共支出最少；面积的扩大将引起人均财政总支出、支农、教育支出的增加，且面积与人均财政教育支出呈“倒U形”关系；而辖区面积对人均财政卫生支出、社会管理支出的影响作用不显著。上述结论对确定最适的县（市）辖区规模，促进地方公共品供给以及提高公共支出的效率具有借鉴作用。

一、问题的提出及文献综述

1994年的税制改革构建了中央和地方以分税制为基础的分级财政框架，然而这一体制主要作用于中央和省级层面，省级以下至今没有进入真正的分税制状态，地方财政层级过多，省以下四级地方财政关系不规范，事权层层下移、财权层层上移，这成为地方财政及公共服务效率偏低、县乡基层财政困难的重要内因。财政层级扁平化，分税制在省以下的实质性贯彻实施是实现地方财政关系规范化、地方财政效率化的基本路径选择，而近年来“省管县”、“乡财县管”改革在全国大部分地区的广泛推行，业已成为扁平化

财政体制的雏形（贾康，2007）。我国简化后的财政层级应该是三级、四级还是三加两个半级仍存在争议（贾康、白景明，2002；于凌云、田发，2005；辛焕平，2006；刘海英等，2006；周仕雅，2007），而财政级次划分的意义在于财政层级的纵向和横向优化，其中最优地方政府及财政管辖范围的确定，即财政层级的横向优化，不仅是财政层级优化的重要方面，而且在很大程度上决定着财政的纵向层级数。因此，研究地方辖区规模（主要包括人口和面积两个层面）对财政支出的影响，对探究地方公共服务及财政支出效率化中的最适辖区规模具有重大的理论及现实意义。

布坎南（Buchanan，1965）在萨缪尔森（Samulson，1954）的公共品定义的基础上提出了公共品供给的"俱乐部理论"，从边际收益和边际成本的角度探讨了地方公共品提供和地方辖区人口规模的最优决定问题。其后公共品供给中的人口因素引起了西方学者的广泛关注（Borcherding 和 Deacon，1972；Craig，1978；McMillan，1989；Edwrds，1990；Means 和 Mehay，1995；Glazer 和 Niskanen 1997；Mastumoto，2000 等），国外已有相当多的文献就人口规模对地方公共支出的影响问题进行了实证研究。多数实证研究（如 Oates，1988；Gonzalez 等，1993；Hudson 和 Jones，2005 等）没有发现地方公共品供给中存在税收分担利益或规模经济的明显证据，这意味着公共部门提供的产品及服务与私人品有相似的特征，这些研究引起一些人对公共品的政府提供原理的质疑（Holcombe 和 Sobel，1995）；不过，McMillan 等（1981）研究发现小城市较大城市政府提供的产品及服务有更高的公共性。Guengant 等（2002）运用法国自治市的有关数据，将自治市按人口分为大、中、小三类分别进行研究，发现人口规模对公共品供给存在影响，但三类样本市的公共品供给中的人口效应具有不同的特征。Breunig 和 Rocaboy（2008）同样利用法国自治市的数据，同时运用不同于前者的半参数计量方法，发现人口规模与人均公共支出之间具有 U 形关系。Ladd 和 Yinger（1991）对美国 86 个城市的研究发现，人口规模越大公共服务的组织和协调成本越高，一般公共服务及警察服务（尤其是后者）的提供具有人口规模不经济的特征，城市间 10% 的人口差异会引起一般公共服务成本1.4%的差别和警察服务2.1%的差别。而Holcombe和Williams（2008）以美国487个自治市2000年的数据为样本，将城市按人口规模分为四组进行研究，发现四类不同人口规模的城市人口对人均政府总支出和人均政府运转支出的影响在统计上不显著。

过去的几十年中，西方对蔓延型（sprawling growth）和紧凑型（compact development or smart growth）两种城市发展模式的成本问题进行了大量的研究，在美国房地产研究协会（RERC，1974）开创性的研究中，从能源、环境、资本及运转的成本四个方面评估蔓延型发展模式的成本，该研究认为缺乏规划、低人口密度的蔓延型城市发展模式相对于高人口密度的紧凑型发展模式增加了政府的成本。Smythe等（1986）通过对美国弗吉尼亚州劳登县（Loudoun County）的个案研究发现，人口密度最低地区的单位公共成本比人口密度最高地区的高三倍，两个较低人口密度区域的财政赤字是两个人口密度较高区域财政赤字的两到三倍，人口密度低的市区以外区域产生的税收难以弥补当地居民需要的公共基础设施和服务的成本。Burchell等（2002）通过对美国城市的研究得出，相对于不受约束的低密度的蔓延，高人口密度城市能够节约13.4%的道路成本和约3%的其他基础设施成本。Ladd和Yinger（1991）通过对美国城市的研究认为，警察、消防以及一般公共服务的成本都受人口密度的影响，低人口密度的城市面临高的交通和协调成本，而高人口密度则因存在拥挤而增加成本，过高和过低的人口密度都会增加城市的成本；他们研究认为每平方英里15800人的城市的成本最小，比具有平均密度水平的城市的成本低11%。Cox和Utt（2004）的计量研究却得出不同的结论，最高人口密度的城市比平均密度的城市有更高的人均公共支出，但由于Cox和Utt的研究在假设、样本范围和分析上的局限，其结论存在很大的偏误（Litman，2004）。Litman（2004）的研究表明高人口密度大大降低了政府负担的道路、管线等基础公共设施及服务的成本。Holcombe和Williams（2008）的研究显示，50万人口以上的城市，高的人口密度会带来人均政府总支出和运转支出的增加，同时也可引起人均警察和消防服务的公共支出的提高；而在人口为5万~50万的城市，人口密度的提高将降低人均基础设施支出，对人均政府总支出、政府运转支出以及人均警察和消防服务的公共支出的影响不显著。在人口规模不变的条件下，辖区面积决定地区人口密度，政府公共服务成本的差异是辖区面积的函数（RERC，1974）；面积广阔、人口稀少的地区，难以有足够的税收来负担教育、道路、自来水、下水道等公共设施及其运行成本，而由于区域面积大，警察、消防和医疗救护等紧急性公共服务的反应时间比较长，使当地居民的安全面临风险；而要保持标准水平的公共服务，单位成本及人均公共支出则比较高（Esseks等，1999；Sorenson和Esseks，1999）。Breunig和Rocaboy（2008）根据法国自治市的数据进行的研究显示，无论是参数估计还是半参数估计都表明辖区面积的增加将引起人均公共支出的增加。这意味着地方辖区面积也存在一个最优规模问题，面积小于和大于最优规模水平，都不利于公共服务的最优提供以及公共支出的效率化。

由此可见，辖区人口规模和面积是影响公共服务成本的重要因素，进而是决定地方人均公共支出水平的重要变量。虽然国外学术界已就两者对公共支出的作用进行了大量深入的研究，其中面积对公共支出的影响主要是从密度的角度来探讨的，但国内学术界对该问题的研究至今仍十分罕见。在人口规模对公共支出的作用方面，徐曙娜（2001）认识到了人口规模会影响政府公共支出，刘小鲁（2008）在研究区域公共品供给的有效性时，分析了公共品供给中的拥挤效应和网络效应，无疑他们的研究对认识我国人口规模对公共支出的作用是很有意义的；然而，徐曙娜在研究人口规模对公共支出及结构的影响时，采用简单的一元线性回归方式，没有控制其他影响公共支出结构的变量，同时她又将公共支出分为购买性支出和转移性支出来研究人口对公共支出结构的影响，这都使研究具有很大的局限；刘小鲁的研究只考虑了人口对地区基本建设及科教文卫支出之和的影响，没有研究总支出，也没有把支出结构具体化；此外，两者都是用省级数据进行研究的，而国外主要是用县市数据进行分析，国内用县级样本数据进行的研究至今仍未发现。就辖区面积对公共支出的影响方面，国内的研究至今同样尚未发现。本章结构安排如下：第一部分为问题的提出及文献综述；第二部分为模型、方法及数据说明；第三部分为实证分析；第四部分为结论。

二、模型、方法与数据说明

现实中绝对意义的纯公共品很少，绝大多数地方公共品为“俱乐部”性质的公共品，一方面，随着居民人数的增加，居民的公共品需求偏好的异质性突出、公共品生产供给决策和组织成本增加，区域内个体关系复杂化、行为的相互干扰增强，这便产生了公共品生产和消费中的拥挤，也即居民获得的公共服务水平不变，而随着人口增加所需人均公共支出增加，或人均公共支出不变，人口增加使每个居民获得的服务水平或效用水平下降，简称“拥挤效应”；另一方面，人口增加分担公共品成本的人数增多的“分担效应”、公共品的大规模生产提供的“规模经济”和“干中学效应”产生了公共品供给中的“规模效应”，也即居民获得的公共服务水平不变，而随着人口增加平均分担成本——人均公共支出下降，或人均公共支出不变，居民获得的公共服务水平提高。地区公共品的供给水平有赖于辖区人口规模，假定辖区人口为 N，公共品集为 $Z=(z_1, z_2, \cdots, z_n)$，辖区居民得到的公共服务质量为 $Q=(q_1, q_2, \cdots, q_n)$，对于给定的公共品集 Z，若辖区人口增加 Δ^+N 将引致居民从公共品集 Z 获得的服务质量的变化。当 $\Delta Q>0$ 时，“规模效应”大于“拥挤效应”；当 $\Delta Q<0$ 时，“拥挤效应”大于“规模效应”。而不同公共品的生产提供方式、成本结构、效益溢出的强度、受益范围等不尽相同以及个体偏好差异、制度环境等约束，又使得当辖区人口增加 Δ^+N 时，存在 $q_i>0$，$q_k<0$（$i\neq k$；$i, k=1, 2, \cdots, n$），人口增加对不同的公共品提供和消费的作用方向、路径不同，“规模效应”和“拥挤效应”在公共品集中的不同公共品中呈现出个体和时空差异。公共品自身的特征和环境制度决定了人口规模是影响辖区公共服务提供效率的重要变量，进一步而言，对于任一公共品和公共品集的提供以及居民公共需要的满足来说，可

能存在一个最适人口规模的问题，如若辖区人口超过了最适人口规模，则存在辖区公共品供给的规模不经济；反之，若辖区人口低于最适人口规模，则存在辖区公共品供给的规模经济。

公共品区别于私人品的一个重要特征在于其正外部性，也即利益溢出性，从消费者的角度看表现为公共品的非排他性和非竞争性，而从地理角度看，则表现为其作用区域或面积范围的广度。如广播及电视信号、环境保护等公共品的作用面积比较广，面积增加且保持区域内有相同的服务水平，所需的公共支出可能不变，或增加的幅度远小于面积增加的幅度；而对于道路交通、教育、农业灌溉设施等公共服务，其他条件不变时，面积增加，要使区域内各部分有相同的公共服务水平，则需要随着面积扩大延伸公共品的配置范围、增加这些公共品的提供数量，所需公共支出将随之增加。也即，理论上由于公共品的成本结构、组织提供方式、受益范围等因素的影响，其他条件不变时，辖区面积增加引致的不同公共产品和服务支出的增加幅度、作用机制存在差异。而实际中面积的扩大与缩小却是与人口的增减相关的，这使得现实中辖区面积的扩展具有3种效应：①纯面积扩大因素造成公共服务成本上升（或不变）效应；②人口增加在公共品供给上的规模效应；③人口增加在公共品供给上的拥挤效应。因此，实践中辖区面积及财政层次横向优化应综合考虑面积和人口两方面因素对公共品供给及财政支出绩效等的作用。基于以上分析我们可以得出以下假设：

H1：人口规模对人均财政支出的作用方向和程度，取决于在公共品供给中的"规模效应"和"拥挤效应"的相对大小。

H2：若公共服务水平保持不变，则面积扩大将引起人均公共支出的增加。

Holcombe 和 Williams（2008）在研究人口对政府支出的影响时，主要的控制变量为中位选民收入及家庭财产价值、中小学在校学生比、劳动参与率、贫困率等。基于 Holcombe 和 Williams 的工作和本研究的重点及中国县（市）经济社会发展的实际，我们构建的计量模型1和模型2如（3.1）式和（3.2）式所示。

$$pfe_{ik}=\alpha_0+\alpha_1 pop_i+\alpha_2 area_i+\alpha_3 ter_i+\alpha_4 empr_i+\alpha_5 stur_i+$$

$$\alpha_6 \mathrm{pgdp}_i + \alpha_7 \mathrm{townw}_i + \alpha_8 \mathrm{peai}_i + \varepsilon_i \quad (3.1)$$

$$\mathrm{pfe}_{ik} = \beta_0 + \beta_1 \mathrm{pop}_i + \beta_2 \mathrm{pop2}_i + \beta_3 \mathrm{area}_i + \beta_4 \mathrm{area2}_i + \beta_5 \mathrm{ter}_i + \beta_6 \mathrm{empr}_i + \beta_7 \mathrm{stur}_i + \beta_8 \mathrm{pgdp}_i + \beta_9 \mathrm{twonw}_i + \beta_{10} \mathrm{peal}_i + \varepsilon_i \quad (3.2)$$

本章使用的是2006年湖北、山东和吉林3个省的县级截面数据。在（3.1）式和（3.2）式中，下标 i 代表第 i 个县（市），pfe_{ik}中的下标 k（k=1，2，3，4，5）表示5个不同的被解释变量，分别为人均财政总支出、人均财政支农支出、人均财政教育支出、人均财政卫生支出和人均财政社会管理支出，以考察辖区人口、面积对财政总支出及财政主要支出项目的影响。公共品的自身特征及社会环境制度的差异，可能使人口和面积对财政总支出及不同类型公共支出的作用方向、程度以及机制等不尽相同。这里财政支农支出包括财政农业支出、林业支出及水利气象支出，财政社会管理支出包括行政管理费支出和公检法司支出。

pop为县（市）人口数量，单位为万人，area为辖区面积，单位为平方公里，两者是我们主要研究的解释变量，用以研究辖区规模对地方公共支出规模和结构的影响。为考察我国县域公共服务提供及公共支出中最适人口规模和辖区面积的存在性及其大小，在（3.2）式中我们又将人口和面积的平方项纳入计量模型，分别用pop2和area2表示，单位分别为万人的平方和平方公里的平方；若人口（pop、pop2）和面积（area、area2）的系数满足 $\beta_1>0$、$\beta_2<0$，$\beta_3>0$，$\beta_4<0$ 的条件，则辖区人口、面积与公共支出呈“倒U形”关系，若系数满足 $\beta_1<0$，$\beta_2>0$、$\beta_3<0$，$\beta_4>0$ 的条件，则辖区人口、面积与公共支出呈“U形”关系。

ter为城镇从业人数占社会从业人数的比例，用来反映县（市）的城镇化程度。城镇化水平的提高，产业结构、社会结构的转变影响政府公共支出的水平和结构。empr为人均就业率，用城乡从业人口占辖区人口的比例表示，反映地区经济创造就业的能力和地区经济的活力（Ladd和Yinger，2001）。促进充分就业是政府的主要政策目标，因此失业率及社会就业状况是决定政府财政支出规模和方向的重要因素，但由于我们难以获得县级失业率的相关数据，这里用人均就业率作为失业率指标的替代变量。stur为中小学在校学生占县（市）人口的比重，它作为人口结构的指标，衡量人口结构对财政支出规模及结构的影响。政府进行公共支出的直接目的在于为辖区居民提供公共产品和服务，满足居民的公共需要，而不同年龄的居民既有共同的公共需要也有不同的公共需要，这里我们用中小学在校学生比来考察人口结构对政府公共支出的作用。马斯格雷夫（R. A. Musgrave）和罗斯托（W. W. Rostow）关于财政支出的经济发展阶段论认为，在经济发展的早期、起飞、中期和成熟四个阶段社会公共需要的重点不同，这导致了政府财政支出规模的增长和财政支出结构的变化。这里我们用人均 GDP（pgdp）来刻画县（市）的经济发展水平对财政支出的作用。Borcherding 和 Deacon（1972），Bergstrom 和 Goodman（1973）以及其他大多数研究者的研究都将地方财政决策视做中位选民最大化其效用的公共选择过程，而中位选民的偏好往往是以中位选民的收入和财产价值来反映的；收入是反映辖区居民公共需要的主要指标，不同收入水平的人具有不同的效用函数和预算约束，其对公共产品和服务的偏好不尽相同。在我国，一方面城乡居民收入差距巨大，另一方面城乡二元经济社会体制虽在渐渐弱化，但仍将长期存在，城乡居民收入的较大差距使他们对公共服务的需求不同，而即使有相同收入的城乡居民，自然及社会环境、制度、文化历史等方面的差异也将使城乡居民对公共产品和服务的需求的类型和水平存在较大差异。因此，我们分别用城镇居民收入和农民收入两个指标来反映收入对县（市）公共支出的影响，其中用农民人均纯收入来表示农民收入，而由于缺乏县级城镇居民收入的数据，这里用县级城镇职工人均年工薪收入作为替代。

人口是影响财政支出的重要变量，而人口并非外生给定的，实际上会受到财政支出的影响，其内在原因在于：（1）公共支出高的地区往往有更好的公共服务，这使得这些地区对人具有很强的吸引力，人口由公共支出较低的地区向高公共支出的地区迁移（Holcombe 和 Williams，2008）；（2）公共支出高的地区一般经济发展水平也高，吸引了更多的外来经商和务工人员，带来了人口的迁入。虽然我国有比较严格的户籍制度，但在县级由于户籍所包含的教育、社保、医疗等公共服务的利益比较少，县级户籍制度对人口迁移的阻碍作用并不明显。人口的内生性使得使用 OLS 法估计存在偏误，而工具变量法是控制这一问题的有力方法（Wooldridge，2002），这里我们使用 TSLS 法进行估计，并以 2003 年的人口和人均财政支出作为人口的工具变量。样本期 2006 年的财政支出对两变量没有因果性影响，且统计显示两变量与 2006 年的人口有比较高的相关度。

本书以湖北、山东、吉林 3 个省的县级（含县级市，不含市辖区）数据为样本进行研究，2006 年 3 个省共有 179 个县（市），由于难以获取吉林省江源县的完整数据，这里共使用 3 个省 178 个县（市）（除江源县）的截面数据进行研究。本书研究所使用的数据是根据《湖北统计年鉴》、《湖北财政年鉴》、《山东统计年鉴》、《山东财政年鉴》、《吉林财政年鉴》、《中国区域经济统计年鉴》、《中国县（市）社会经济统计年鉴》及湖北、山东两省财政厅提供的数据资料计算整理而得到的。

三、实证研究

如前所述，不同公共品自身特征的差异、制度环境等的影响，可能使人口和面积对财政总支出及不同类型的公共支出的作用方向、程度及机制不尽相同。接下来我们具体考察人口和面积对财政支出规模和不同公共支出项目的影响。

（一）人口、面积与财政总支出

表 3.1 列示了以人均公共支出为解释变量，模型（1）和（2）的估计结果。由 I（1）可知，人口和面积对人均公共支出的影响在统计上非常显著，人口增加会降低人均公共支出，人口增加产生的规模效应大于拥挤效应，在县级人口增加存在公共品供给的规模经济；而面积的扩大会引起人均公共支出的增加，县域面积的增加会产生公共品供给的规模不经济。I（2）中将人口和面积的平方项纳入后，回归显示：人口变量系数仍为负，人口平方项系数为

正，表明人口规模与人均公共支出之间具有"U形"关系，这与Breunig和Rocaboy（2008）以法国自治市为样本的研究结果一致；进一步可求出样本县（市）人均公共支出最小时的人口规模为100.5万人，也即在其他条件不变的情况下，县级人口约为100万时，公共服务成本相对最低，公共支出相对最有效率。面积在两模型中都显著为正，说明在其他条件不变的情况下，县域面积的扩大对公共服务的提供存在规模不经济，会引起公共服务成本及人均财政总支出的增加；面积平方项系数为负，但没有通过显著性检验，表明面积与人均公共支出间不具有U形关系，从总体公共服务提供及公共支出来看，未发现使人均公共支出最大或最小的最劣或最适辖区面积的存在。由于实际中面积的扩大与缩小往往和人口的增减同时发生、不可分割，人口和面积对公共产品和服务提供的作用机理、程度不同，确定的最适辖区面积存在差异，因此从公共服务的有效提供和公共支出的效率化的角度来确定辖区面积时，应综合两者的作用，并同时考虑其他经济、社会治理、文化历史等因素。

表3.1　**辖区人口、面积对财政支出的影响的估计结果**

变量	I (1)	I (2)
C	1697.65*** (5.8287)	1763.49*** (6.3978)
pop	-6.2387*** (-5.7936)	-28.8625*** (-9.1991)
pop2		0.14361*** (7.44599)
area	0.06747*** (3.8814)	0.12679*** (3.1786)
area2		-0.00000606 (-1.4790)

续表

变量	Ⅰ（1）	Ⅰ（2）
ter	1164.832*** (5.0533)	971.759*** (4.8237)
empr	-1799.71*** (-5.4696)	-1245.955*** (-4.2055)
stur	-897.84 (-0.8137)	205.386 (0.2111)
pgdp	0.04126*** (8.3492)	0.03547*** (8.1454)
townw	0.0328*** (2.8817)	0.0274*** (2.7553)
peai	-0.11694*** (-2.5523)	-0.0261 (-0.6084)
R^2	0.7842	0.83986
F	76.803***	87.6098***

注：1. 两阶段最小二乘（TSLS）估计中，人口的工具变量为2003年的人口数和人均财政支出；2. *、**、***分别表示在10%、5%和1%的置信度上显著；3. （ ）内为t值；4. pop2的单位为万人的平方，area2的单位为平方公里的平方。

（二）人口、面积与财政支出结构

表3.2给出了人口、面积对支农、教育、卫生、社会管理四大类公共支出的影响的估计结果。从支农支出看，Ⅱ（1）中人口和面积两变量在统计上都很显著，而把两者的平方项纳入后，两者的符号保持不变，人口平方项的系数显著为正，但面积及其平方项没有通过显著性检验，模型的拟合优度也有一定提高（如Ⅱ（2）），去掉面积平方项后，面积的符号仍为正且通过显著性检验，这意味

着：一方面，人口的增加会降低人均支农支出，农村公共品的提供的规模效应大于拥挤效应，具有规模经济，这与支农支出的特征相一致，支农支出主要是用于支持农业和农村的固定性、长期性项目；人口与人均支农支出的关系也呈"U形"，根据模型Ⅱ（2）得出的人均支农支出最小，也即使支农支出相对最有效的人口规模约为101.3万人。另一方面，面积的扩大将引起人均支农支出的增加，这符合我们的感性认识，面积越广阔对农村和农业的支出项目如道路、水利、农技推广等的成本越高，在涉农公共服务水平不变的情况下，这便导致支农支出的增加；但由于引入面积平方项后，面积及其平方项都不显著，故我们不能得出基于支农支出的效率化的辖区的最适面积。

由Ⅲ（1）和Ⅲ（2）可知，人口增加将降低人均教育支出，教育公共服务提供的规模效应明显，存在规模经济，其内在原因在于：财政教育支出主要包括教育基础设施等长期资产支出和人员、运转支出，人口增加带来的学龄人口的增长，将引起教育支出的一定上升（主要是人员及运转支出部分），但人口的增加要远远大于学龄人口的增长，最终便表现为随着人口增加人均教育支出下降；由Ⅲ（2）还可以看出，人口与人均教育支出也呈U形关系，在其他因素不变的情况下，人口规模约为128.6万人时，教育支出相对最有效率、人均教育支出最小。从面积来看，面积的扩大会引起人均教育支出的增长，这是因为在人口规模等其他条件不变的情况下，面积增加则人口密度下降，要使辖区的教育公共服务水平不变，如保持相同的基础教育的"可及性"，将需要配置更多的学校、教师等，从而引起人均教育支出的增加；由Ⅳ（2）可知，面积与人均教育支出呈"倒U形"关系，当辖区面积为8274平方公里时，教育服务成本最高，人均教育支出相对最高。

回归结果显示，人口的增加将使人均卫生支出下降，这主要是由于：虽然人口越多公共卫生问题越多，但公共卫生和防疫服务更具有纯公共品的属性，服务受益范围广且具有非排他性，这使得公共卫生服务的规模效应远大于拥挤效应，存在规模经济；由Ⅳ（2）可知，人口与人均公共支出呈"U形"关系，人口规模为

表 3.2 辖区人口、面积对财政支出结构的影响估计结果

	人均支农支出		人均教育支出		人均卫生支出		人均社会管理支出	
	Ⅱ(1)	Ⅱ(2)	Ⅲ(1)	Ⅲ(2)	Ⅳ(1)	Ⅳ(2)	Ⅴ(1)	Ⅴ(2)
C	182.401*** (4.1432)	208.714*** (5.0626)	88.0255* (1.7161)	55.669 (1.0300)	98.207*** (4.9965)	103.339*** (5.0063)	224.47*** (4.25502)	264.284*** (5.4919)
pop	-0.78688*** (-4.8345)	-3.35348*** (-6.5909)	-1.01546*** (-5.3545)	-2.8664*** (-4.6593)	-0.2232*** (-3.0716)	-1.12582*** (-4.7916)	-1.38358*** (-7.0938)	-5.9118*** (-10.793)
pop2		0.01655*** (5.2943)		0.01114*** (2.94613)		0.00577*** (3.9955)		0.029196*** (8.6712)
area	0.00701** (2.6676)	0.00868 (1.33724)	0.014024*** (4.5810)	0.03144*** (4.01996)	0.00117 (1.005)	0.00272 (0.9099)	0.000955 (0.30318)	0.00412 (0.59118)
area2		-0.00000013 (-0.1908)		-0.0000019** (-2.3516)		-0.00000015 (-0.4889)		0.00000025 (-0.34736)
ter	53.7919 (1.5438)	31.671 (0.9692)	89.2167** (2.1977)	74.2372* (1.8794)	25.715 (1.6531)	17.966 (1.1909)	188.429*** (4.51312)	149.424*** (4.2485)

续表

	人均支农支出		人均教育支出		人均卫生支出		人均社会管理支出	
	Ⅱ(1)	Ⅱ(2)	Ⅲ(1)	Ⅲ(2)	Ⅳ(1)	Ⅳ(2)	Ⅴ(1)	Ⅴ(2)
empr	-148.993***	-93.8364**	-73.881	-13.6497	-38.345*	-17.244	-162.728***	-62.4555
	(-2.9957)	(-1.9785)	(-1.2749)	(-0.2349)	(-1.7268)	(-0.7772)	(-2.7304)	(-1.2075)
stur	122.71	224.14	275.197	410.398**	-103.67	-62.701	97.7817	285.355*
	(0.7357)	(1.4336)	(1.4162)	(2.1514)	(-1.3923)	(-0.8606)	(0.48926)	(1.68004)
pgdp	0.004144***	0.00355***	0.00411***	0.00352***	0.002314***	0.00209***	0.00318***	0.002116***
	(5.5480)	(5.0462)	(4.7222)	(4.12137)	(6.9389)	(6.4126)	(3.5577)	(2.7832)
townw	-0.00061	-0.001026	0.00728***	0.00644***	0.0000965	0.0000923	0.00492**	0.00411**
	(-0.3542)	(-0.6402)	(3.6299)	(3.2993)	(0.12556)	(-0.1237)	(2.3841)	(2.3646)
peai	-0.00979	-0.00165	0.00025	0.01193	-0.00995***	-0.0066**	-0.00547	0.009696
	(-1.4133)	(-0.2485)	(0.0314)	(1.42117)	(-3.2195)	(-2.0615)	(-0.6589)	(1.2969)
R^2	0.541997	0.60626	0.66203	0.68912	0.5284	0.5691	0.62569	0.74195
F	24.954***	28.7152***	41.351***	37.0193***	23.6666***	22.0936	35.4097***	48.0422***

注:本表注释同表3.1。

97.6万时，公共卫生服务相对最有效、人均公共卫生支出最少。面积对人均卫生支出的影响符号为正，但在统计上不显著，这可能也是由于公共卫生服务近乎纯公共品，受益的地理范围广，面积增加对公共卫生服务及支出影响不明显。

从Ⅴ（1）和Ⅴ（2）可以看出，社会管理公共服务具有规模经济优势，该公共服务提供的规模效应大于拥挤效应，人口的增加会降低人均社会管理支出；与其他公共服务相似，人口规模与人均社会管理支出也呈“U形”关系，当人口为101.2万时，社会管理公共服务相对最有效，人均社会管理支出最少。面积对人均社会管理支出的影响符号为正，但在两个模型中都没有通过检验，这表明面积对社会管理支出的影响不显著。其原因可能在于，一方面社会管理公共服务趋于纯公共品的范畴，受益的地理范围比较广；另一方面，当前县域社会管理公共服务仍是以供给方为中心，履行社会管理职能的有关部门没有“走下去”，实现由管理向服务的转变；此外，交通、通信的便捷大大“缩减”了空间距离，这使得距离、面积等物理空间对社会管理公共服务的成本及效率的影响越来越小。

四、结 论

本章基于湖北、山东和吉林3个省178个县（市）的截面数据，实证分析了辖区人口和面积对公共支出规模及不同公共支出项目的影响。研究表明：

1. 人口与人均公共支出呈“U形”关系，县（市）人口为100.5万时，公共服务提供即公共支出整体上最有效，当人口低于有效值时，人口增加对公共产品和服务供给的规模效应大于拥挤效应，公共服务存在规模经济，人口增加可降低人均公共支出；当人口大于有效值时，人口增加对公共品供给的拥挤效应大于规模效应，公共服务存在规模不经济，人口增加将引起人均公共支出的上升。

2. 从人口与财政支农、教育、卫生、社会管理四类公共支出的关系看，人口与这四项人均公共支出也表现为“U形”关系，辖区人口规模分别约为101.3万、128.6万、97.6万和101.2万时，支农、教育、卫生和社会管理四类公共服务的提供相对最有效，各人均公共支出最少；若人口数量小于各类公共服务的有效人口规模，各类公共服务具有规模经济效应，增加人口规模可以提高公共服务的效率及降低人均公共支出；若人口数量大于各类公共服务的有效人口规模，各类公共服务则存在规模不经济，增加人口规模将进一步降低公共服务的效率，提高公共支出成本及人均公共支出水平。

3. 在其他条件不变的情况下，县（市）面积的增加会引起人均公共服务成本及财政支出的增加，但没有发现公共品供给及公共支出中的最适或最劣辖区面积。由于公共卫生、司法、秩序、行政管理等公共服务具有明显的非竞争性和非排他性特征，趋于纯公共品的范畴，受益范围广大，人口和面积的增加并不会显著增加公共服务的成本，这便表现为人口增加引起人均公共支出下降，而面积增加对人均卫生及社会管理支出的影响不显著。农村的道路、水利、通信、农技推广等涉农公共服务项目，需要大量的基础性的固定投入，面积越大其成本就越高，故面积的扩大会显著地增加人均支农支出。与人均财政总支出相似，只有面积与人均教育支出呈“倒U形”关系，面积为8274平方公里时，教育的服务成本最高，人均教育支出相对最高。

亚里士多德在其《伦理学》中指出人类之间的秩序的维护受传令官声音所及范围的约束，因此一个拥有10万人的国家是不可能的。国家的规模虽早在他所处的时代就已超越这个范围，而他间接提出的公共服务（包括地方公共服务）的有效提供的最适辖区规模的命题却引起了后人的不断探索。施蒂格勒（Stigler，1957）、奥茨（W. E. Oates）、罗森、萨缪尔森、布坎南（Buchanan，1965）、费雪等研究认为信息优势、偏好表达、公共品的需求差异和层次性、公共品成本和受益的外部性、外部性的层次性、公共品供给的规模经济、技术条件及政府自身的管理成本和附属成本等都是影响辖区最适规模的因素。理论家们虽然没有给出公共产品及服务提供的最适辖区规模的确切答案，但应该看到，受知识、技术、制度、环境等因素的作用，出于公共品的有效供给和公共支出的效率化这一目标，不同地区、不同时期的最适辖区人口和面积规模存在差异，甚至大相径庭。从本书的经验研究来看，当县（市）辖区人口为100万左右时，公共产品和服务的供给相对更有效率，人均公共支出最少，公共支出相对最有效（见图3.1）；由于辖区面积的扩大会引起公共服务成本的增加及公共支出的上升，因此应尽量缩小县（市）管辖的面积，而就公共服务的有效供给和公共支出的效率化而言，在现阶段各种技术条件的约束下，县（市）所辖人口保持在100万左右比较有效。

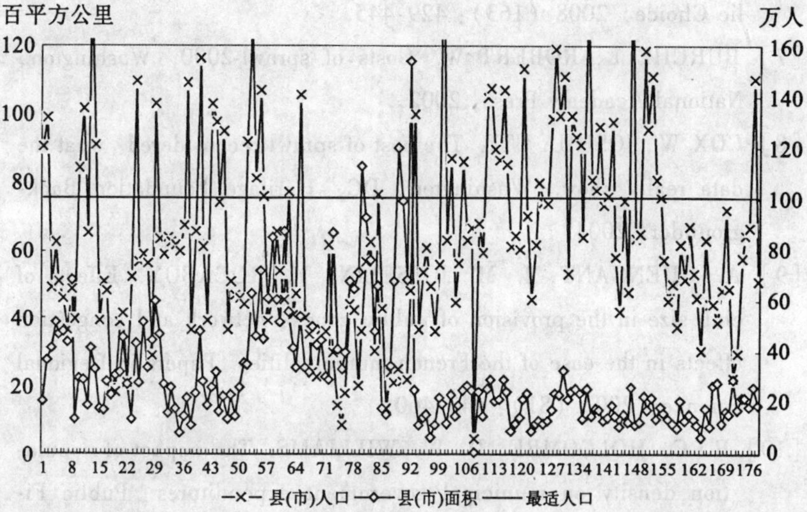

图3.1 湖北、山东、吉林3省178个县（市）的人口与面积

参考文献

[1] O. BIRULIN. Public goods with congestion. Journal of Economic Theory, 2006 (129): 289-299.

[2] J. M. BUCHANNAN. An economic theory of clubs. Economica,

1965 (32): 1-14.

[3] CRAIG SG. The impact of congestion on local public goods production. Journal of Public economics, 1987 (32): 331-353.

[4] T. E. BORCHERDING, R. T. DEACON. The demand of services of non-federal governments. American Economic Review, 1972 (62): 891-901.

[5] T. C. BERGSTORM, R. P. GOODMAN. Private demand for public goods. American Economic Review, 1973 (63): 286-296.

[6] R. BREUNIG, Y. ROCABOY. Per-capita public expenditures and population size: a non-parametric analysis using French data. Public Choice, 2008 (163): 429-445.

[7] BURCHELL, ROBERT W. Costs of sprawl-2000. Washington, National Academy Press, 2002.

[8] COX W, JOSHUA UTT. The cost of sprawl reconsidered: what the data really show. Washington, DC: Heritage Foundation Backgrounder, 2004.

[9] A. GUENGANT, J. M. JOSSELIN, Y. ROCABOY. Effects of club size in the provision of public goods: network and congestion effects in the case of the French municipalities. Papers in Regional Science, 2002 (81): 443-460.

[10] R. G. HOLCOMBE, D. W. WILLIAMS. The impact of population density on municipal government expenditures. Public Finance Review, 2008 (36): 359-373.

[11] H. F. LADD, J. YINGER. America's ailing cities: fiscal health and the desigh of urban policy. Baltimore and London: The Johns Hopkins University Press, 1991: 78-98.

[12] LITMAN TODD. Understanding smart growth savings: what we know about public infrastructure and service cost savings, and how they are misrepresented by critics. Victoria, BC, Canada: Victoria Transport Policy Institute, 2004.

[13] W. OATES. On the measurement of congestion in the provision of local public goods. Journal of Urban Economics, 1988 (24): 85-94.

[14] Real Estate Research Corporation. The cost of sprawl, detailed cost analysis. Washington, DC: Government Printing Office, 1974.

[15] SORENSON A. ANN, J. DIXON ESSEKS. Living on the edge: the costs and risks of scatter development. Washington, DC: American Farmland Trust, 1999.

[16] 贾康．财政的扁平化改革和政府间事权划分．中共中央党校学报，2007 (6): 42-48.

[17] 贾康，白景明．县乡财政解困与财政体制创新．经济研究，2002 (2): 3-9.

[18] 刘小鲁．区域性公共品的最优供给：应用中国省际面板数据的分析．世界经济，2008 (4): 86-95.

[19] 徐曙娜．人口与公共支出．财经问题研究，2001 (9): 11-13.

第二编

新农村建设研究

第四章 农村建设和发展的国际经验考察

摘 要：本章考察了日本和美国的农村发展政策。日本在明治维新后开始制定和实施农业和农村发展政策，第二次世界大战后日本农村政策的重点是保证农民收入、推进农村综合发展。日本农业和农村政策形成和发展的主要原因是：强有力的农协组织，有特色的农村基层政府，多层次多部门官民结合的政策协商机制以及有利于农民的政治选举制度等。第二次世界大战后美国的农村发展政策经历了三个阶段：20世纪50年代依托州和地方政府支持农村产业发展、提高农民收入；60年代联邦政府发起大规模的反贫困运动、改善农村条件，由此形成了联邦与地方并行的支持机制；70年代后转向完善农村设施，90年代又加强了对落后地区的结构调整与社区发展支持，政策机制进一步完善。美国农村政策的特点是：中央和地方政府根据全国总体和本地的情况制定相互协调又各有侧重的发展政策，并建立各自的机构体系来实施政策，具体建设发展的关键是发挥农村社区、集体组织和农民的主体作用（如培训基层领导人和农村建设骨干等）。日本和美国的农村发展政策与实践对我国新农村建设有重要的借鉴意义。

一、日本明治维新以来的农村发展政策与实践

1868年，日本爆发反对外来侵略和推翻封建幕府的革命，揭

开了明治政府维新改革的序幕，使日本走上了工业化道路，摆脱了沦为西方殖民地的危机。明治维新是日本近代化的起点，也是日本农业和农村政策的起点。第二次世界大战后，日本的农村政策进一步发展，城乡差距不断缩小，1975年后日本农村家庭的人均收入超过城市，并出现了城市居民回流农村、享受高质量生活的现象。日本是一个岛国，地少人多，资源贫乏，农业至今不能规模化经营。那么，日本政府是如何支持农业、农村和农民发展的？是什么促使日本政府较早地开始政策支持？这些政策实践对我国有何借鉴与启示？为此，本部分拟对明治维新以来日本农业和农村政策的发展及其原因进行初步考察。

（一）从明治维新到第二次世界大战前的政策

明治维新以前，日本处于封建社会后期——日本历史上称为江户时代或德川幕府时代。在这一时期，由于幕府和大名等封建领主分割土地，人民的身份、职业受到严格限制，加上赋税沉重，农业长期处于停滞状态，农民生活困苦。19世纪后，农民反增税、反赋役的暴动愈演愈烈。1853年后，德川幕府接受美、英、法、俄等国的开港条件和各种不平等条约激起了人民的强烈愤慨，由此爆发了大规模的反侵略和"倒幕"起义。1868年"倒幕"成功后，新上台的明治政府迫于社会的压力，进行了"废藩置县"、"废除等级制度"、"植产兴业"等一系列旨在"富国强兵"的维新改革，农业和农村政策也由此发端。

1. 以减轻税收负担为中心的农业发展政策

1868年后，明治政府确立了向西方学习、发动工业化、实现富国强兵的国策。为此，明治政府认为，必须废除封建制度对农民的束缚，减轻农民的税收负担，以农业发展来支持工业化。

1870年，日本民部省提出：士、农、工、商同受国家保护，士、工、商不纳税，而让农民承担重税是不公平的，"必须减重增轻，使天下民产得以平均”；① 民部省还提出，应承认农民的土地所有权，实行以地价为基础的货币地租。于是，在“废藩置县”、“废除等级制度”后，明治政府在1872年向土地所有者发放了地契——承认地主和自耕农的土地所有权（但未承认佃农的耕地所有权），并于1873年7月颁布了《地税改革条例》，推行地税改革。

地税改革的主要内容是：（1）地税一律按地价征收现款；（2）税率为地价的3%，附加税的1/3为村费；（3）地税以土地所有者为纳税人。地税改革减轻了农业税负，并通过征收现款（出售农产品后交税）促使农民进入商品货币经济，向工业和城市提供食品。改革后一般佃农收入的1/3缴税费，1/3交地主，1/3归自己，佃农负担减少约7%。

1876年，明治政府又进行税制改革，废除了德川幕府时代（地税、劳役税和各种杂税多达2000余种）的绝大部分零杂税和营业杂税，并将税收分为“国税”与“地方税”。

1888年，随着工业化加速，为了增加财政收入、缓和农民与工商业者的税负不平衡，明治政府建立了所得税，对年收入300日元以上的个人按1%～3%的5级累进税率征税（1900年改为1%～5.5%的12级累进税）。1897年营业税改为国税，解决由各地征收产生的税负不均和发展不平衡问题。1900年法人税建立（按比例征收的公司所得税）。

税制改革改变了以地税为中心的税制结构。1912年，在国税收入中，酒税占28%，地税所占比重由1878年的70%降到22%，所得税上升到11%；地税在整个税收中的比重降到54%左右（见表4.1）。

① ［日］井上清，铃木正四著：《日本近现代史》，商务印书馆1972年版，第103页。

表 4.1 近代日本农业和非农业的税收负担与财政补贴（%）

年份	税收比重		税收负担率		年份	财政补贴率	
	农业	非农业	农业	非农业		农业	非农业
1878—1882	91	9			1891	0	0.49
1888—1892	74	26	14.9	2.0	1901	0.05	1.41
1908—1912	54	46	11.2	5.5	1911	0.02	1.09
1918—1922	41	59	7.5	4.8	1921	0.02	0.55
1928—1932	33	67	8.1	3.8	1934	1.14	0.58
1933—1937	26	74	6.5	4.0			

资料来源：Yujiro Hayami，Japanese agriculture under siege ，Macmillan Press，1988，p40.

与此同时，1870 年后明治政府还从欧美大量引进农业机械，试图推行“大农场经营方式”，但水稻生产和小农经营使其遭受失败。1880 年后，明治政府转向推行“老农化经营方式”，政府在东京、札幌等地设立农业学校和农业试验站，将老农的经验技术进行分析、总结和改进后推广。“老农化”注重良种、肥料、耕作方式和水利灌溉系统的改进，政府在 1896 年建立“府县农工银行”，1897 年建立“日本土地抵押银行”，1899 年通过《耕地调整法》，要求农户参加“土地改善计划”，政府对“老农化”生产和土地改善计划提供贷款。1900 年，政府在农民自发成立各种农业团体（如农业讨论会、种子交换会）的基础上，推动成立了“日本农协”——主要通过“农协”向农户提供贷款和补贴。

1870—1912 年，由于农业税负下降和财政支持，农业投资增长率超过了产出增长率，深耕技术、品种改良和化肥运用得到普及，农业走出了停滞状态。1890—1910 年，每町土地（9900 平方米）的收入由 357 日元增加到 439 日元，① 农业产出增长率由

① 大川一司：筱原三代平等著：《长期经济统计：推计与分析》（农林业），东洋经济新报社 1966 年版，第 226 页。

1.6%提高到2.0%。1880年后，农地面积达到历史顶峰（约600万公顷，占土地总面积的15%）。更重要的是，农业提供了工业化所需要的资金，农业出口从欧美换回了大量技术设备，有力地支持了工业成长。尽管农业作出了很大贡献，但由于农业本身也得到了发展，农村人均消费与城市的差距并未扩大（见表4.2）。

表4.2　　近代日本的城乡人均消费差异

	农村（日元）	城市（日元）	城乡之比（%）	农业产值的比重（%）
1887	79.5	109.8	138	41.5
1897	93.0	144.7	155	
1904	92.7	125.6	135	
1913	100.4	134.4	139	31.5*
1930	103.2	212.8	207	
1938	123.1	203.1	165	15.9

*1910年的数据。

资料来源：大川一司，速水佑次郎著：《日本经济长期分析——成长、结构、波动》，日本经济新闻社1973年版，第238页。

2. 以缓解贫困为中心的农村发展政策

1910年以后，日本农业形势发生了变化。由于战争刺激，工业发展加快，工业产值开始超过农业，农村资本大量流向工商业。另外，1894年中日战争后，日本从中国掠夺了巨额财物（相当日本国民收入的1/4）并侵占中国台湾地区；1905年日俄战争后日本获得了对朝鲜的控制权，1910年吞并朝鲜，促使日本将朝鲜和中国台湾的稻米大量运往日本，① 既缓解了粮食供应的压力，又压低

① 1914—1919年，仅从朝鲜运往日本的稻米就从140万石增加到280万石；1931—1936年，朝鲜和中国台湾的稻米被迫输出达总产量的50%以上；1925—1931年，日本的稻米价格下降了40%。

了粮食价格，导致日本农业衰退和农村困难。1918 年 8 月，日本爆发了农民袭击米商、富豪和町公所的全国“米粮暴动”。

1920 年日本发生经济危机，1923 年发生关东大地震，工业低迷和地震灾害导致农村贫困加剧，农民被迫卖儿卖女、远走他乡，农村租佃冲突也日益激化。在这一背景下，日本政府设立了“农林水产省”，对农村发展进行政策支持。

20 世纪 20 年代日本的农村发展政策主要包括：稻米价格支持、租佃调解和农村建设支持。1921 年制定《稻米法》，进行稻米的购、销干预，以稳定市场和保证农民收入，最初的干预规模设定为每年 2 亿日元。1924 年制定《租佃调解法》和《佃耕创设维持法》，以减免佃农的地租、确保佃农的耕作权和让地主将土地出售给佃农，减轻佃农的生活压力，缓和农村矛盾。1919 年制定《开垦帮助法》、1922 年制定《新农协法》、1923 年出台《水利灌溉项目补助规定》，通过财政资助进行农村基础设施建设（政府付给农民修路、修渠和开荒的费用），提供生产贷款，对村庄的“生产和生活自救行动”给予补贴，以缓解贫困。

20 世纪 20 年代末到 30 年代初，日本又连续发生经济危机，农村遭受新的打击。特别是 1931 年东北和北海道等地区大歉收后，农民卖儿卖女、大量逃亡，甚至全家自杀；而地方政府为保证自己的利益，竟然提高租税，引起严重的农村动荡。

于是，日本大正政府加大了财政支持的力度（见表 4.1）。主要措施是：第一，1931 年废除原来的租税条例，颁布《地租法》，将地税由按地价课税改为按租借价课税，使地税变成收益性税收，减轻地税负担。第二，1932 年农林水产省制订“村庄复兴计划”（由各地农村和农协最早提出），拟定 5 年中每年资助 1000 个村庄。1932 年农林水产省、内务省和其他部门实际提供了 1.6321 亿日元，到 1934 年底总共资助了 5.22 亿日元。[①] 复兴项目包括各村

① Kerry Smith, A time of crisis : Japan, the great depression, and rural revitalization, the President and Fellows of Harvard College, 2001, p. 144.

水库、渠道、仓库、道路、教育、工商贸易的建设与发展。第三，1932—1935 年，对贫民无偿配给粮食或低价供给粮食、提供肥料和种子，对农民提供低息和免息贷款。第四，1936 年建立中央财政对町村财政进行补助的制度（财政转移支付制度的雏形），要求地方政府降低租税、帮助农民解决困难。第五，1938 年制定《国民健康保险法》，建立了包括农民在内的医疗保险制度。

1919—1938 年是日本工业化发展的重要时期，也是农业和农村比较困难的时期，但由于财政支持加强和农业税负继续下降，农业继续保持了增长态势：1910—1930 年每町产出额由 439 日元增加到 533 日元（高于 1890—1910 年的产出增加值）；城乡收入和人均消费的差距有所扩大，但仍得到了控制（见表 4.2）。

（二）第二次世界大战后农业与农村政策的发展

第二次世界大战后，日本进行了民主化改革，1946 年日本通过了新宪法；同年制定了《农地调整法》，开始农地改革——将离乡地主的土地和在乡地主超过 1 公顷的土地出售给佃农（价格为年租金的 40 倍，各村成立由 3 个地主代表、2 个自耕农代表、5 个佃农代表组成的改革委员会），在农村建立自耕农体制。1947 年又颁布《农业协同组合法》，重建“日本农协”。第二次世界大战后日本农业和农村政策就是在民主化改革的基础上发展的。

1. 以粮食自给和保证农民收入为核心的农业发展政策

第二次世界大战后，日本出现了最严重的食品短缺问题（第二次世界大战中，日本耕地面积减少 14%，劳力减少 100 多万，化肥和机械减少 80%，产出减少 40% 以上）。这种状况促使日本政府确立以粮食自给为目标的政策。

事实上，农地改革的一个重要目的就是调动农民的积极性、发展粮食生产。1950 年，当农地改革基本完成时，约有 200 万公顷的土地转移到农民手中，自耕农所占的比例由 31% 增加到 62%，耕地在 1 公顷以下的农户所占的比例达到 75%，农户数目达到历史高峰（617 万个，明治维新后日本农户一直在 550 万个左右），农村人口占62.7%。1952年，日本制定《农地法》，确立了农村家庭经营的“三策合一”（所有、管理和劳动）原则作为巩固自耕农体制、保证农业发展的基础。

1949年，日本政府建立新的价格支持和补贴制度。价格支持的目标是保证农村家庭的收入不低于城市家庭的收入，实现粮食自给。1955年后随着工业高速发展，日本政府对农产品的价格支持力度加大、农业补贴制度不断完善。农业补贴包括农产品（稻米、蔬菜、肉、奶、大豆）价格补贴，农业机械与设施建设补贴，农业现代化改造贷款利息补贴，农业生产保险补贴等。到1965年，日本已成为工业化国家中农业支持水平最高的国家之一（据经合组织统计，2000年日本财政支出中的农业补贴占GDP的1.4%，而农业产值只占GDP的1.1%）。

1961年，日本通过《农业基本法》，确定了农业政策的两大目标：(1) 提高农业生产力，缩小农业和其他产业的差距；(2) 提高农业人员的收入水平，使之获得与其他行业劳动人员同等的生活水平。① 同年，日本在所有农村普及国民健康保险。

第二次世界大战后的税制改革也充分考虑到了农业和农民问题。1950年日本建立“肖普税制”，废除地税，确立了以综合所得税为主体的公平税收制度，并将居民税和固定资产税作为市町村的主要税收。1954年又建立地方交付税制度——日本中央财政将个人所得税、法人税和酒税的20%按标准支出与标准收入的差额分配给地方，以增强地方的财政能力。

由于财政的有力支持，20世纪60年代后期日本稻米达到了自给目标并出现过剩。同时，农村家庭与城市家庭的收入差距明显缩小；1975年后，城乡家庭人均收入状况逆转——农村家庭的人均收入超过了城市（见表4.3）。不过，财政支持和农村收入增长也产生了高速工业化过程中，农村年轻人进城工作但依然住在农村，农民宁愿兼业劳动也不愿出让土地的问题。

① ［日］关谷俊作著：《日本的农地制度》，生活·读书·新知三联书店2004年版，第5页。

表 4.3　　第二次世界大战后日本城乡家庭的人均收入

单位：1000 日元

	农村	城市	城乡之比（%）	农业产值的比重（%）
1955	57	74	77	21.0
1960	78	115	68	
1970	326	358	91	7.4
1975	867	760	114	
1980	1273	1111	115	
1985	1596	1422	112	3.4

资料来源：日本农林水产省：《农户经济观察》，日本首相管理办公室：《家庭观察》。转引自 Yujiro Hayami, Japanese agriculture under siege , Macmillan Press, 1988, p. 93.

2. 以结构调整和村庄建设为中心的农村综合发展政策

由于稻米过剩，日本在 1969 年建立了稻米双价机制和自愿限产机制（对愿意减少水稻种植面积 0.1 公顷的每个农户补贴 2 万日元；1971 年农林水产省要求所有农户休耕 10% 的土地）。1970 年，日本农林水产省制定农村综合发展政策，将财政支持的重点放在发展多种经营、提高农村福利和改善村庄设施环境方面。日本称之为“综合农政”。

1970 年，日本制定《农业人养老基金法》，建立农民退休养老制度，并期望以此来促进农业经营的年轻化和现代化。法律规定，农民按耕作面积可以作为养老保险的当然加入者和自由加入者，可以选择保险缴费等级（对应受益等级）；对长期从事农业又有稳定的继任者的农民实行优惠交费（不足部分由财政补贴），对不满 35 岁的农民的缴费给予折扣优惠。农民保险缴费根据养老支付、保险基金运作收入和财政负担的比例，按收支平衡原则确定。

1973 年，日本出台《农村地区工业引进促进法》，鼓励各地政府制订引进工业和发展其他产业的计划，并给予相应的税收优惠、财政支持和融资便利。1994 年，日本又制定了促进农村休闲活动及相关设施建设的法律，鼓励发展农村休闲、度假、旅游、体验农村生活等服务业。

1970 年，日本制定《过疏地域对策特别措施法》，对人口稀少的农村进行包括产业培育、道路交通（包括村道和农道）、公共设施、卫生、娱乐、住房条件、环境改造等在内的综合建设，要求地方政府制订规划和推动实施，建设资金由中央财政补助、农林公库融资和发行地方公债来解决，对参与建设的企业给予课税优惠和融资便利。到 2001 年，日本政府共选择了 3232 个市町村中的 1171 个进行建设。此后，1975 年修订关于农业振兴地域的法律，对有关农村地区的村庄环境和土地利用进行综合规划和建设；1987 年出台《村落地域建设法》，要求各地方制订村庄建设计划，使村庄具有进行现代农业生产和提供良好的居住环境这两大功能；1993 年制定《特定农村山区法》，重点对偏远山村进行综合建设。

1999 年，日本国会通过《食物、农业、农村基本法》，取代了旧的《农业基本法》，将保证食品安全、促进农业可持续发展和振兴农村作为新时期农业和农村政策的目标。"新农政"强调用新的管理机制来保障农民收入、发展安全农业和环保农业，强调通过发展农村公共事业（改善生产设施、生活条件和提高社会福利）来振兴农村。

据统计，20 世纪 70 年代日本的农业预算中有 30% 用于农村公共事业，80 年代达到 40%，90 年代超过 50%（这还不包括其他部门对农村公共事业的支出）。从效果来看，由于农村条件和环境改善，城市居民返回农村享受高质量生活的现象日益普遍——返乡居民更积极地倡导"村庄复兴运动"，使政府的公共事业预算资金大量流向农村。① 与之相对应，70 年代以来农村家庭所占的比例增加、农村社区的家庭数明显增加（见表 4.4），农村出现了新的优势与活力。

① Duncan McCargo, Contemporary Japan, Palgrave Macmillan, 2004, p. 78.

表 4.4　第二次世界大战后日本农村人口和农村社区

年份	总人口（千人）	农村人口百分比	农村家庭百分比	农村社区数	每个社区的家庭
1950	84115	60.7	—	—	—
1960	94302	36.7（56.3）	50	152431	64
1970	104665	27.9（46.5）	41	142669	81
1980	117060	23.8（40.3）	56	142876	141
1990	123612	22.6	59	140144	172

注：括号中为按非稠密标准统计的农村人口比例。由于城市包含郊区农村，1960 年日本采用这一统计标准。

资料来源：Ryohei Kada and Junko Goto, Land use and rural communities in Japan, Japanese and American Agriculture, edited by Luther Tweeten et al. Westview Press, 1993, pp44-45.

（三）日本农业和农村政策形成、发展的原因

日本政府能够较早地意识到农业和农村发展的重要性，并能够随工业化发展而不断调整和完善农业和农村发展政策，主要有以下几个方面的原因：

1. 明治维新对封建制度的冲击和农民的斗争

明治维新对日本的封建制度产生了有力冲击，使日本在寻求民族发展的过程中产生了近代文化、思想、技术和制度体系，也使日本政府在政策意识上发生了变化。这是日本农业和农村政策形成和发展的社会基础与制度前提。

当然，广大日本农民为争取自己的权利所进行的反抗和斗争是最重要的。因为如果没有农民的暴动和抗争，即使是依靠农民和城市下层人民的革命力量上台的明治政府也不会自动实行有利于农民的政策。事实上，1868 年革命后明治政府依然因循守旧，是日本农民继续为生存而进行的抗争和起义——如 1869 年在高山、信浓、

加贺藩等地爆发的大规模起义，才促使明治政府开始维新改革。而且，即使在地税改革中，农民也未放弃斗争——地税改革以地价作为征收地税的基准，但地价并不是土地的实际买卖价格，而是“官价”，各地政府为不减少收入总是提高地价，为此，1876年爆发了全国农民斗争，日本历史上称为“反对地税改革一揆”。又如1918年全国性的“米粮暴动”等。可以说正是日本农民持续、激烈的抗争，才促使日本政府建立相关政策，并对不合理的政策不断作出调整。

2. 农民团体的发展和第二次世界大战后民主制度的发展

20世纪后日本农民的斗争发展成有组织的斗争。1922年“日本农民总同盟”、“日本农民组合”、“全国水平社”等农民团体先后成立，而此前成立的日本“佃农组合”，在1921年就有681个（会员16万人），1933年发展到4810个（会员超过30万人）。①农民团体在20世纪二三十年代的大规模斗争，直接促使政府出台1922年的《佃耕法》、1924年的《佃耕维持法》和《佃耕创设维持法》等。第二次世界大战后，日本农民团体有了更大的发展。其中，“日本农协”成为对日本政治经济具有重大影响的强大利益团体。

日本农协是农民广泛进行互助合作（生产、销售、加工、购买、信用、信息、技术、管理、生活设施、医疗卫生、生命与财产保险等）的组织，它有自己的各种服务机构（如大学、医院、银行、保险公司等）和经营设施。2000年，日本农协会员超过900万人，除市町村农协外，还有都道府县联合会和全国联合会。它已形成一个遍及全国的庞大体系。农协除向农户提供服务，最重要的工作是代表农民进行技术革新、与其他企业和团体联系、与各级政府和议会协商，并敦促政府保护农民利益——“农协中央联盟”就是专门进行政策活动的机构。例如，1949年成立的日本“稻米价格劝导委员会”（由农林水产大臣任命的25名成员组成）专门

① ［日］井上清，深谷进等著：《日本农民运动史》，生活·读书·新知三联书店1957年版，第106页、第163页。

负责稻米价格研究，它每年7月向农林水产大臣和内阁提出建议，以作决策；而日本农协每年也会提出自己的报告和建议。日本政府往往综合农协和稻米价格劝导委员会的意见来作出决定。在大选年，政府更倾向于采纳农协的建议。由于销售价格要考虑一般家庭的支出，所以稻米购、销差价便成为财政负担，1973年后，“三K”支出——Kome（稻米）、Kokutetsu（国铁）、Kenpo（国民健康保险）成为日本财政赤字的主要因素。

当然，第二次世界大战后的民主化运动和政治民主制度的建立是很关键的。民主化运动破除了日本公众对天皇和政府的迷信、确立了民权和民主观念，而政治民主和普选制度则使日本政党和政府不得不重视公众、特别是广大农民的要求（第二次世界大战后选区的划分使农村占有优势）。在日本执政长达38年（1955—1993年）之久的自民党政府就是依赖了农村的选票。① 在日本，一个政党或一届政府如果失去农民的支持，就几乎没有当选和执政的机会。

3. *承认纳税者义务与相应权利的制度传统*

日本农业和农村政策的一个重要特点是重视财政和税收的作用。形成这一特点的原因在于明治维新时期明治政府不愿给公众民主权利而迫于社会压力所采取的将纳税义务与民主选举权挂钩的做法和传统。1878年，明治政府在设立府县会和地方税则中规定，府县税的征收必须通过府县议会——议会的选举权和被选举权则与地税额相联系，② 议员和议员选举人必须是20岁以上且缴纳5日元以上地税的人、议员席位数与地税额相关、地税额增加与否必须经纳税人代表——议员的同意。这些规定实际上是要求纳税者的义务与权利对等，限制地方税收权扩大、不给予佃农选举权和被选举权。1925年通过的《普选法》也规定，只有缴纳15日元以上国税

① Junko Goto and Naraomi Imamura, Japanese Agriculture: Characteristics, Institutions, and Policies, Japanese and American Agriculture, edited by Luther Tweeten et al. Westview Press, 1993, p. 23.

② ［日］金子宏著：《日本税法》，法律出版社2004年版，第33页。

的25岁以上男子才有选举权，30岁以上的男子才有被选举权，将纳税少和接受各种救济的人排除在外。

虽然这些规定是早期日本政府对民主制度的拖延，但它在客观上强化了纳税人要求相应权利的观念和意识。第二次世界大战后，这种将纳税义务与民主权利相关联的规定被废除，但义务与权利相关联的观念和意识犹在，由于农民与其他从业者同等纳税而他们获取收入的机会和能力又比城市居民要小，所以，日本农民有理由要求政府重视农业和农村，而政府和其他利益团体也能够接受。

4. 特定的基层政府机构与政策形成体系

农业和农村政策发展与其有效的组织实施以及开放式的政策形成制度密切相关。第二次世界大战后，日本农业和农村政策的管理机构主要是农林水产省、地方农林部或农业环境经济部。20世纪70年代后，随着政策的发展，日本国土厅、环境保护厅、自治省、厚生省、邮政（通信）省、运输省等无不涉及其中，但并没有一个综合性的政策管理部门。但是，在基层——市町村却有一个综合性的政策执行机构——农业委员会。另外，还有都道府县农业会议和全国农业会议所这两个半官方的政策研究与咨询机构。

市町村农业委员会是根据1951年的《农业委员会法》建立的代表农民利益的政府行政机构。农业委员会主要由经营10公亩以上土地的农民以及他们的亲属（一年必须农作60天以上）选举产生的成员组成（市町村长可以任命少数委员，如农协和农业共济组织的代表、市町村议会推举的学者），其职责是执行农地法律和农村政策，制订农业和农村发展计划并推动实施，并向上级政府提出政策建议。由于农业委员会代表农户的利益又具有执行农地法律和农村政策的权力，因此能够坚决、全面、有力地实施农村发展政策，并能根据本地实际提出政策建议，对政策形成和发展产生重要影响。

都道府县农业会议是地区性的政策协商组织，其成员是市町村农业委员会的会长、都道府县农协联合会和其他农业团体的代表以及会长推荐的学者。全国农业会议所是全国性的政策协商组织，其会员是都道府县农业会议、全国农协联合会和其他全国性的农业团体、专家学者们的代表。它们的主要职责是调查、研究农业和农民问题，提出政策建议和回答咨询，是进行广泛民主协商的特殊法人。作为半官方的组织，它们下联农民和市町村农业委员会、上达都道府县和中央政府，既可以避免个别民间团体的意见不统一和影响力不足的问题，又可以避免政府机构可能存在的专断，对形成科学合理的政策产生重要影响。

5. 特定的农业和农村结构以及城市生活的变化

日本农业和农村政策的重要特点是保护性强、支持力度大。这与日本农业和农村结构密切相关。首先，日本人均耕地少，2000年平均每个农户不足1.2公顷（1公顷=15市亩），其中水田占54.7%（除了北海道，大部分地区水田占2/3）；由于土地稀缺，农民一般不愿放弃土地。这使日本不可能发展规模化农业，而农业的高成本又决定了农业的竞争力弱，因此，政府必须对农业进行有力的保护和支持，否则就不能保证粮食自给和农民的收入水平；当达到自给目标后，通过保护和补贴来提高农民收入的效果下降，于是，政策重点又转向支持非农产业发展和农村建设，以此来提高农民的生活福利水平。

其次，日本农村社区或村落大多是在村民合作控制、利用水源的历史中形成的，农村社区主要有3类：集中村——人口稠密、居住集中，这以西部农村为代表；中心村——农户相对集中并环绕在村庄周围，这是最普遍的一类；分散村——通常在山区和丘陵，因缺少平地，农户通常沿山势和水流而居。由于地理环境、不愿放弃土地以及农业保护的影响，日本的村庄结构具有日益巩固的趋势，农村综合建设则使这一趋势进一步加强。同时，随着工业化和城市化的发展，城市居民开始厌倦城市生活，甚至怀疑自己的人生价值，并向往田园生活，这些现象也使政府看到了农村建设的价值，由此形成了农业和农村政策的新特点。

（四）结论和启示

1. 农业和农村政策的重点随工业化发展而变化。在工业成长阶段，它主要表现为农业发展政策为城市和工业提供食品、资金；

在全面工业化时期，它主要表现为农村发展政策除保证农产品的有效供给，重点是提高农民收入和改善农村环境，为工业化提供充分的市场条件，为工业化和城市化发展所产生的问题提供解决空间。因此，农业和农村政策的内容是变化的，但政策的基本点是使农业和工业相互支持，保证城市和乡村之间公平协调发展。

2. 由于自然与环境条件的限制，农业发展政策不一定就是规模化和土地集中，关键是提高农产品的质量和供应水平并以此来提高农民收入，这意味着农业发展的形式具有多样性；同时，由于农村自然环境的限制和工业化、城市化的反作用，农村发展政策也不等于城镇化和集中化，关键是因地制宜地提供农村公共品、改善农村环境和条件、发挥农村优势。所以，农业可以不是规模化经营，但要保证农产品的有效供应和农民的收入水平；农村可以不搞城镇化，但要保证农民与市民生活福利的均等化，使农村具有良好的居住条件和生活环境。

3. 农业和农村政策的基本手段是财政和税收政策。在工业化初期，农业和农村主要通过对税收的贡献来支持工业，但农业的税收负担应逐步降低以保证农民收入和农业的发展；当工业产值超过农业后，实施以所得税为中心的税收政策是必要的，同时应加强财政对农业和农村发展的支持；当工业和服务业占绝对主导地位时，财政支持的力度应大力加强，以保证城乡收入水平和生活福利的均等化发展。这就是在产业结构演进或动态发展中，运用税收递减、财政支持递增的政策来实现城乡公平的发展目标。

4. 农村政策的发展和实施必须以建立强有力的农民组织、农业团体为前提，必须在农村基层政府中设立专门代表农民利益的机构，必须建立多渠道、多部门、多层次的政策协商与研究机制。在日本，农民组织、农业团体主要从行业生产方面来维护农民利益、表达政策意向；基层政府中的农业委员会主要从执行农村发展政策方面保证农民利益、提供重要的农村公共服务；各层次的农业会议作为政策协商与研究机构或半官方的政府组织，代表农民利益直接影响农村发展政策的形成。这些都是值得我们借鉴的。

5. 目前，我国已进入全面工业化时期，而且工业和服务业已占主导地位，因此，农村发展政策的重点应放在反哺农村、支持农村社会经济全面发展、提高农民收入和改善农村环境，以保证农村生活福利与城市均等化方面。这也是我国社会主义新农村建设的主要内容。就具体推进新农村建设的方法来看，仍然需要在县乡政府机构中突破——建立切实能够提供农村公共品、解决农民生活生产条件与村庄环境的专门性机构或部门；在农民组织上突破——支持农民建立自己的互助合作组织和利益团体，组织起来，用自己的力量解决一些困难；在政策协商机制上突破——建立农民与各级政府沟通、联系的各种中介组织和机构，并形成制度规范，以推动各级政府和财政大力支持新型农村的建设和发展。

二、第二次世界大战后美国的农村发展政策和机制

美国的农村发展政策始于20世纪初的“乡村生活运动”（19世纪后期，由于农业开发、环境恶化和乡村人口涌入城市，20世纪初出现的社会各界对农村和农业问题的大讨论，在美国历史上被称为“乡村生活运动”）。从那时起，美国联邦政府开始建设乡村道路、改善乡村学校，并成立了农业部（USDA）“农村服务机构”（ES）。20世纪30年代“新政”时期，美国政府又推行农村电气化和区域发展政策（如田纳西河流域工程）。第二次世界大战后，美国政府从1955年开始推行新的农村政策。本部分主要分析第二次世界大战以来美国的农村政策及其实施机制，最后简述美国的政策实践对我国开展新农村建设的启示。

（一）20世纪50年代的政策试点和以地方为主的机制

从第二次世界大战后初期到1955年，美国联邦政府很少关注农村发展。农村发展和农村公共服务的提供主要依赖州和地方政府。在美国，地方政府主要指州以下的县、县内的自治市和乡镇、学区以及其他特别服务区政府。1950年，美国农村人口约6000万（城市人口接近1亿），有3050个县及10余万个县下各类政府。与大多数国家不同的是，美国各种地方政府保持相对独立性，不存在

隶属关系。例如，县内各自治市有充分自治权，通常独立提供本市的公共服务；乡镇主要存在于中西部（面积一般为6平方英里或15平方公里），作为县内的政府单位，它主要提供农村公共品，但它并不受县的支配；学区和其他特别服务区仅向本区域内（可以是县内跨乡镇的，也可以是跨县的）的居民独立提供教育或某种公共服务。所以，美国的县、县内的自治市和乡镇等实际上是并行的——州财政通常直接对自治市、乡镇和学区等提供资助，形成财政“直通车”形式（当然，因它们都在县内，故县财政也有义务资助、帮助它们提供公共服务）。这就是美国州以下地方政府提供农村公共服务的特殊结构（见图4.1）。

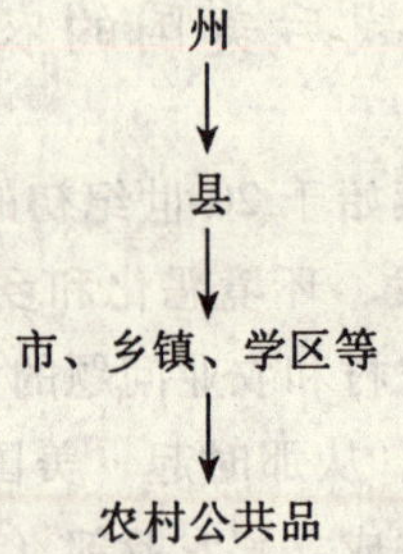

图4.1　美国地方政府提供农村公共服务的特殊结构

20世纪50年代中期前，由于财政困难，美国州和地方政府提供农村公共服务的能力有限，农村问题日益严重。1954年初，根据农业部的建议，美国政府成立了一个由农业部部长助理帕尔伯格领导的农村问题研究小组。1955年4月，该小组发表了《低收入农民问题报告》。此后，美国国会通过了一项修正案，授权联邦政府建立农村发展特别基金，支持低收入县改善农业生产、引进工商业，增加农村就业和提高农民收入。

作为最初的农村政策，它是局部性和尝试性的。其主要内容是：（1）以农民收入为标准来选择支持的试点县（该县至少要有一半以上的农民的现金收入不足2500美元）；（2）由ES在各地的人员帮助试点县及所在州成立“农村发展委员会”（RDC，由政府和福利健康、教育部门以及地方工商业、小企业协会、农村社区的代表组成），以便选择发展项目、筹集资金（通常由各方共同分担）和组织实施；（3）由“农民住房管理机构”（FmHA）具体负责向农民提供住房贷款和非农产业贷款。1957 年，南部的 57 个县被选为试点县，联邦政府资助了 64 万美元。到 1960 年，试点县扩大到 230 个，而项目支持资金仅增加到 200 万美元。

随着支持政策的推进，联邦政府也在 1959 年成立了全国性的“农村发展委员会”（IRDC，由农业部、商务部、劳动部、教育部、卫生部等相关各部的副部长、小企业局局长、经济理事会的代表组成），研究农村政策、全面部署农村发展工作。到 20 世纪 50 年代末，基本上形成了以地方政府系统为主、农业部为辅的农村发展政策机制（如图 4.2）。

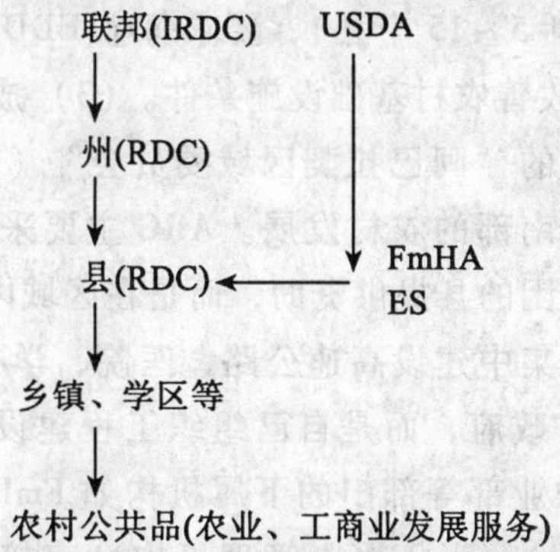

图 4.2　20 世纪 50 年代美国的农村发展政策机制

（二）20 世纪 60 年代的全面反贫困和双层或并行机制

1960 年，由于美国学者哈林顿的《另一个美国》一书的出版，贫困问题受到美国社会的普遍关注。1961 年，肯尼迪政府推动国会通过《区域再发展法案》，尝试运用新的农村政策来阻止贫困蔓延。新政策包括：（1）改善农村住房和生活条件；（2）合理规划、使用土地，保护水、森林和土壤；（3）完善基础设施如供水、下水道和道路，建设一流的农村学校和医院。肯尼迪政府成立了农业部“农村区域发展办公室”，专门负责农村发展政策及项目。

1964年，美国“农村问题小组”发表《落后的人们》的研究报告。根据这一报告，国会通过了《经济机会法案》；约翰逊政府发起了“向贫困开战”、“建设伟大社会”的运动。

约翰逊政府的主要政策措施是：(1) 建立“经济机会办公室”(OEO，1964)，管理10大项目，实施反贫困计划：向农民提供经营、创业资金；向地方公共部门和福利团体提供资金改善住房、教育和农业工人的子女照顾问题；建立“青年资源保护队”，吸收失学青年从事资源和环境保护工作，参加国家森林公园建设；开展“社区行动计划”，向农村社区分配培训、卫生、住房、福利救资金。(2) 建立“经济发展管理机构”(EDA，1965)，向贫困县提供商业发展贷款和公共工程资金，鼓励相关县组建“经济发展区”(EDD，一般包括5~15个县)，要求每个EDD都有一个“发展中心”，规模性地改善农村基础设施条件。(3) 成立由有关州和联邦政府的代表组成的“阿巴拉契区域委员会”(ARC，1965)，设立专项基金推进东南部的农村发展。ARC主要采用“增长中心”战略，但不向最贫困的县提供资助，而是在区域内最具发展潜力和条件好的县与社区集中建设高速公路、医院、学校和社区公共设施。ARC不依靠地方政府，而是自己组织工程建设、提供教育和培训等。(4) 通过农业部等部门的下属机构如FmHA、FHA（联邦住房管理机构）、VA（退伍军人管理机构）直接提供农村住房贷款和资助。到1972年，这三个机构分别资助了9.5万、3.2万、8.4万个农户，占被资助农户总数的26%。(5) 建立“社区行动项目”基金，由联邦财政向各州提供专项转移支付，重点资助社区学校、培训、健康、福利和资源保护。

反贫困政策的实施大大加强了联邦政府的作用，由此形成了联邦和地方政府并行或双层的政策机制（见图4.3）。

20世纪60年代的反贫困政策改善了农村的条件与环境，推动了农村发展。1970年，美国的贫困率由32%下降到15%。根据美国“经济研究局”1971年的报告，20世纪60年代农村社会经济

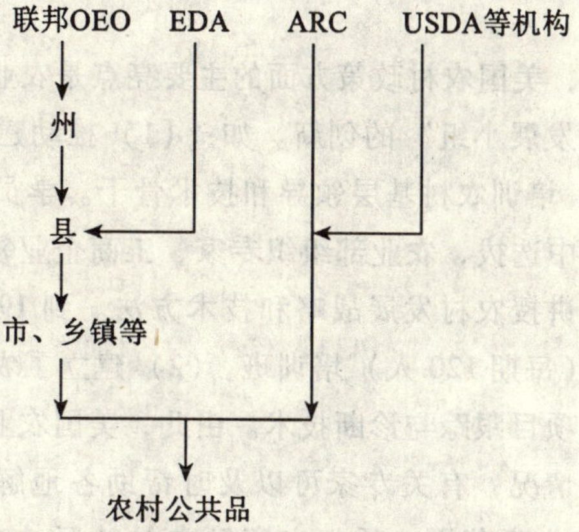

图 4.3　20 世纪 60 年代美国的农村发展政策机制

出现转折：有 1350 个县人口流出、1100 个县人口流入，县域人口流动趋于平衡；其中，有 500 个县（大部分在南部）由人口流出变为净流入。报告预言：农村人口流出将逐渐停滞。

（三）20 世纪 70 年代以来的重点发展政策及多方合作机制

1970 年后，鉴于反贫困政策的成就，美国政府内主张调整农村政策的观点逐渐占据上风。

1. 尼克松和福特政府时期。1970 年，美国政府的“农村发展行动小组”提出，应对农村发展项目进行检查，削减那些地方政府实施不力的项目。但国会持不同意见，并于 1972 年通过《农村发展法案》，强调要保持农村发展和城乡人口相对平衡，推进农村基础设施建设（如供水和建设社区水库、改善环境和保护土壤、建设社区中心和医疗中心），鼓励农村工商服务业发展。法案还要求资助各州的土地赠与大学开展农村发展研究，并授权农业部增加一名专门负责农村发展问题的副部长。

福特政府上台后，成立了“联邦区域理事会”，试图通过与各州协商的方式让州和地方政府承担主要角色。福特政府还将联邦对各州的农村发展转移支付改为整块支付和收入分享，让各州自行安排使用。

这一时期，美国农村政策方面的主要亮点是农业部专职副部长领导的“农村发展小组”的创新。如：（1）推动建立了“农村发展领导学院”，培训农村基层领导和技术骨干。学员从各地农村社区推荐的人员中选拔，农业部组织专家、工商企业领导人、州和地方政府领导人讲授农村发展战略和技术方法。到1976年，学院共举办了13期（每期120人）培训班。（2）建立了农村发展项目数据库，开发了项目跟踪与诊断技术。由此，美国农业部可以随时了解项目的执行情况，有关专家可以及时帮助各地解决问题。（3）扩大FmHA的业务范围，授权它资助农村社区的公共设施项目，并将它作为联邦项目的主要支持机构。

2. 卡特政府时期。20世纪70年代中期后，随着农村非农产业的发展和人口回流，1977年卡特政府上台后建立了两个小组来研究农村发展问题。一是“地方发展小组”，主要研究农村项目的组织和结构情况；二是“农村发展小组”，主要检查农村项目的预算和实施。其中，“农村发展小组”在一份研究报告中提出，农村发展项目存在5个方面的问题：（1）州和地方政府缺乏管理能力；（2）过分注重公共投资，没有重视私人参与；（3）没有考虑贫困农村的特殊需要；（4）没有支持有关农村问题的潜在解决方法的研究；（5）缺乏相对集中、有重点的农村政策。报告建议：第一，加强农村产业结构调整，扩大经济机会；第二，以农民基本需要为标准来开展基础设施建设和提供服务；第三，对有关农村就业、收入和生活质量提高的项目，应加强对项目执行单位的监督与管理。

卡特政府建立了包括各部门、州和地方政府代表在内的综合性的“白宫农村发展联席会议”，通过广泛协商，决定将重点集中在3个方面：农村基础设施（如供水、下水道、住房、能源、交通）建设；卫生和教育发展；落后农村地区的整体发展。并作出了以下决定：

第一，建立联邦系统内多部门、多机构共同协商与合作实施的机制。例如：(1) 在农村卫生和教育方面，由FmHA、卫生部、教育部、劳动部、社会福利机构等组成联合小组，共同选择地点和提供资金，在农村建立300个基本卫生所；由劳动部和社会福利机构运用“综合就业和训练基金”，培训移民和季节性的农场工人。(2) 在基础设施建设方面，如供水和下水道建设，由FmHA等组成一个多部门工作小组来决定联合投资、与地方社区一起选择建造商、进行工程监督和检查、开展效率评估；对农村住房，由FmHA负责，集中支持10个关键项目；对能源供应和燃气工程，由相关机构协商，联合投资建设100个小型水电站和其他供应设施；对交通道路，多部门工作小组主要研究在农村地区建设铁路分支线、改造小社区的道路、培训驾驶员和机械师等，以形成完善的农村公共交通体系。(3) 在区域整体发展方面，多部门工作小组主要研究整片农村区域的大规模建设工作。

第二，在联邦政府与地方政府之间，建立有关政策方向和资金安排的共同决策机制。除“白宫农村发展联席会议”外，卡特政府还建立了一个由联邦和地方政府共同参与的“小社区和农村发展工作小组”；同时邀请40个州的州长建立了一个“州农村发展理事会”。另外，由联邦农业部部长任命、组建了一个农业部“农村发展项目顾问委员会”。

1980年，美国国会通过《农村发展政策法案》，要求农业部部长每年向国会报告农村政策的目标和战略。这样，农业部又设立了“农村发展政策办公室”，作为专门研究和起草农村政策的机构。

3. 里根政府时期。1981年，由于经济衰退，里根政府上台后开始大力推行所谓的新财政联邦主义，全面压缩农村发展项目。农业部1983年的报告《较好的农村：80年代的农村发展战略》，基本上阐述了里根政府的农村政策。

在里根政府时期，美国的农村政策可以概括为两点：第一，从农村政策退回到农业政策；第二，强调州和地方政府的责任。1981—1987年，FmHA农村项目资金减少69%；农村基础设施、工商业发展贷款减少85%；供水、环境、社区设施投资减少50%；

供水、环境改善的财政资助从2.1亿美元减少为1.17亿美元，贷款资金从7.5亿美元减少到3.3亿美元。

1987年，由于农村贫困问题反弹，里根政府才匆匆出台"农村恢复计划"（6项政策），包括：加强农村教育和培训；各州组织工商界帮助贫困农村社区；加强国家农业图书馆农村信息中心的服务；加强对农村就业、基础设施建设、非农经营机会的增加等问题的研究；重构有关农村工商业的贷款项目；加强农村发展项目管理。政府财政投资开始缓慢回升。

4. 布什政府时期。1989年乔治·布什上台后，美国国会通过了第二次世界大战后范围最广的《食品、农业、保护和贸易法案》(1990)，农村发展政策开始加强。布什政府成立了包括联邦、州和地方政府、公共部门和私人团体在内的最广泛的"农村发展理事会"（SRDC）；在联邦系统内确立农业部的主导地位，并成立农业部"农村发展管理署"集中管理非农产业发展项目。

布什政府农村政策的主要内容是：重点支持2万人以下农村社区的供水、垃圾处理、通信、新技术、工商服务业、健康卫生发展和社会治安管理。其中，1万人以下社区的基础设施建设（如供水、下水道、排污设施工程）成本的75%由财政投资。

5. 克林顿政府时期。1992年克林顿政府上台后，美国农村政策开始全面加强。克林顿认为，在全球竞争的条件下，最好的农村政策就是全面改善农村发展的条件和环境，使农村居民自己创造工作机会、重建社区。克林顿政府农村政策的核心是：加强农村（特别是落后乡村）基础设施和社区建设，增强农村社区的发展能力，提高农村居民的生活质量。

1994—2000年，克林顿政府制订了"特惠区/企业社区计划"、"西北经济调整计划"、"德拉里计划"、"德尔塔计划"、"西南边境区域计划"等。同时，还发起许多新的支持项目和行动，如：农村社区金融投资支持项目、农村通信和信息技术项目、农村社区进步项目、农村商业机会项目、农村交通发展行动、可持续发展/适于居住社区行动、新市场行动、农村区域伙伴行动等（见附表）。下面简要介绍其中的一些计划和项目。

（1）特惠区/企业社区计划（EZ/EC）主要是对3万人口以下、面积不超过1000平方英里、贫困率超过20%的农村地区持续支持10年后保证其可持续发展的计划。计划以竞争的方式进行，凡符合条件的农村社区都可向农业部提交社区发展战略，包括具体的项目方案和地方政府、工商企业、非营利组织、公共组织和低收入者的参与情况等。对每个中标的特惠区/企业社区，联邦财政分别提供4000万和300万美元资助。此外，对EZ内的企业给予税收抵免，鼓励企业雇用工人；EC（范围小于EZ）则由其他农村发展项目提供公共投资和公共服务。在1994年计划开始的第一个阶段，联邦政府在低收入地区建立了3个特惠区和20个企业社区；在1997年计划开始的第二个阶段，又建立了5个特惠区和30个企业社区；在2000年开始的第三个阶段，又建立了2个特惠区。

（2）农村社区金融投资支持项目。1994年的《社区发展法案》要求“社区发展金融机构”（CDFI）在4年中筹集3.82亿美元，作为贷款利息，支持银行和其他金融机构建立农村社区金融网络（如社区发展银行、信贷协会、滚动贷款基金、风险资本基金等），向贫困农村提供信贷，促使资金流向落后地区。

（3）西北经济调整计划（NEA）是在西北林区（包括华盛顿、奥尔良、加利福尼亚3个州）农村实施的结构调整与社区发展计划。主要包括林木砍伐控制、林区非林业生产、林区基础设施建设、吸收林区居民参与生态储备计划项目等。调整计划由设在这3个州的“社区经济恢复小组”管理。

（4）德尔塔计划（DI）是在密西西比河下游农村地区实施的发展计划。这一计划的主要方法是联邦提供资金，通过与私人非营利组织签订20万个合同，实施住房改造、交通和通信等基础设施建设，以此来加速发展。德尔塔计划由“德尔塔发展委员会”管理。

（5）西南边境区域计划（SBI）是在新墨西哥、得克萨斯、亚利桑那州沿美国和墨西哥边境最贫困的地区实施的农村社区发展计划。它在推进方法上与DI相似，但它主要推行居住型和社区长期发展型两种建设模式。该计划由“西南边境部际联合行动小组”管理。

克林顿政府同时调整了农村政策机制。除保留布什时期的政策机构外，还建立了一系列新制度和新机构。第一，建立“全国农村发展理事会”（NRDC）和“社区可持续发展理事会”（CSD），形成联邦政府、地方政府、公共部门和私人机构等多方合作、共同决策的机制，加强国家层面的农村发展指导；第二，通过立法来规定州和地方政府提供农村公共品的责任，联邦政府提供专项资助和分块资助来帮助州和地方政府实施农村发展计划并要求达到一定标准；第三，建立新的地区发展机构如“德拉里发展委员会”（DDC，负责阿拉斯加德拉里地区的农村发展）和各种区域发展项目管理机构，运用联邦专项资金来实施特定地区的农村发展计划；第四，重组农业部各种农村发展项目，将各种管理机构减并为3大机构——农村公共事业服务机构、农村住房服务机构、农村商业合作服务机构，集中支持农村基础设施建设、住房与生活条件改善、商业和服务业发展；第五，规定农村发展政策管理部门的“任务区”，如：成立农业部“农村社区发展办公室”，监管联邦农村发展项目和其他新的地区发展计划与行动，成立农业部“副部长助理办公室”，负责农村发展政策、项目和行动计划的制订，要求所有农村发展项目都应有详细的战略计划（包括任务目标、具体项目、实施方案和方法等）。

由于建立了大量新计划、新项目和新机构，美国农村政策的机制进一步完善（见图4.4）。首先，在联邦层面，有NRDC等进行政策协调和指导，形成联邦农村发展政策、计划、项目和行动；其次，在地方层面，有州、县的“农村发展理事会”（SRDC），形成联邦政策指导下的地方农村发展计划、项目和行动；最后，在政策实施机制上，属于联邦政府和地方政府合作的发展计划，采取由联邦向各州提供专项和整块转移支付、联邦政府的有关部门和机构提供技术帮助、州以下地方政府具体规划和组织实施的方式，这是一种以地方为主的机制；另一种是以联邦为主的机制（针对特定地区），这又分几种情况：一是“经济发展管理机构”（EDA）以农村县为基础，主要通过组建“经济发展区”和“发展中心”来推进发展；二是区域专门机构如“阿巴拉契区域委员会”（ARC）、“德拉里发展委员会”（DDC）直接向农村社区和居民提供公共品，支持其发展的模式；三是区域专门项目如NEA、DI、SBI等，主要与私人非营利组织合作向农村社区提供公共品，支持其发展；四是农业部（USDA）通过EZ/EC计划和它的三大专门机构直接向农村社区提供公共品的模式；五是其他联邦政府部门（如商务部、交通部等）通过自己的机构和渠道，直接支持农村发展的模式。

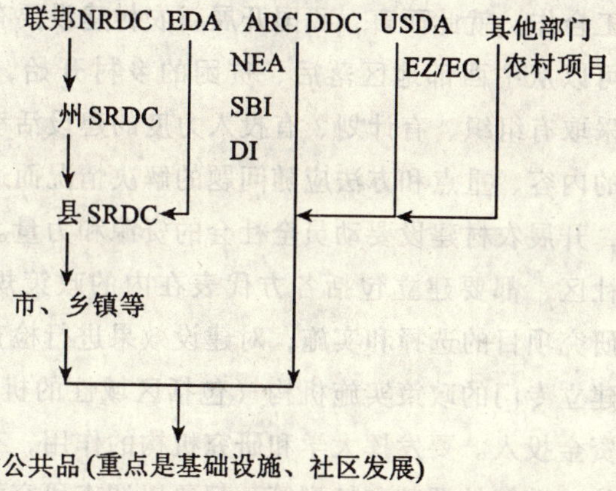

图4.4　20世纪90年代美国的农村发展政策机制

（四）美国经验对我国新农村建设的启示

第二次世界大战后，美国的农村人口一直保持在6000万人左右。这显然与美国政府支持农村发展的政策和机制密切相关。美国的实践对当前我国的新农村建设具有重要的启示意义。

第一，农村建设的基本任务是改善农村的生产环境与生活条件、发展农村非农产业、提高农民收入、实现城乡协调发展、实现农村社会经济的现代化。由于农村各方面条件的限制，各级政府的支持和投入十分重要，因此，中央和地方应根据全国总体和各地具体的情况，制定相互协调而又有所侧重的农村发展政策，建立中央和地方各自的机构与体系来保证政策有效实施，既不能依赖中央，也不能完全靠地方，更不能靠农民自己。

第二，农村建设与发展是一个长期的历史过程。开始时，可以针对农村发展中的突出问题制定特定政策、进行试点、积累经验。随后，则应开始全面建设，系统、全面地解决农村发展中带有基本性和普遍性的问题，如农村基础设施和生活环境等问题，在这一阶段，中央与地方应分工合作。此后，农村政策的重点应放在完善农村基础设施和支持农村社区发展方面，在这个过程中，更应加强多方面的分工合作。就此而言，我国开展新农村建设要有统一的规划和部署，可以从中西部地区落后、贫困的乡村开始，然后推及全国；可以采取有组织、有计划、有投入力度的建设活动的方式；各建设阶段的内容、重点和方法应随问题的解决情况而适时改变。

第三，开展农村建设要动员全社会的资源和力量。从中央到地方和农村社区，都要建立包括各方代表在内的政策规划和协商机制，共同研究项目的选择和实施，对建设效果进行检查与评估；中央政府要建立专门的政策实施机构（包括区域性的机构），具体组织建设和资金投入。要发挥大学和研究机构的作用，有关农村发展项目的实施、政策的调整和转型等，都要以调查研究为基础。要重视非政府组织和企业团体的作用，要引导它们将承担必要的社会责任与自身的发展相结合。要充分发挥农村社区团体、集体组织和农民的主体作用，应考虑建立培训基层领导人和农村建设骨干的专门机构和制度。各级综合管理机构要督促政府各部门和机构提高提供农村公共服务的效率，在新农村建设中充分履行提供公共服务的职责。

参考文献

[1] [日] 井上清，铃木正四. 日本近现代史 . 北京：商务印书

馆，1972.
[2] [日] 金子宏．日本税法．北京：法律出版社，2004.
[3] [日] 井上清，深谷进等．日本农民运动史．北京：生活·读书·新知三联书店，1957.
[4] [日] 关谷俊作．日本的农地制度．北京：生活·读书·新知三联书店，2004.
[5] [日] 大川一司，速水佑次郎．日本经济长期分析——成长、结构、波动．东京：日本经济新闻社，1973.
[6] RYOHEI KADA, JUNKO GOTO. Land use and rural communities in Japan, Japanese and American Agriculture, edited by Luther Tweeten et al. Westview Press, 1993.
[7] DUNCAN MCCARGO. Contemporary Japan. Palgrave Macmillan, 2004.
[8] YUJIRO HAYAMI, Japanese agriculture under siege. Macmillan Press, 1988.
[9] KERRY SMITH. A time of crisis : Japan, the great depression and rural revitalization. The President and Fellows of Harvard College, 2001.
[10] DENNIS ROTH, ANNE B. W. EFFLAND, DOUGLAS E. BOWERS. Federal rural development policy in the twentieth century. United States Department of Agriculture-Economic Research Service,2002.
[11] RAYMOND J. PENN. Discussion: status of the national rural development program to date. Journal of Farm Economics, 1957 (5).
[12] SHARON LAWRENCE. Selected state rural development initiatives. National Conference of State Legislatures State-Federal Issue Brief, 1987.
[13] Economic Research Service. Rural Economic Development in the 1980s: Preparing for the Future, U. S. Department of Agricul-

ture, 1987.

[14] U. S. Department of Agriculture, Office of Community Development. Backgrounder: rural EZ/EC program. http//www. ezec. gov/About/backgrounder. html.

[15] TOM ROWLEY, RICK REEDER. The changging face of rural development assistance in the USA. Rural Conditions and Trends, 1998, 9 (1).

附表 **克林顿时期美国的农村发展计划及政策措施**

年份	主要立法	新计划	组织机构
1993		·特惠区/企业社区(EZ/EC)计划——鼓励落后地区农村社区的工商业发展 ·西北经济调整计划——推进西北林区结构调整和社区发展 ·美国和平队国民服务计划——在志愿者之间分派任务的农村发展计划	·建立“社区可持续发展理事会”(CSD) ·建立“全国农村发展理事会”(NRDC)
1994	·联邦农作物保险改革和农业重组法案(FCR&ARA)——将联邦农业部分为7个任务区,将农业部所属机构减少为17个	·过渡性调整援助计划——减轻北美自由贸易协定对农村社区的不利影响 ·美国商务部农村电信和信息协助计划——为农村地区的互联网建设提供资助	·农业部农村发展机构重组为三大机构:农村公共事业服务机构、农村住房服务机构、农村商业合作服务机构 ·建立“农村社区发展办公室”——监管EZ/EC计划及各种新行动计划
1996	·联邦农业改善和改革法(FAIR)——授权地方政府推进农村社区进步计划和发展项目;授权美国农村基金提供农村发展研究和试点资助 ·个人责任与二作机会法案(PRWORA)——授权地方政府和有关基金提供资助,满足农村育儿、交通、教育和培训的需求,为福利接受者转变为工作者、就业者提供帮助	·农村社区进步计划——根据FAIR提出,允许农业部在有战略计划的情况下,灵活运用农村社区发展项目资金 ·农村商业机会资助计划——为农村社区发展商业和服务业提供资助 ·美国农村基金——依据FAIR建立,为农村发展研究和试点方案提供支持	

续表

年份	主要立法	新计划	组织机构
1999		·德拉里发展委员会——为阿拉斯加农村的综合发展计划提供支持 ·德尔塔计划——为密西西比河下游地区的发展提供支持 ·住房和城市发展部农村住房和经济发展资助计划 ·交通部农村交通行动计划——帮助农村地区解决交通和交通协调问题 ·适宜居住社区行动计划——帮助农村社区应对居民增加所产生的问题 ·新市场行动计划——帮助农村社区应对持续的经济不振问题	

第五章　近年来我国开展新农村建设的情况和典型经验

摘　要：本章根据10个省的20个县（市）共100个村的新农村建设情况调查，总结了新农村建设的基本模式和贵州省余庆县的典型经验。我们发现，目前各地开展新农村建设主要有两种模式：单村建设模式和县（市）整体推进模式；余庆县的新农村建设模式（以下简称余庆模式）作为自然环境和经济条件较差地区县域整体推进模式的代表，具有重要的推广价值。余庆模式包括：县乡村主要领导亲自挂帅抓点、县级各部门与村共建、建立专门机构和财政支持机制保障推进、建立强有力的村级班子具体组织建设、以农民最关心的内容为中心统一规划示范推进、逐步提高建设水平。

一、新农村建设的总体情况与基本模式

“省管县”等地方财政改革的成效在很大程度上应体现在县域社会经济发展或新农村建设的进展上。这是因为，在市场经济条件下地方政府的基本职能或者说地方政府存在的基本理由就是提供地方公共品和公共服务，保证地方社会经济稳定发展。而当前在县域农村地区，县级政府最突出的任务就是运用公共资源提供农村公共服务，推进本地的新农村建设。

（一）各地开展新农村建设和财政支持建设的基本情况

2001年以来，各省（自治区、直辖市）都有一些县、乡和村自发组织开展新农村建设。2005年，中共中央、国务院发布《关

于推进社会主义新农村建设的意见》后，新农村建设在全国农村普遍展开。从我们调查的100个村的情况看，绝大多数村目前都已开始建设。

1. 建设进展情况

根据调查，在样本村中，最早组织新农村建设活动的是贵州省遵义市的余庆县。该县从2001年就开始进行以"四在农家"为中心的新农村建设活动，目前已成为中西部地区新农村建设的典型代表，受到国内外的广泛关注，国内许多省、县都曾组织有关人员到余庆县学习、参观。在样本村中，也有到目前为止尚未开展建设活动的中、西部地区的6个村，这些村的干部和群众说，他们知道要搞新农村建设，但上面没有布置，村里也不清楚该如何搞，听说主要是让村里和各户自己拿钱修路、建房，所以就没有动。

有一些地方曾经有很好的计划和开端，但由于各种原因而缓了下来。例如，在武汉市江夏区，由于省、市政府的大力支持和武汉市"和平科技集团"的参与，原计划由3个行政村（约20平方公里、近1万人口）组建"和平农业公社"（乡），依托"和平科技集团"的投资和技术支持，以农业产业化项目为主体，以农民入股合作和企业集团经营的方式来推进新农村建设、建立新型社区。规划的五大建设项目是：（1）标准化农产品生产基地（占地14000亩）；（2）农民新村（180万平方米的居住区）；（3）医疗保健中心；（4）社区服务中心（包括4700亩的农产品超市）；（5）农民技能培训中心（占地1380亩的"农民科技大学"）。2007年，"和平农业公社"已建成它的核心产业——和平农庄，包括占地820亩的高科技农业产业化基地（优质蔬菜、花卉、植物、果树、畜禽、水产园）和旅游观光区，以高科技农业产业化生产带动观光旅游，综合提供农产品、旅游度假、休闲娱乐、农业科普和青少年素质教育等服务。但是，目前除了由和平科技集团投资建设的"和平农庄"在营运之外，再无其他进展，3个村的村民生活也没有变化，与"和平农庄"依然保持分离状态。

又如，贵州省黔东南苗族侗族自治州雷山县郎德上寨地处大山深处，近年来在省文物局、自治州和县政府的支持下（修建道路、修缮古建筑和建立沼气池等）重点开发苗族文化旅游经济，建成了“民俗露天博物馆”，利用保存完好的苗族自然村落和民族风情开展旅游服务，全寨（村）128户、540多人全部参与，人均收入不断增加，成为西部少数民族村寨脱贫和建设发展的代表模式。但是，在我们调查的过程中，郎德上寨的干部和群众也表示：在进一步开展新农村建设和保持民族特色文化之间存在着矛盾：如果改善村寨的住房和布局结构，家庭生活与卫生条件肯定要好得多，但是，这将破坏苗寨的传统特色；在生产方面，发展其他经济和产业缺乏条件，但是，按照目前的门票价格和旅游人数与收入，村寨发展很难进一步加快，再说，如果不改善住房与生活环境，这些收入可以用来做什么呢？因此，郎德上寨目前试图在保持传统格局和风貌的情况下做一些改善，正在老寨旁边修建一些新的、面积显著扩大且为长形的木架结构的房屋；不过，游客们感兴趣的还是老寨里的二层（上层住人、下层堆放杂物——过去主要是养牲畜）、四方形、面积窄小的吊脚楼。

从各地新农村建设的组织来看，70%的被调查村是在县（县级市）政府倡导、乡镇安排布置、村组自行规划和组织、村民自愿参与的方式下进行建设的；30%的被调查村是在县政府统一规划和布置、各乡镇和村以及村民根据自身情况在大的规划框架下自愿开展建设的。

从各地开展建设的过程来看，85%的被调查村是在2005年以后开始建设的，其中，样本村中2006年开始建设的村最多。目前，除少数县、市（如贵州省余庆县、江西省兴国县、浙江省义乌市等）有系统的建设规划和计划方案外，大部分地方的新农村建设的内容和方法各异，仍带有试点性、探索性的特点。

2. 建设内容和财政支持建设的情况

在新农村建设的内容方面，在被调查的村中，90%的村注重生活条件改善和村庄环境的整治建设，其中，62%的村开展了较全面的建设和改善，包括：通电视、通电话、建图书室、建医疗点、改水、改厕、改气、改路、改房，即“两通、两建、五改”建设。但是，也有28%的村只是运用国家财政的专项拨款，进行一部分项目的建设，如：修路、建沼气池或通电视、通电话、修建用水设施。与此相比，各地在生产建设和推动经济发展方面似乎不太重视，只有62%的被调查村启动了少数项目，如：整修农田水利、开展技术培训、发展家庭养殖、搞产业基地等（见表5.1）。

表5.1　　100个行政村的新农村建设调查

	建设内容	建设村所占比例(%)	生活环境和生产发展的投入比例		村民对政府的期望
			财政投入比例(%)	村投入比例(%)	
生活环境	1. 沼气、道路	2	0	12	到农村多走、多看、多听；加大建设投入；解决村级债务；帮扶困难户；扶持加工业；支持养殖业；发展农业规模经营；发展农优产品；建立养老保障；出台征地政策；加强服务引导
	2. 电视、电话	12	10以下	23	
	3. 电视、电话、改水	14	15~30	31	
	4. 电视、电话、改水、改厕、沼气、道路	19	40~50	7	
	5. 电视、电话、改水、改厕、沼气、道路、住房、图书室、医疗点	43	70	6	
生产发展	1. 农田水利	5	0	8	
	2. 技术培训、家庭养殖	19	10以下	38	
	3. 农田水利、技术培训、家庭养殖产业基地	38	15~30	19	
			40~50	2	
			70	5	

从各级财政支持建设的情况看，对于农民生活条件改善和村庄环境建设，在54%的被调查村，各级财政支持占总投入的比例在30%以下，其中31%的村的财政支持比例在15%～30%；在生产发展方面，57%的被调查村，财政支持的比例也在30%以下，其中38%的村的财政支持比例在10%以下。这表明，在新农村建设

中，各级财政对各村建设的支持比重一般不超过 30%，而且对生活环境建设的支持略大于对生产发展的支持力度。另外，我们也注意到，还有 10% 左右的被调查村的建设未得到任何财政支持。

在调查中，许多村干部和农民群众表示，他们希望政府能够加大支持他们开展新农村建设的力度，特别是加大支持他们发展生产、提高收入的力度。为此，我们将被调查村当前村级集体经济的发展情况统计列表（见表 5.2）。

表 5.2　**65 个村的村级集体资产情况表**

	西部村	中部村	东部村	总体
每村平均资产（万元）	32.2	39.6	25.1	35.3
其中：实物资产（万元）	28.8	32.6	23.5	30.2
每村平均农户（家）	1228	487	216	678
每村平均人口（人）	4772	1762	889	2569
每村人均资产（元）	67	224	282	137

由表 5.2 可见，被调查村目前村级集体经济发展缓慢，全部被调查村的集体资产平均为 35.3 万元，人均村级集体资产仅 137 元。村级集体资产中 90% 以上是实物资产，现金资产很少，平均每村现金资产仅为 5.1 万元（这主要是由少数有上千万元现金资产的城郊富裕村所支持的），大多数非城郊村的现金资产不足 1 万元，有些村甚至没有现金资产。从地区看，东部地区由于工业化和城市化发展的作用，各村的农户和人口减少，人均村级集体资产为 282 元；中、西部地区各村的农户和人口较多，人均村级资产分别只有 224 元、67 元。从村级集体经济的形式看，86% 的被调查村没有集体企业（或村办场、园），大部分村的集体收入来自集体资产（如山林、水体、荒滩、房产设施等）的承包和租赁经营所得。

村级集体经济发展缓慢的主要原因是：第一，集体可用于经营和开发的资产少、价值低。农村实行家庭联产承包责任制后，土地、山林、池塘等大多承包给家庭和个人，农村税费改革后，家庭承包已不向集体提供收入。集体可以用来集中发包、出租的资产主要是一些荒山、荒滩和湖面，运用价值低，一般不易取得明显的收益。而且有些村已经没有可发包的资产，也就无经营收入，成了人们常说的“空壳村”。

第二，由于技术、资本和管理问题，村办企业普遍困难。改革开放后，乡镇集体企业曾经有较快发展，但近年来随着市场环境的变化，由于村办企业的技术、资本和管理问题，许多村办企业出现亏损、停办状况（一些村为此负债、并出售了仅有的集体资产）。目前仍存续的少数村办企业（主要从事烟茶果木和制种、制砖、建筑经营），也普遍存在经营困难。

第三，各级政府缺乏支持，村干部和农民群众对集体经济信心不足。由于村办企业亏损、倒闭的影响，一些村干部和农民群众对发展集体经济缺乏信心。一些村民甚至认为搞集体经济只对干部、承包人和承租人有利；一些村干部则认为，如果各级政府不对发展集体经济给予大力支持，靠村里的力量来搞集体经济是一件费力不讨好的事情。所以，在大部分被调查村，新农村建设主要就是搞生活环境建设。

总之，一般来看，“省管县”财政改革对新农村建设有一定的支持作用，但支持情况比较分散、因地因村而异，缺乏明显的特征和趋势。同时，由于新农村建设受多种因素的影响，也很难判断当前这种状况就是“省管县”财政改革的作用所产生的结果。我们需要明确新农村建设的具体路径模式和财政的支持机制。

（二）建设社会主义新农村的模式探索

从调查情况看，各地干部和群众近年来在开展社会主义新农村建设的实践中，根据本地的实际，创造了多种建设方式或模式。我们可以将这些模式分为两大类：单村分散建设模式和县（市）统一规划推进模式。

1. 单村分散建设模式

在许多地方，县、乡镇都制订了新农村建设规划，但这些规划只是一种大的框架和构想，真正具有实践意义的是各个行政村的建设计划和方法。县、乡镇政府一般尊重各村的意见并鼓励各村“各显神通”，于是就有了以村为单位具体开展建设的模式。具有代表性的单村分散建设模式大体有以下三种：

（1）湖北省竹山县溢水镇朱家湾村模式

湖北省竹山县溢水镇朱家湾村模式（以下简称朱家湾模式）是一种上级部门大力扶持、重点支持、短期见效的建设模式。2006年，湖北省竹山县溢水镇朱家湾村迎来了“省水利厅新农村建设工作队”，由此开始了鼓舞人心的新农村建设活动。当年，省水利厅帮扶该村的资金达170多万元，修建了全村的自来水供应设施、建了各户的沼气池、修了4000多米长的村道、建立了650多亩的核桃生产基地，村民的生活条件得到明显改善，村民人均收入也增加到2700多元。

与此相似的还有武汉市东西湖区石榴红村。2005年，石榴红村所在的街道决定在该村进行重点建设，针对村民大多来自安徽、江西的情况，建设具有徽派建筑特色的村庄和农业观光园（包括游客“认养菜地”项目）、发展农家乐项目（吃、住和鲜果采摘等）。建设资金采取以街道及行政村资助为主、村民出资为辅的方式，财政投资包括通电、通水、通电视、通网络、修路和其他公共设施（如陈列室、医务室、图书室、警务室、1000平方米的文化休闲广场）建设的费用以及村民住房改造费用的60%。建设之后，该村迅速成为武汉市郊的一个旅游热点，由种植业（蔬菜）村转变为旅游业村，仅2006年“十一”期间，该村户均旅游收入就超过万元。

（2）安徽省凤阳县赵庄村模式

安徽省凤阳县赵庄村模式（以下简称赵庄模式）是一种农民企业家返村、带领村民建设致富的模式。20世纪90年代，农民赵世来走出赵庄村，创办了金星保温瓶厂、复合肥厂等多家企业。经过多年的创业发展，他已成为资产超亿元的民营企业家。2001年，为了改变家乡面貌，赵世来得到镇领导的支持，作为执行村主任返回赵庄村，带动村民开展新农村建设。2002年以来，赵世来通过成立“农林开发公司”，先后投入700多万元用于村庄建设：修了

24公里的生产路，修了3公里长21米宽的村庄主干道，开挖了7个百亩大塘进行蓄水和养殖，对全村7500亩土地进行综合整理，形成可机械化生产的基地，并与340户农民签订租赁合同，将4700亩土地改造为生态林；为了引导村民调整产业结构，公司请专家进村讲课，发放资料，通过论证后选择养羊、养鹅、大棚蔬菜、无籽西瓜等发展项目，并统一向各户提供种苗和技术服务。2006年，赵庄村人均收入达到4300元。由于赵庄村的成功实践，安徽省凤阳县委、县政府将鼓励农民企业家返村担任执行村主任作为开展新农村建设的重要措施。

赵庄模式也可以认为是城镇企业与村庄联合建设、企业支持村民开展建设的模式。像武汉市江夏区的和平农庄，其实也属于这一类型。

(3) 江苏省昆山市徐公桥村模式

江苏省昆山市徐公桥村模式（以下简称徐公桥模式）是一种富裕村或集体经济实力强的村自己投入、自己建设的模式。江苏省昆山市徐公桥村有10家企业，全村劳力70%在本村企业和周边企业工作，自主经营工商业的约占20%。2004年，该村人均收入达9600元，村集体年收入达到220万元，已成为一个典型的工业村。该村的新农村建设主要是新型社区建设，村里按照统一的规划设计进行建设，每户建占地200平方米的2层住宅，建筑和装修投资约30万元，村集体向每户发放拆迁补偿费——基本上等于建房费用。村内其他公共设施建设完全由村集体出资。

事实上，我国一些先富起来的"明星村"如华西村、永联村、南街村等，都属于这种模式。在东部发达地区农村，这种模式具有典型意义。

不过，考虑到我国广大的农村地区、特别是中西部地区的农村经济不发达和农民企业家较少的现实，似乎赵庄模式和徐公桥模式不具有推广价值。但是，朱家湾模式——完全依靠一个部门的倾力支持来搞新农村建设，也不具有推广意义，因为新农村建设不是一个典型村的发展问题；另外，新农村建设在很大程度上也是一个农村公共服务和公共品的提供问题，也是一个发展农村集体经济和引导、组织农民进行农村现代化建设的问题，是中央和地方各级政府、财政的职能所在。所以，各村分散建设的模式只能是一种有意义的探索，不是并且也不可能成为我国新农村建设的主流模式。

2. 县（市）统一规划推进模式

相对于单村分散建设模式，由县（市）级政府统一规划、部署和推进的模式更有意义。因为它表明在市场经济条件下，地方政府（主要是县级政府，乡镇政府无论在财力、还是在技术上都缺乏能力）已由管理和支配向为居民提供公共服务、帮助县域辖区内所有居民特别是处在弱势地位的农民走上现代化发展之路转变。目前，具有代表性的县（市）统一规划推进模式主要包括贵州余庆模式和浙江义乌模式。

（1）贵州余庆模式

贵州省余庆县是较早探索全县规划、分步实施、全面推进建设的西部县。余庆模式是西部欠发达地区（该县是一个山多地少的典型农业县，农村人口占90%以上，2001年开展新农村建设时，农业收入比重超过50%，农民人均纯收入仅2142元）成功开展新农村建设的代表性范例。余庆模式可以概括为以下4个方面：

① 根据农民意愿进行全面建设。余庆县新农村建设的主要内容是："五通三改三建"（通路、通电、通水、通电视、通电话、改厕、改灶、改环境、建图书室、建文体活动场所和建宣传栏），发展集体和家庭经济（"一村一品"、"多业并举"、教育培训、建特色产业基地等）。这些内容涉及农村卫生与环境、农民生活与文化、农村民主制度、农村经济发展的各个方面，是余庆县委、县政府在听取广大农民的意见和要求、观察一些村自发开展建设的实践后提出的，目的在于使农民"富在农家、学在农家、乐在农家、美在农家"（四在农家）。

② 制订县级统一规划，分步推进。余庆县在2001年进行试点的基础上，从2002年开始制订全县开展"四在农家"新农村建设活动的规划，确立了先沿主要交通线建设"示范带"进行影响带动，然后进行"整村创建"和"连片创建"的建设方案，采取有计划、分步骤地按点、线、面逐步推进的战略。这主要考虑到山区

建设的特殊性以及要尊重农民和引导农民自愿参与，而不是搞武断决策、强迫命令和运动式的建设，真正体现为农民服务、为农民办实事的建设思路。

③ 创新制度规范，切实推动建设。为了切实推动新农村建设，余庆县委、县政府进行了多项制度创性。第一，结合农村改革，撤销了乡镇下的管理区层次，将171个村缩并为66个；同时大力加强村级组织，选派年轻干部和新分配的大学生到各村工作，经村民认可后任村干部，建立起以国家干部为主体的村级干部队伍（每7名村干部中，国家干部占4～5名）。由于选派来村的干部政策性强、与村民无利益纠纷、又熟悉各级政府、企事业单位，能为村民争取发展机会，村民信任，故在客观上为以村为单位开展建设奠定了基础。第二，设立“县四在农家创建办公室”，统一负责规划、组织、指导、协调全县的建设工作。第三，实行县、乡主要领导分片负责和“挂牌创建”的制度，规定县委、县政府、县人大、县政协的主要负责人每季度到挂牌创建点工作不少于2天；乡镇党委书记和副书记每月到自己负责的创建点工作至少4天和8天，以集中解决建设中的问题和困难。第四，建立县直各机关部门与有关村进行对口帮扶、城乡互动的制度，要求每年帮扶物资和资金不少于2万元，驻村帮扶人员每月必须在村工作20天以上。第五，建立各部门提供具体服务的制度，如：县国土局负责土地和环境规划，建设局负责农民住房改造（包括提供5套美观、大方的住房图样供村民选用）和集体活动场所的规划设计、培训建筑队伍，水利局负责改厕和饮水工程，农业局负责沼气和改灶项目，电力局负责通电到户等。第六，建立村级协商、村民自愿申报、以创建点为中心开展建设的制度。各村的建设必须根据群众意愿，并与帮扶部门协商制订方案和确定创建点（有5户以上居民的集中建设点），然后报乡（镇）审核、县四在农家创建办公室备案并安排财政资助后再进行建设。

④ 整合资金，建立财政支持机制。余庆县是一个财政困难县，2004年贵州省完善省管县的财政制度后，财政状况得到改善。在这种情况下，县财政加大了支持力度，形成了整合各项支农资金建

立专项建设资金的制度——村级道路、环境等公共设施由财政负担，对家庭生活环境的改善财政给予适当资助（县、乡财政和部门的资助平均每年占全县农村建设总投入的40%左右）。例如，2006年余庆县财政筹集360万元专项资金，由29位县级领导掌握、分片使用，主要用于购买水泥等支持各村创建点的“五通三改三建”项目，用于补助参加建设的农户（平均每户5000元。农民进行住房改造另外可获得2万元财政贴息贷款）。2007年，余庆县、乡财政支持达到793万元，带动农民投入13492万元，全县的新农村建设达到新的高潮。

目前，余庆县全县66个村已全部开展建设，1/3以上的农村居民的生活条件和环境有了根本改善。所有创建点上的农村居民都住上了两层楼的宽敞新居（占地约130平方米），有了洗澡间和卫生间，用上了沼气、电磁炉和自来水，村村整洁美观，花丛绿树掩映着青瓦白墙的黔北民居，城乡生活差距大为缩小（在家居环境方面甚至超过了城市）。根据规划，到2010年，全县100%的自然村和90%以上的农村居民都将进入现代生活。早在1881年，马克思在讨论俄国农村公社的前景时曾指出，通过国家财政支持和运用工业化成果，农村可以实现跨越式发展。余庆县的实践证明了马克思跨越发展理论的科学性。

余庆模式的意义在于：一个西部山区县的成功做法，完全可以为其他地方的新农村建设提供借鉴。事实正是如此。例如，从2002年起，贵州省遵义市在全市各县推广余庆模式，普遍开展“四在农家”的新农村建设活动，取得了重大成效。

又如，江西省兴国县在2006年制订全县新农村建设五年规划，财政每年筹资3500万元用于新农村建设。主要内容为：开展“三清六改四普及”的村庄整治活动（清垃圾、清污泥、清路障；改水、改厕、改路、改环境、改房、改栏；普及沼气、有线电视、程控电话、太阳能，每一项任务都设定了明确的质量和技术标准）和“一村一品、一乡一业”建设活动。主要措施为：设立“新农村建设领导小组”（县委书记任组长）和“新农村建设办公室”，选派干部到各村担任指导员，实行村民申报参建、村级协商并确定新村建设点、乡镇审批、县级备案并给予财政资助、各政府部门分类负责提供服务以及考核和验收管理的制度。兴国县在很多方面都参考了余庆县的建设经验。

(2) 浙江义乌模式

浙江省义乌市是全国百强县(市)之一，也是东部地区较早进行城乡统筹发展、开展新农村建设的县级市。义乌模式代表了经济发达地区进行新农村建设的重要经验和路径。早在2001年，义乌市就出台了"旧村改造暂行办法"，实施"五化工程"(路面硬化、路灯亮化、卫生洁化、家庭美化、环境优化)。2003年，义乌市制定《城乡一体化行动纲要》，分9个专项对城乡一体化建设进行布局和规划。2006年，义乌市又制定了《新农村建设二十条》，全面推进以城乡一体化为目标的新农村建设。义乌模式的主要特征如下：

① 根据区位和条件，分类型规划建设。义乌市将全市1100平方公里的区域分为主城区、副城区、城郊区和远郊区，并根据各村的经济条件将村庄分为三类，按不同的要求进行建设。例如：对位于主城区和副城区的富裕村，按城市社区标准进行彻底改造，以发展市场和先进的制造业为主；对位于城郊区的一般村，进行简易整理保持乡村风貌，主要建设通村公路和村内主干道、改水、拆除危房、整治脏乱，以发展现代农业为主；对位于远郊区的山区贫困村，实行异地安置、在山下建立新村或安居小区(计划投入2亿元迁移46个行政村和8个自然村，财政对每人补助1万元)，以生态保护为主进行建设。这种大规划、大布局，比较充分地体现了全市统筹和全面建设的思路。

② 建立专门机构和制度，组织实施和推进。为保证村庄建设规划的实施，义乌市成立了"新农村建设办公室"这一专门机构，市委指定一个常委专门负责一体化建设的组织和协调工作，包括管理市财政每年筹集的1亿元专项建设资金、市里每年划出的2000亩用地指标等。同时，市委和市政府所有领导、各个机关部门、各乡镇干部全部联系到村，进行指导和帮助，及时解决建设中的问题和困难。在基层，要求全市所有村进行民主协商，做好建设规划和

方案，动员群众自愿参与，逐步形成全市300个社区的新布局。另外，建立农村建设指导员和科技特派员制度，指导各村的村庄建设、农民培训、医疗保障、经济发展、文化体育活动，帮助制订规划、落实项目、争取资金、调解矛盾等。

③ 统筹提供服务，全面提高农民生活质量。义乌市的城乡统筹、一体化建设包括农村居民生活的各个方面，如：城乡统一用上自来水，市政府统一提供农村环境卫生服务，市财政统一负担乡镇卫生院的费用并对每个农村社区医务室统一制牌管理、提供5万元补助，建立农民养老保障，建立农村大病医疗统筹，在所有村建立文体活动室、图书室、电教室、灯光球场、大会堂等。据统计，义乌市每年用于新农村建设的财政支出一直保持在市财政总支出的1/4以上，2005年以来用于农村建设的财政投入每年超过15.4亿元。由于经济发达，义乌市各镇（街道）和各村集体也在统筹发展中作出了重要贡献——根据“义乌市新农村建设办公室”的统计，仅村庄改造或新村建设这一项，自2002年以来，村集体的投入每年约占总投入的22.3%（村集体经济的发展主要采取土地股份化和综合经营的方法）。根据规划，到2020年，义乌市城乡服务将完全一体化。

义乌市的新农村建设显然借鉴了日本和韩国的“新村运动”经验，反映了经济发达地区的市（县）财力雄厚，政府敢于进行高标准规划和综合建设、敢于全面部署和进行大规模支持投入的特点。义乌模式对于东部发达地区开展新农村建设无疑具有重要的实践意义。当然，在目前条件下，中、西部地区的县（市）估计很难模仿；但是，应该看到，义乌模式代表了我国社会主义新农村建设的总体发展方向和路径。

由此可见，县（市）推进模式与财政支持密切相关，假如“省管县”财政改革提高了县（市）的财政能力，那么县（市）对新农村建设的财政支持力度在理论上应该加大，不过，这并不具有必然性，关键在于是否建立了能够保证财力向农村建设投入的制度。从余庆模式和义乌模式来看，建立专门负责推进新农村建设的机构并每年向该机构分配专项资金，支持新农村建设的财力就有了保证；反之，不设立专门机构和资金，即使实行了省管县财政改革、县财力充裕，也不会增加新农村建设的财政投入，因为在目前的政府体制中，还没有一个真正可以为农村综合建设争取资金的部门和机构。所以，一般来说，"省管县"财政改革对于促进新农村建设具有积极意义，但必须以同时进行制度创新为前提，否则也不会产生实际效果。这正是实行"省管县"财政改革的县（市）在支持新农村建设上没有十分明显的变化的原因。就此而言，余庆模式和义乌模式其实也就是县（市）财政支持新农村建设的成功模式。

二、贵州省遵义市余庆县开展新农村建设的典型经验

2007年11—12月，我们在贵州省遵义市余庆县县委、县政府，特别是县财政局的大力支持下，对该县开展"四在农家"新农村建设的情况进行了考察和调研。选择余庆县进行调研主要是考虑到：作为一个西部不发达地区的山区县，余庆县进行改革和推进新农村建设的经验在中部、东部条件好的县（市）更易推广和运用。我们在余庆县考察和调研的重点是：（1）近年来农村改革总体上对地方政府体制和财政体制的调整、创新和发展产生了多大影响？（2）农村改革对于缓解县乡财政困难和促进新农村建设及县域社会经济发展的作用究竟如何？（3）有哪些可以普遍推广的典型经验和做法，还存在哪些一般性的问题和不足？

这一部分是此次调研的主题报告。基本结构如下：第一部分，余庆县近年来的改革和改革的财政体制效应；第二部分，余庆县改革与"四在农家"新农村建设模式的形成；第三部分，余庆县改革、新农村建设的社会经济成效；第四部分，余庆模式的意义和面临的挑战；第五部分，结论和建议。

（一）余庆县近年来的改革和改革的财政体制效应

1. 中国农村改革

2000年以来始于农村税费改革的中国农村改革，缘于农村发

展的需要。2000年3月，中部地区某县一个乡党委书记上书时任国务院总理的朱镕基同志，大声疾呼：农民真苦、农村真穷、农业真危险。由此，中央决定在安徽省进行旨在减轻农民负担的农村税费改革试点，并逐步推向全国。税费改革开始后，2002年国务院批转《财政部关于完善省以下财政管理体制有关问题的意见》，提出要加强县、乡基层财政，加强对乡级财政的管理。以此为契机，各地进而开展了以“减人、减事、减支”为主要内容的乡镇综合配套改革，以控制乡镇支出和债务为主要内容的“乡财县管”改革；在浙江、湖北、江西等省，同时还开始了“强县扩权”、“省管县”财政改革。

农村改革的根本目的在于解决“三农”问题，而“三农”问题的严重化又主要与改革开放以来农村社会经济制度的变化调整相关。其中，最主要的变化是：由农村集体生产变为家庭联产承包责任制所引起的人民公社体制向乡镇体制的转变、生产大队（小队）体制向村（组）体制的转变。这些变化的最初成就是调动了农民的积极性、农业产出大幅度增加，而后则是农村社会经济矛盾的积累——正是这些矛盾的积累严重影响了农村社会经济的发展。我们可以乡镇和村组的关系、村组与村民的关系来作简要分析。

乡镇和村组的关系。人民公社体制时期，人民公社（乡镇）的主要任务一是组织和领导农业生产，二是保证城市和工业化发展所需的农业税（公粮交售）。由于公社负责各生产大队（村）的生产、分配，公社干部经常下乡了解情况，到农民家里吃派饭，听取群众意见，解决农民生活困难，帮助安排和组织生产，关系比较融洽。农村实行家庭联产承包责任制以后，人民公社在20世纪80年代中期变成乡镇政府并成为最基层的财政层级（人民公社时期公社虽然是一级政府，但无独立的财政权）。乡镇的角色有了变化：一方面，乡镇不再组织农村生产，而主要是农村社会管理和服务。另一方面，乡镇仍要保证农业税收和自身的财政收入。从乡镇自身的利益出发，乡镇能够采取的最优策略就是：少管理、少服务（少付成本）；同时让农民多交一些税费。因为不服务、多收税（费），乡镇干部也就不好经常下乡与农民套近乎，而主要是与村干部接触、下达税费任务。如果乡镇对村里的发展表示了支持，最终总是要以村里收取更多的乡统筹和村提留来进行交换。有一个研究者曾经分析了一个水利建设案例:① 1989年，某县2个村联合向县水利局申请了1万元的水库建设费，乡里却坚持要拥有这1万元的支配权，并派5个乡干部参与建设——伙食费从建设费中开支；开工不久，由于材料费用不足（仅乡干部的伙食费就花了2000多元)，乡里下令停工，并强行拉走了未用的水泥和钢筋等材料，剩下的1800多元也归了乡里；一个村主任因为要求将未用的材料留在村里，随后被免职。乡镇和村组的关系变成了利益博弈和交换关系，以致一些农民怀疑乡镇政府的性质，一些农民甚至认为"中央好、地方坏"。

村组与村民的关系。改革开放以前，生产大队和小队的基本任务是组织生产、主持分配（包括公粮交售），大队和小队干部的报酬就是记标准工分（与直接劳动的农民比较，只是分工不同）。那时，村干部和群众地位平等，即使干部有一点以势压人，村民也能原谅。实行包产到户以后，其一，村组失去组织生产和主持分配的职能，首要工作变成执行乡镇指令、完成税费任务，村干部的报酬则来源于村提留，这就将村干部推到了与村民利益得失直接对立的位置上；其二，由于参与土地、山林、河塘的承包，村干部占优的状况一下子将他们与普通村民的矛盾公开化了，村民们不再理会村干部的公益建设提议和纠纷调解，结果是村干部威信尽失，需要村民出钱的村公益事业越来越少甚至停滞，纠纷和抱怨增多；其三，村里办企业，后来企业垮了、欠了债，村里只好将公有的山林和坡地抵（卖）给村内外一些个人（从价值看，一座山抵几百元债确实不值，但村里确实也拿不出一分钱)，结果山平了、树砍了，乡村风景不在、连殡葬都成了问题，于是，村干部被骂为"败家子"，连走路都抬不起头；其四，由于村干部无威信、不作为，于是，在一些地方恶势力抬头、治安情况变差，一些地方的宗族势力

① 仝志辉:《农民国家观念形成机制的求解》,《中国乡村研究》（第四辑)，科学文献出版社2006年版。

抬头，大姓大族挤兑小姓、单姓农户。在中西部地区一些单姓农户由此产生了严重的失落感，甚至被迫离开生活了几辈人的熟悉的村子，迁回到数百年前的“老家”。① 可以想见，在这种环境下，农村社会经济如何发展？一些年轻的农民之所以出外打工，既是为了经济收入，也是为了摆脱不良环境、争取新的发展机会——对农村发展而言，这无疑是一种非良性循环。

以上表明，中国农村改革要取得成功，关键在于对地方特别是县域农村的经济与财政制度进行调整、完善或者重建。

2. 余庆县的农村改革

（1）余庆县概况。余庆县地处偏僻的黔北，距省城贵阳约300公里，距遵义市200多公里。县内大部分地区海拔达600～1000米，资源贫乏，地少山多，交通不便（虽然乌江横贯县域中部，但航运不发达），对外联系主要靠陡峭、险峻的盘山公路。余庆县是一个多民族的山区县，有汉族、苗族、土家族等21个民族，是西部典型的经济欠发达县。据余庆县志载，余庆建县始于明万历二十九年，时设流官以治土司，清丈土地，“推行一条鞭法”。在明、清、民国时期，余庆县经济、财政长期乏力，民生凋敝。中华人民共和国成立后，余庆县进入社会经济发展新时期，特别是改革开放以来，余庆县发展加快，2006年GDP达16.56亿元，财政收入突破亿元大关。

余庆县是一个山区农业小县。2006年，全县人口28.38万人，其中少数民族2万余人，非农业人口2.81万人。余庆县总面积为1623平方公里，县辖10个乡镇（1个民族乡、9个镇），69个行政村（居委会）。作为山区农业县，余庆县主要生产粮食、油菜、烤烟、生猪、苦丁茶、红金橘、中药材，是全国优质烤烟收购先进县，被誉为商品粮油基地县和中国小叶苦丁茶之乡；建材、电力、化工、印刷、冶金、化肥生产和农副产品加工等也粗具规模。

余庆县近年来的社会发展尤其令人瞩目。由于县委、县政府带

① 刘良群：《宗族复兴背景下的人口迁移》，《中国乡村研究》（第四辑），科学文献出版社2006年版。

领全县人民努力奋斗，余庆县先后获得全国社会治安综合治理先进县、全国村镇建设先进县、全国广播电视先进县、全国体育发展先进县、全国村民自治模范县、全国绿化模范县、“两基”教育达标县、省级卫生县城、全省党风廉政建设先进县等称号。特别是2001年以来，余庆县创造性地开展以“四在农家”为主要内容的新农村建设活动，受到广大农民的赞誉，也受到中央、学术理论界、社会各界以及海外舆论的高度重视和关注。“四在农家”已成为余庆县建设和发展的品牌与象征。

（2）农村税费改革。贵州省在2001年湄潭县、贵定县、铜仁市试点并取得成功经验的基础上，于2002年全面展开农村税费改革。余庆县在2002年3月成立税费改革领导小组，由县委书记、县长、县委副书记、分管财政和农业的副县长分别任组长和副组长，制订方案并成立了余庆县税费改革办公室和具体机构；10个乡镇也建立了相应的领导机构，同时从各级党委、政府和有关部门抽调83名干部组成10个工作小组进入乡镇（整个税改期间，共下派631人）。

余庆县农村税费改革的主要做法如下：

① 培训骨干，宣传政策。余庆县首先在全县所有村组召开党员、干部和群众会议，宣传税费改革政策和本县的具体方案和措施；同时培训县、乡、村税费改革业务骨干3011人（次）。

② 发动群众，核准基数。税费改革工作小组深入村组，与村税费改革业务骨干、干部和群众一起调查、核算计税土地面积和常年亩产量，计算各户农民负担的税费数量。坚持100%的公布、100%的农户签字认可。2003年税费改革基本完成后，农民人均减负52.5元，农民总体负担下降55.24%。①

③ 建立制度，落实政策。为落实“一改革（改革村提留规定）、二调整（调整农业税和农业特产税政策）、三取消（取消乡统筹和各种收费与摊派，取消屠宰税，取消义务工）”的农村税费改革政策，建立了“一票否决”、“一事一议”和农业税征收“八

① 余庆县财政局：《余庆县财政志》（1709—2005），2006年第233页。

到户”制度（征收宣传到户，征收任务到户、清册编制到户、征收数额到户、税卡填发到户、税票开具到户、征收结算到户、减税补贴到户）。

（3）乡镇综合改革。余庆县在农村税费改革过程中及时开展乡镇综合配套改革。余庆县乡镇综合改革的主要内容如下：

① 撤区（管理区）并村，精简人员和机构。在中西部许多地区，乡镇综合改革的主要内容是撤并乡镇行政机构、事业单位市场化和合并行政村。在余庆县，改革前的乡镇结构有其特殊性——在乡镇之下还设有45个管理区，既增加了管理层次，又加大了行政成本。在改革中，余庆县撤销了管理区这一政府层级，除实行干部转、退安置外，一些管理区的干部和县、乡及各职能部门的干部被选派到村工作，以改善村级组织的结构，提高村干部的政策水平，加强村干部的管理和服务，改革中全县有369名国家干部到村担任村党支部书记、副书记、财务委员、计生委员等。同时，余庆县也加大了并村改革的力度，将全县原有的171个行政村合并为66个，改革后的村（加上3个居委会）干部由650人减为308人。目前，全县每个乡镇平均人口为2.49万人，每个乡镇平均辖6.9个村（居委会）；每个村“两委”中平均有5~6名国家干部，通常只有村主任、副主任等2~3名村干部是本村居民。

② 合并村级小学，保证农村义务教育经费。在乡镇综合改革中，为保证农村基础教育的质量和经费，考虑到实行计划生育后出生率下降以及农民出外打工将孩子带到镇上和外地，村级小学学生人数少、教学条件差的情况，余庆县将原有的181所小学减并为122所，在优化教师结构、提高小学师生比的基础上，加大了县级财政的支付力度，确保乡镇和村级学校的经费支出。

③ 调整财政体制，保证乡镇和村级组织运转。在撤区并村、进行乡镇行政改革的基础上，2002年余庆县对乡镇财政体制进行调整，重新核定了乡镇收支：除农业两税外，乡镇其他收入均以2001年的收入决算数为基数；乡镇支出以2002年初的支出预算数为基数，不足部分由县财政补助。同时核定了乡镇的日常公用支出，如公务费（每年人均300元）、车辆费（每个乡镇限定2台

车，每台车年均2万元)、会议费（大乡镇年均4万元，小乡镇年均3万元）和社会事业发展费（大乡镇年均12万元，小乡镇年均10万元）的支出标准。2003年和2004年，由于烟草种植面积调整以及将乡镇文化站、环管站、园林站和城管站划为县管，将乡镇卫生院划为县卫生局管，县对乡镇的财政补助基数又进行了调整。

2002年，余庆县还建立了县财政保证村级组织运转的制度。提高了各村干部的工资报酬和补贴（目前非国家干部编制的村干部每月800~900元)，核定了村级公用费的标准（2002年时每村年均1.5万元)。

3. 余庆县的财政改革

(1) 省管县财政改革

2004年以来，湖北、河南、江西等18个省份在前期试点的基础上开始全面推行“省管县”财政体制改革。省管县财政改革的主要内容是：在不改变地市（州）对县的行政辖属权的前提下，将省财政与县财政直接关联，实行省、县财政“直通车”（即体制到县、补助到县、结算到县、调度到县、安排到县)。

在贵州省，1994年进行分税制改革时就强调：“既有利于稳定省级宏观调控能力，又有利于维持县级财政基本支出的需要，有利于推动县级经济和社会的发展。”在划分收入时就明确了省与地市(州)、省与县的财政关系，规定各地市（州）不参加省与县的税收分配。1995年《贵州省人民政府贯彻国务院关于实行分税制财政管理体制决定的通知》中规定：增值税中央分享75%，省分享10%，各地分享15%，地（州、市）本级不参与县级15%的分享；土地使用税，土地增值税，土地有偿出让收入和资源税等税种，省分享50%，各地（州、市、县）分享50%。这表明1995年后贵州省已经开始实行“省管县”财政体制。

2003年12月，根据国务院批转的“财政部意见”，贵州省政府下发了《关于完善省以下财政管理体制有关问题的通知》，对“省管县”财政体制作了进一步调整。明确规定：①省级不再参与土地增值税的分享；②省与市（州、地)、县按3∶7的比例分享土地使用税和资源税；③省与市（州、地)、县按1∶9的比例分享土地有偿出让收入；④省与50个扶贫开发县分享的土地使用税、资源税和土地有偿出让收入，对其增量部分实行返还。由此可见，1994年后贵州省在税收划分上基本是将市（州、地）和县视为同一个层次。2004年以来贵州省财政体制的完善主要是将财政收入进一步向市（州、地）和县倾斜。据了解，目前余庆县财政除了上报财政数据资料、信息和接受遵义市财政给予的少量资助外，与遵义市财政没有太多的联系。

（2）乡财县管改革

“乡财县管”改革最先在安徽省试点。安徽省进行“乡财县管”改革的主要内容是，坚持乡镇财政的“三权（预算管理权、资金所有权和使用权）不变”原则，实行由县级财政直接管理和监督乡镇财政收支的制度。具体做法是：预算共编、账户统设、集中收付、采购统办、票据统管。

余庆县的“乡财县管”改革在2007年初开始启动。由于进展顺利，从8月1日起开始全面运行。余庆县进行“乡财县管”改革的基本做法如下：

① 预算共编。县财政按有关政策规定，结合财力实际，明确预算安排的顺序和重点，提出乡镇财政预算安排的指导意见；乡镇根据意见编制预算草案。在预算执行中，乡镇提出的预算调整方案需报县财政审核；调整数额较大的，需向县政府报告。

② 账户统设。取消乡镇财政所及预算单位在各金融机构开设的所有账户，由县财政部门在各乡镇金融机构统一开设“结算专户”和“分账户”，县财政部门监督，乡镇财政所进行会计核算。“结算专户”用于核算县财政拨入资金、上级部门拨入的各种补助资金、乡镇收取的纳入预算外管理的非税收入、各项往来款项等。“分账户”包括“零余额账户、收入暂收账户、专项资金账户、其他资金账户和村级资金账户”，其中“零余额账户”核算各预算单位的财政直接支付和授权支付资金，该账户每日与“结算专户、专项资金账户、其他资金账户”进行清算；“收入暂收账户”核算乡镇的非税收入和各往来款项的收缴；“专项资金账户”核算特定用途的各类专项资金收支；“其他资金账户”核算改革前各预算单

位的自筹资金、各年度结余和各往来款项形成的存款余额；“村级资金账户”核算上级补助的村级资金和自愿纳入该账户管理的村级集体资金的收支。

③ 集中收付。收入方面：乡镇预算内收入一律通过“收入暂收账户”缴入县金库，预算外管理的非税收入通过“收入暂收账户”分别缴入县“财政专户”和乡镇“结算专户”，实行“收支两条线”管理；支出方面：以乡镇预算为依据，按先重点、后一般的原则，县财政根据乡镇预算和分月用款计划，每月将资金划拨到各乡镇的“结算专户”；对工资、运转经费和其他一般性支出开具财政直接支付和授权支付凭证，并通过“零余额账户”支付给用款单位或个人；专项资金由乡镇财政所提出用款申请，县财政部门根据“项目实施方案”审核批准，乡镇按规定使用；村级补助资金实行“村财乡管村用”。

④ 采购统办。乡镇采购应先提出申请，报县财政部门审批（无采购预算的须报县政府批准），由县政府采购中心集中统一办理，采购资金从乡镇“零余额账户”支付。

⑤ 票据统管。乡镇使用的行政事业收费票据、内部结算票据以及税收票据等，由县财政部门实行限量供应、交旧领新、票款同行。

具体操作程序如下：

一是收入解缴：①财政部门组织的税收收入和非税收入，先缴入“收入暂收账户”，由预算经办员按期编制征收报表并经审核汇总后，将预算内收入缴入县级金库，将预算外管理的非税收入分别缴入县级“财政专户”和乡镇“结算专户”；②村级收入，直接缴入“村级资金账户”；③上级补助收入、县财政调度资金、乡镇借款收入等，按资金性质分别进入乡镇“结算专户”和“专项资金账户”。

二是资金支付：乡镇支出应先由乡镇财政总预算会计向县财政局国库集中收付中心报用款计划，经县国库集中收付中心审核后，向各乡镇及代理银行批复用款计划，并按清算方式先由“零余额账户”垫付资金，后由“结算专户、专项资金账户、其他资金账户”将资金清算到“零余额账户”。①工资支出——乡镇财政所根据各单位工资发放名册开具《财政直接支付凭证》，经国库集中收付中心审核后，由代理银行通过“零余额账户”将工资直接支付到个人工资账户；②运转经费和其他一般支出由乡镇财政所依据审批的用款计划，开具支付凭证，经国库集中收付中心审核后，将资金通过“零余额账户”支付给收款人；③采购支出由乡镇财政所根据批准的用款计划，将资金从“零余额账户”直接支付给供应商和劳务提供者。

三是收支对账：①乡镇财政总预算会计负责办理对账工作，督促行政事业单位会计与资金会计按月办理结报手续，核对收支款项；负责与县财政部门按月核对收入明细账，办理票据结算；预算经办员负责按日与代理银行清算“零余额账户”资金，负责与财务报账员按月进行票款对账，坚持票款同行。② 县财政局国库集中收付中心按月与乡镇财政总预算会计和开户银行核对“结算专户、专项资金账户、其他资金账户”的存款余额；按月与乡镇财政总预算会计核对收入账目，会同综合股做好票据结算。

四是网络建设：县财政局增设网络信息管理机构，负责网络建设的方案制作、工程招标、项目实施和网络管理。“乡财县管”改革的业务操作流程全面实现网上运行。由于实行网上运行，余庆县的“乡财县管”改革虽然增加了县财政审核的程序和手续，但没有出现那种乡镇用款极不方便的问题。

（3）部门预算改革

部门预算改革作为财政改革的重要环节，对于我国地方公共财政的建设具有十分重要的意义。余庆县在 2003 年开始部门预算改革试点，选择县法院、检察院、公安局、计生局、文广局和环保局作为试点单位。2004 年，余庆县全面推行部门预算改革，包括县级所有行政事业单位和 10 个乡镇。

余庆县部门预算改革的重点是对人员经费、公用经费和项目经费标准进行核定，按一般预算和基金预算两大类进行预算编制。其中：人员经费预算按“超编按编制、缺编按实有”的原则进行编制；公用经费预算的原则是“划分等级、核定标准、一年一定”，区分各部门的情况，确定各部门和单位人均公用经费的预算定额；项目经费在充分论证、严格审核的基础上，按轻重缓急和财力条件进行编制。同时，加强财政部门对于各单位执行部门预算的管理，如：工资部分由财政部门按月审核、统一发放；公用经费和项目经费严格按预算控制数执行；年终时，财政部门对超额完成预算收入、实际支出低于预算控制数的部门按超收额和预算支出与实际支出的差额的一定比例给予奖励。

2006 年 9 月，为规范和加强县直各部门项目支出预算的管理，提高资金使用效益，余庆县又制定了《县级项目支出预算管理办法》。对基本建设类项目、行政事业类项目（县直各部门行政事业开支项目，主要包括有关事业发展的专项计划、工程和基金项目，经常性专项业务项目以及大型修缮、大型购置和大型会议项目）和其他类项目（主要包括科技三项费用、农业综合开发、政策性补贴、对外援助、支援不发达地区支出等项目）的预算原则、项目库、申报、审核、排序和核定实施等作了规范要求。

在余庆县，部门预算改革较好地配合了乡镇综合改革，为乡镇综合改革后县政府调整乡镇财政体制、提供转移支付准备了条件和基础。

4. 改革的财政体制效应

余庆县的改革是 2000 年以来我国农村改革的一个缩影。余庆县的实践证明，改革推动了地方财政体制的调整、创新和发展。

（1）地方体制的传统结构

中国自秦、汉以来，在漫长的封建社会中，地方政府和财政体制层级一般为 2 ~4 级。秦、汉时期设郡、县 2 级。三国以后为州、郡、县 3 级。隋朝统一后，隋文帝为精简官吏和防止地方割据，又改为州、县 2 级。唐朝建立后，为巩固边境和加强经济与政治重镇，设置了边关都护府和内地的京兆、河南、太原 3 府，地方层级变为府、州（郡）、县 3 级。宋代改为路、州、县 3 级。元代开始建立地方行省制度，于是形成省、府、州、县 4 级。明代至清代，大体保持省、州（府）、县 3 级（见图 5.1）。在县以下，乡村管理在隋唐以前主要是乡、亭；在隋唐以后主要是里（保）、村（社、甲）。县政府的主要职责是管理农业生产、税收和治安以及官道、驿站和县学。

省

↓

州(府)

↓

县、里、村(生产、税收、治安、交通、文教)

图 5.1　明、清时期地方 3 级政府与财政体制结构

总体来看，在封建社会中“皇权止于县”，县以下的管理依赖村、社，主要与地主豪强担任里（社）长、村长足以控制乡村相关，也与封建土地制度和传统农业相适应；而地方政府与财政的 2～4级垂直管理结构，则与取得财政收入、加强专制集权统治相关。其中，地方层级增加主要是为了加强地方的管理，层级减少则在于削弱地方权力、防止地方坐大。显然，这种体制结构由于重在管理和从乡村农民中索取，而不是建设和服务（对社会和人民的支付），结果造成中国农业与农村长期衰败、农民贫困，进而导致社会动荡、财政崩溃和列强入侵。

（2）中华人民共和国成立后的地方体制

中华人民共和国成立后，经过土地改革、建立社会主义公有制和人民公社制度，我国地方政府与财政层级逐步形成省、地区（州）、县、乡（公社）4 级；同时，为调动中央和地方两个积极性、推进工业化，我国从 1953 年开始尝试打破传统的集权财政体制、建立财政分权制度。新增加的人民公社既是农村基层政府，又是（而且主要是）生产组织，它主要负责组织和领导农村各生产大队的集体生产、分配（如农业税——公粮交售），在发展农业、集中农村剩余劳动力支持城市工业化的过程中发挥了重要作用。从加强农村生产与管理、推动工业建设的角度看，这种 4 级的体制结构是有效的。

改革开放以后，随着农村联产承包责任制的推行，人民公社失

去了它的生产组织功能，这在客观上要求它回归乡镇政府的社会管理角色。于是，1982 年后，同生产大队、小队成为村、组一起，乡镇取代了人民公社。不仅如此，随着 1985 年财政部《乡（镇）财政管理试行办法》的颁布，乡镇财政体制得以确立（原来的人民公社并无独立的财政地位）。与此同时，原有的地区也转变为市（州），依然管辖所属各县（见图 5.2）。

省

↓

地区(州、市，1982)

↓

县(市)

↓

公社、乡镇(1958,1982)、村(大队)、组(小队)

图 5.2　中华人民共和国成立后的地方政府与财政体制结构

但是，也应该看到，经过 30 多年的工业化建设，我国的经济结构发生了很大变化，工业和服务业占主导地位；特别是，随着改革开放的发展，城市工商服务业和市场化水平进一步提高时，而农村仍处在分散的小农经营状态，农村缺乏公共品和公共服务，农业虚弱、城乡差距增大、县乡财政困难。在这种情况下，原有的地方 4 级体制结构受到置疑。从以上有关改革开放以来乡镇和村组的关系、村组与村民的关系的变化来看，正是这种地方政府和财政体制与垂直结构影响了农村社会经济的发展。要改变从农村和农业中抽取剩余，而提供农村发展所需的公共品和公共服务又不力的状况，就必须进行改革和调整，以建立有利于实施反哺农村和农业的政策、加强农村基层服务的提供、促使建设型政府转变为公共服务型政府的地方财政体制与结构。

（3）近年来的地方体制

以贵州省余庆县为代表的中国农村改革和地方财政改革，恰恰为我们提供了一种新型的地方政府和财政体制结构（见图 5.3）。

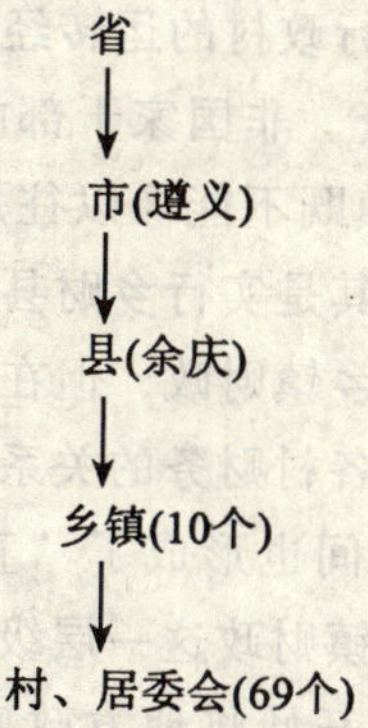

图 5.3　贵州省余庆县的政府与财政体制结构

如前所述，1994 年分税制改革后，贵州省没有搞市管县财政体制，而是实行省管市、县财政体制。虽然余庆县是遵义市的下辖县，但余庆县财政与遵义市财政并无直接关联，在税收划分上贵州省与余庆县直接进行。例如，在 2004 年省管县财政体制进一步调整、完善以后，余庆县拥有本县土地增值税收入的 100%；城镇土地使用税的 70%；资源税的 70%；土地有偿出让收入的 90%；除利息税以外的个人所得税的 40%；40% 的企业所得税的大部分（贵州省仅管理烟草企业所得税）；营业税的大部分（贵州省仅管理金融企业的营业税）。省管县财政体制实际上就是穿过市级财政，实行贵州省与余庆县财政管理上的“直通车”。

2002 年税费改革后，为加强对乡镇的财政管理，余庆县将乡镇工商税上收，调整了县与乡镇的农业税和农业特产税的分成比例，并以 2001 年的乡镇收入为基数，对乡镇新增的税收实行按比例返还的制度（其中，企业税收返还 70%，工商服务税收返还 50%，基础设施建设税收返还 30%）。2005 年农业税和农业特产税取消后，乡镇财政虚弱，乡镇支出基本上由县财政的转移支付来支持。2007 年实行乡财县管改革后，对乡镇实行“收入上缴、支出包干、超支不补、结余留用、自求平衡”的制度，县级财政全面加强对乡镇财政的收支管理，乡镇财政层级实际上进一步削弱。另外，从乡镇财政与村级财务的关系来看，税费改革后为保证村级组织的稳定运行，余庆县各行政村的运转经费改由县级财政拨款支付（包括各村的国家干部工资、非国家干部的补助、村办公费用和农业及公益事业费用），乡镇既不能像以往那样下派税费任务，也没有能力给予各村补助；尤其是实行乡财县管改革后，县财政对各村的拨款虽然名义上仍通过乡镇财政，但在县财政统一开设乡镇财政账户的情况下，县财政与各村财务的关系实际上变得更直接了。这意味着县财政与村财务之间也形成了"直通车"的管理方式，村级财务的重要性提高，乡镇财政这一层级结构被突破了。

这一体制结构的变化开始将地方政府体制与财政体制结构分离，即：地方政府体制为省、市、县、乡4级；地方财政体制实质为省、（市）县、乡（村）3级，市与县、乡与村有"并立化"趋势，突出了省、县财政，加强了村级财务的基础地位。这一新的体制结构显然有利于县域经济发展，有利于财政资源向农村的流动和转移。

余庆县的实践证明了这一点。2001年改革以来，余庆县级财政收入每年递增近1000万元；特别是2004年完善省管县财政体制后，省级以上财政（包括中央）每年对余庆县的转移支付（包括一般转移支付补助、农村税费改革补助、农村义务教育补助、民族地区转移支付补助、专项补助、工资调整转移支付补助、缓解县乡财政困难转移支付补助等）明显增加，若加上增值税、消费税和所得税返还，省级财政每年下拨的总款项平均多达3000多万元。财源流入使县级财政收入得到了有力的补充（这也是余庆县新农村建设热潮兴起的重要原因）。

还应指出，这种新的地方财政体制既有我国地方政府和财政体制的传统印迹（即财政层级分明，各级财政缺乏独立性），又带有西方发达市场经济国家地方财政体制的色彩。例如，美国地方政府总体上为3级（州、县、县以下的自治市、乡、镇以及跨市、乡、镇的专门性服务政府——学区和各种特别服务区），而地方财政体制本质上为州、县等2级（县和县域内的自治市、乡、镇等在财政上相互独立，并且都接受来自州财政的直接资助，可以认为它们都是相互并立的）。但由于市、乡、镇等都属于县的选区，当它们无力提供本地公共服务时，县仍有义务提供。所以，县以下地方政府的多样化、有层次而不明显，是美国地方政府和财政体制的主要特色。应当看到，美国采用这种地方政府和财政体制的主要目的，在于尊重各地居民的意见、保证地方公共品的有效提供——大部分州规定地方居民可以根据本地公共服务提供的情况，自行设立自治市或合并和撤销现有的地方政府单位。但各州坚持将县作为广大农村地区的公共服务提供的最后保障，即：如果县内没有其他政府单位，或其他政府单位不能满足地方居民的服务要求时，县政府就必须提供各种地方服务，以此来保证地方公共品和公共服务的提供。因此，地方政府和财政不强调层级，而重在是否能够提供地方服务、居民是否满意。反过来说，在州以下仅仅设置县一级政府和财政，很难满足地方居民日益增加的服务需要，这才出现了县内各种其他类型的政府。

目前，余庆县和我国其他地方通过改革所形成的这种类似美国的地方财政体制，既不是根据地方居民的要求建立的，也不完全是为保证地方公共服务的提供而形成的。所以，要判断它的合理性，最根本地是要看它对于农村公共品提供的作用，看它对于新农村建设和县域社会经济发展的作用。不过，从余庆县的新农村建设实践来看，这种新体制已经显示出它的积极意义。

（二）余庆县改革与“四在农家”新农村建设模式的形成

在余庆县，近年来的农村改革不仅带来了地方政府和财政体制的创新，也带来了政府理念与行为的变化和以“四在农家”活动为载体的农村建设热潮，形成了新农村建设的“余庆模式”。

1.“四在农家”的起源与发展

走进余庆县，给人印象最深、最令人喜悦的就是公路旁、山峦中不时涌现的那一处处飞檐流彩、青瓦白墙的两层式黔北农家新居。余庆人为此感到自豪。这是余庆县开展“四在农家”新农村建设活动的重要成果。

“四在农家”是指“富在农家、学在农家、乐在农家、美在农家"。据余庆县委书记杨兴友同志介绍，"四在农家"活动始于2001年余庆县学习"三个代表"重要思想、组织千余名干部深入农村与广大农民探索农村发展的实践。在与农民共同生活、劳动的过程中，县、乡干部逐渐认识到广大农民的迫切愿望：希望过上殷实、富足的生活；希望有更多的学习机会；希望能有丰富多样的文体活动；希望有和城里人一样整洁、卫生的家居环境。同时，下乡干部们也发现，在白泥镇满溪村罗家坡村民组、在小腮镇哨溪村、大屯村，农民自发地修桥、修路、改造居住环境，村庄面貌和农民精神状态都发生了变化。县委和县政府对此极为重视，将这一现象概括为"四在农家"，并在全县内选点，以改善农村环境为中心进行示范创建。

2002年初，余庆县委和县政府制定了《以"四在农家"为载体的农村基层组织和精神文明示范带创建活动规划》,① 提出沿省道和县道建设示范村（点），开始有组织、有计划的创建活动。主要内容是：（1）结合下派干部，加强乡镇和村级组织的建设；（2）推进村经济、文化发展和基础设施建设（提出了道路、自来水、电视、电话、改厕、沼气和房屋改造等具体要求）。主要措施是：县里建立领导小组，各乡镇党委书记任组长，"示范村"村支书直接负责和组织；乡镇党委确定"示范村"的创建点；乡镇干部包村帮扶，县直各部门挂帮各村（与村组织一起制订规划、帮扶资金和物资、提供相关服务）。"四在农家"示范创建活动取得了重大成效，引起了遵义市委的重视，随即在遵义市推广"四在农家"创建活动。

2003年，余庆县委和县政府进一步扩大了示范创建的范围，将创建重点放在基础设施建设方面，除住房建设外，还明确提出了"五通（通路、通电、通水、通电视、通电话）三改（改厕、改灶、改环境）"标准。同时对措施和方法进行完善：（1）要求县领导挂帮一个创建点，各点实行挂牌创建，年底进行检查、验收；

① 有关文件和数据参见：中共余庆县委宣传部、余庆县文明办编：《四在农家：创造文明富裕新农村》，2006年3月。

（2）明确要求尊重农民意愿，根据农民需要和经济实力来建设富裕小康型、绿色庭院型、生态家园型、城郊服务型、产业经济型创建点，使创建点真正成为“民心工程”。这一年，“四在农家”创建活动粗具规模，涌现出一批各具特色的新型村庄。

2004 年，余庆县明确提出“五通三改三建”（建图书室、建文体活动场所、建宣传栏）以及建设村级办公场所等要求，并将创建重点放在高标准、住房改造、25 户以上村寨的集中建设方面。在措施和方法上强调：（1）县、乡、村三级联创，（加上县直各职能部门）四位一体，要求县领导每年为挂帮点筹集 2 万元以上的资金和物资。（2）各职能部门为创建点的建设各尽其力，如：县建设局做好家居房屋、活动场所、创建点整体环境的规划和图样设计，供农民无偿选用，并培训农村建筑队伍；水利局负责改厕、通水到户和饮水工程的规划和设计施工；农业局负责沼气、改灶的规划和指导；电力局负责通电等。（3）对农民建房和改房（统一规定占地 130 平方米，只交耕地补偿费和 200 元过户费），县财政对每户 1 万元的建设贷款提供贴息。2004 年，县、乡财政（主要是县财政）投入 61.2 万元，部门帮扶投入 83.7 万元，项目整合投入 130.7 万元，农民投入 1489.32 万元，“四在农家”创建活动进入规模化阶段，并有力地带动了县域生产和建材市场的发展。

2005 年，余庆县委和县政府将“四在农家”创建活动作为农业和农村工作的主线，重点实施“整村创建”推进战略，创建了 79 个示范点、7 条示范带、3 个整村面。加大了创建力度：（1）县财政专项投入 300 万元，主要用于创建点的“五通三改三建”等基础设施建设。（2）对农民新建房屋的贴息贷款增加到 2 万元。（3）将全县 10 个乡镇划为 5 个片，县委书记、县长、副书记为各片创建工作的第一责任人，其余县领导为各片的责任人，县直部门进行组合后各负责帮扶一个片。2005 年，余庆县的“四在农家”活动形成了新的高潮。

2006 年，余庆县委和县政府提出在全县 5 个乡镇建设 86 个创建点、覆盖 3300 余户 12300 余人的连片创建的计划，以全面推进新农村建设。具体措施是：（1）县财政“四在农家”创建活动专项投入增加到360万元。(2)各县直帮扶部门全年投入不得低于1万元。(3)县财政安排100万元贴息贷款，农户改造房屋享受1万元贴息贷款，农户新建房屋享受2万元贴息贷款。(4)县财政对20户以上集中创建的，每户另外补助5000元。(5)制定“四在农家”创建活动的《资金管理规定》和《考核标准》。①

2007年，余庆县委和县政府提出以10大连线为轴、以8个重点村整村推进为面、以黔北民居建设和村庄整治为主要内容开展建设。到10月底，县财政已投入633万元、县直各部门投入165万元、乡镇财政投入100万元、遵义市财政和市直部门投入77万元，农民自主投入13492万元；创建点达到74个，受益农户达2219家、8876人。②

从以上过程看，余庆县以“四在农家”为载体的社会主义新农村建设活动，源自余庆农民的自发创新，经过县委和县政府的总结、试点、推广和逐步完善后，形成了一种深受农民欢迎的农村建设模式。在这个过程中，县乡两级党委和政府以及村级组织和职能部门都发挥了重要的组织与推动作用，特别是在2004年以后由于县委和县政府的深度介入以及县财政支持力度的加大，“四在农家”这一创建活动充分显示出了它调动广大农民的建设激情、广泛聚集社会资源、形成强大合力全面开展新农村建设的巨大能量。

在余庆县进行调研的过程中，我们了解到，余庆县广大农民长期以来一直都想改变自己的生活和生产环境，只是由于个人和村集体的力量有限而难以付诸实践，现在，由于政府出面组织，在财政上倾力支持，农民都希望能够及早改善条件，实现祖祖辈辈都没有实现的愿望。还有一些农民认为“过了这一村，难有这一店”，担心政府以后不会再组织创建、帮助和支持他们改变农村环境与面貌。这种担心也成为农民积极参与“四在农家”创建活动的重要

① 中共余庆县委宣传部、余庆县文明办：《“四在农家”文集》，2007年2月。

② 余庆县创建办：《2007年余庆县“四在农家”汇报材料》，2007年10月。

动因。也就是说，余庆县开展以“四在农家”为载体的新农村建设活动是以农民的迫切需要为基础的，是与余庆县农村社会经济发展的客观实际相适应的，而政府和财政的大力支持、推动则是“四在农家”创建活动形成并持续发展的关键因素。

2.“余庆模式”的基本特点

余庆县以“四在农家”为载体的新农村建设活动近年来日益受到社会的重视和学术界的关注，余庆县委和县政府以及遵义市和贵州省有关部门也在尝试对“余庆模式”进行概括和总结。

2004年，原余庆县委书记（现遵义市副市长）陈梓泽就开展“四在农家”创建活动的问题提出，“四在农家”是新农村建设的一个“抓手”，具体要走好三步棋，即：立足实际、因地制宜；试点带动、梯形推进；分类指导、体现特色。

2005年，原余庆县委宣传部部长、现任副县长韦泽福就开展“四在农家”创建活动的问题强调，“四在农家”的切入点是人居环境改造；关键是县委统一领导，乡镇抓创建、村级抓落实、部门抓帮扶，形成上下联动、左右互动的建设格局。

2006年2月6日《人民日报》发表的评论文章说，“四在农家”的可贵之处就在于找到了社会主义新农村建设的“抓手”和有效载体，从改善农村生产生活环境这个农民最关心、最迫切的需要入手，抓住农民致富这个核心。

2006年8月，在中央党校、遵义市委宣传部、余庆县委和县政府联合召开的《“四在农家”理论研讨会》上，余庆县委书记杨兴友将余庆县“四在农家”创建活动的经验总结为三句话：不断充实内容、逐步推进的基本思路；党政引导、村组自主、部门服务的运作机制；财政补、部门帮、农民自筹、社会赞助的投入机制。中央党校副校长孙庆聚则认为，余庆县新农村建设的启示是：从实际出发、因地制宜、以人为本、让农民满意；统筹规划、科学布局、分类指导、分步实施；上下联动、齐抓共建、合力推进。

根据以上总结和在余庆县考察的情况，我们认为，余庆县“四在农家”建设模式的主要特点如下：

第一，在建设的内容和重点上，抓住“五通三改三建”和

“创建点”这一中心，全面开展农村基础设施与生活环境建设。

余庆县“四在农家”创建活动最初包括了“富、学、乐、美”四个方面的多项内容，但后来逐渐集中在以“五通三改三建”和家居生活环境改善为主要内容的各村“创建点”的建设上，由此形成了建设热潮。为什么会这样呢？因为农村基础设施和生活环境条件的改善直接关系到农民生活及其实际利益，是几千年来农民为之奋斗而未能解决的问题，对农民来说也是最紧迫的问题。一旦农村建设的重点集中到这些方面，农民就会积极响应，他们的主动性和创造性就会喷涌而出，这就形成了“四在农家”新农村建设活动的广泛的社会基础。

为什么余庆县的新农村建设活动不是从发展生产、直接帮助农民致富开始呢？这是因为余庆县的客观条件和自然环境的限制——余庆县远离大城市和市场中心，地处偏远山区、交通不便、资源有限，在农业产区发展其他高附加值的产业肯定会有成效，但是，要在短期内根本改变农民的收入状况显然很困难，这是其一；其二，几乎是从中华人民共和国成立以来，我们就一直强调发展生产而农民的生活条件却长期没有大的改善，况且目前农村实行经营承包、生产经营已走向市场化，政府只能引导和支持生产发展，如继续坚持生产优先的导向而又缺乏行之有效的方法，农民自然不会热烈响应，他们认为，与其重复以往的老故事，不如解决目前最明显、最现实的问题；其三，虽然余庆县是一个山区困难县，农民收入低，但是，改革开放以来农民收入也有了较大的增加，近年来的农村税费改革和农民出外打工又增加了农民的积蓄，而对绝大部分农民来说，他们毕生的努力无非是为了房子（当前的基本生活条件与环境）和孩子（家庭未来的发展和希望），所以当他们解决了温饱问题、又有了一定的经济基础以后，最期望解决的问题就是家居条件和生活环境方面的问题，早日告别破旧、简陋、阴暗的木板房，告别人畜混居、卫生条件差和砍柴、担水的传统生活，告别晴天一身灰、雨天一身泥的乡间小道。在今天的农民看来，“富裕”不只是指收入和存款增加，而是指家居条件与生活环境的改善。

第二，在建设的组织和实施上，抓住基层这一环节，大力加强村级基层组织建设，使它成为坚强、有力的实际组织者。

在农村推行家庭联产承包责任制以后，许多地方的村级组织处于涣散无力的状态，这是农村地区缺少集体公益活动和社会凝集力的基本原因。余庆县在2001年开始的农村改革中撤区并村，创造性地将国家干部下派到村，建立了以下派年轻干部和新分配的大学生为主体的村级组织，彻底改变了农村基层组织的传统模式和软弱无力的局面。我们注意到，2004年以前余庆县在开展"四在农家"创建活动中，一直将农村基层组织建设作为其重点内容，这也表明了余庆县委和县政府的远见卓识。

从"四在农家"创建活动的实际过程看，村级基层组织确实发挥了县和乡镇政府所不能替代的作用。例如，余庆县龙家镇光明村原来是一个偏僻的穷村和乱村，2001年夏天，34岁的刘欣被安排到光明村担任党支部书记。他以村级换届选举为契机调整了村级班子，推行党务和村务公开；制定了发展优质水稻（2004年已达3500亩）、畜牧养殖（养殖大户已达121户）、棕绳加工（已有452个加工大户）、搞建筑队（已有8个队450余人）的致富思路；并同村民商议筹集资金，与乡镇和各部门联系，组织村组开展改路、改房、改厕、通自来水、建图书室、建球台、美化环境的创建活动。仅2年多的时间就改变了光明村的面貌，人均纯收入提高到2800多元。在2004年村级换届选举中再次全票当选后，他提出了"四在农家"整村推进的设想，为余庆县"四在农家"活动的发展提供了新的思路。又如，大乌江镇凉风村党支部书记田洪林，2001年从镇机关调到凉风村任村党支部书记后，首先调整村级班子、合并村民组，然后，他动员、组织村民开展产业结构调整，发展烤烟、苦丁茶和果树种植；同时，又组织村民进行基础设施建设、改造村庄的生活环境，开展"四在农家"创建，使凉风村一跃成为"四在农家"创建活动的典型村。正是因为有像光明村、凉风村这样的村级组织和乐于奉献、为村民办实事的村级领头人，有他们具体有效的组织和领导，"四在农家"创建活动才能真正做到从实际出发、因地制宜、循序渐进、不断发展，受到广大农民的热烈欢迎。

第三，在建设的组织和领导上，县委书记、县长等党政主要领导亲自挂帅，将新农村建设作为县域农村工作的重点。

在中国，党政“一把手”的重视和直接领导与一项工作的定位及成效基本上是成正比的。余庆县“四在农家”活动从兴起到发展，一直是与县委、县政府主要领导的高度重视、亲自过问和安排密切相关的。如果说当初余庆县农民的自发建设创新是一个引子，那么把它变成一种造福农民、遍及全县、影响许多干部和群众行为的宏大建设活动的，显然是余庆县委和县政府。例如，前任县委书记陈梓泽就曾提出“抓手”论和“三步”说；现任县委书记、副书记、县长、副县长都有自己的挂帮片和挂帮点，并有具体的帮扶任务和额度。正因为余庆县委、县政府所有领导都亲自参与“四在农家”创建活动，各级政府和各个部门才会重视并积极投身其中，“四在农家”创建活动才会受到社会各方面的支持，才会克服各种困难而不断发展。余庆县委和县政府亲自领导和部署、安排新农村建设活动，真正将它作为农村工作的重点或中心，这在全国几千个县中都是少有的，这也正是余庆模式的重要特点。

第四，在组织建设的方法上，坚持各级政府和财政的大力引导与支持，同时又注重发挥农民的主体作用和创新精神。

开展新农村建设需要人力、物力和财力，如果政府只是倡导和动员，就不可能有实质性的农村建设活动。余庆县开展“四在农家”新农村建设的一个显著特点，就是将它作为党政工作的一项重要任务、一项关系到县域经济社会发展的重大活动。县委、县政府要求各级政府和各个部门深入乡村，为“四在农家”创建活动提供服务，从技术上、物质上、资金上切实帮助农民改善环境、建设家园；制定了支持“四在农家”创建活动的政策和措施，鼓励、引导各村农民根据具体情况自主开展建设活动。在余庆县，我们看到，“四在农家”创建点在哪里，县、乡镇和村组干部就在哪里，有关部门的服务就提供到哪里，水、电、路等公共服务和基础设施的建设工程就延伸到哪里，而不是靠村里和农民个人自己解决。

就财政支持来看，2005 年余庆县规定：农民新建住房提供 2 万元无息贷款（2 年）；为鼓励多户集中建设，对 15 户以上共同开展建设的创建点，县财政向每户提供补助5000元，10～14户共同创建的每户补助4000元，5～9户共同创建的每户补助3000元，贷款加补助大体为农民按标准建房和改造环境的总成本的1/4～1/2。其中，为了保证财政资助用于“五通三改三建”和住房环境建设，除少量现金外，大部分补助采取实物（如水泥等建筑材料）形式，并由乡镇“创建办”向县“创建办”和财政局共同选定的合格厂家统一购买后发放。“四在农家”创建点的建设和财政资助的基本程序是：各村农民根据自己的经济情况申请参与创建改造，当达到一定户数标准时，各村即可向乡镇“创建办”申请作为集中创建点，乡镇“创建办”做出各村集中创建所需的预算后向县“创建办”上报，县“创建办”审核后下达集中购置的计划和现金补助的指标，县财政同时划拨款项。2007年，余庆县加大了财政支持力度，规定：（1）对县内10大交通线路范围内的创建点和重点村的创建点，除按集中创建情况对每户进行补助外，每户再增补1吨水泥；对每个集中创建点的道路修建，按每米3包的标准提供水泥补助；对各创建点按照集中创建的户数多少（分15户以上、10～14户、5～9户3个等级），分别补助5万元、3万元、1万元现金。（2）对因二级公路改造拆迁、在新迁区域内进行集中创建的农户，除按集中创建情况每户补助5000元、4000元、3000元，县财政对每户另外再补助1000元。

实践证明，政府和财政的引导与支持是形成较大规模且有力度的新农村建设活动的重要条件。在最近几年的建设中，余庆县各级财政和各部门的投入每年不过数百万元、上千万元，但这对农民来说无疑是巨大的支持（财政和部门的投入约占每年创建活动总投入的40%以上）。正是有政府和财政的有力支持，余庆县农民才表现出极大的热情和信心，一些在外经营和打工的农民也纷纷赶回来参与创建，社会各界也积极行动起来给予协助和支持。

关于依靠农民、发挥农民的主体作用和创新精神，余庆县“四在农家”创建活动给我们的印象颇为深刻。例如，我们课题组原先心存疑虑：在“地无三尺平”的余庆县，如何开展相对集中的新农村建设？但在余庆县龙溪镇周家湾村民组考察时，我们看到，有20多户农家的创建点全部建在山上，农家住房分成4排、按阶梯状依山而建，每排6~7户又分为左右两侧，每一侧3~4户紧密相邻（彻底改变了农村邻里之间留有较大距离的传统住房格局），中间是水泥道路。在创建点旁边不远的半山处，还修建了一个篮球场。显然，这种在大山之中建设的类似街道格局的村庄大概只有余庆县才有，它是余庆县农民的智慧和创造，它解决了山区农户难以有规模地集中提供公共服务的问题，也为自然环境和地理条件较差的地区有规模地开展新农村建设提供了宝贵经验。倘若不是充分发动农民群众、尊重群众意愿、依靠群众的智慧、发挥农民的主体作用和创新精神，余庆县的新农村建设活动是很难想象的。我们可以用图5.4来描述余庆模式的基本特点。

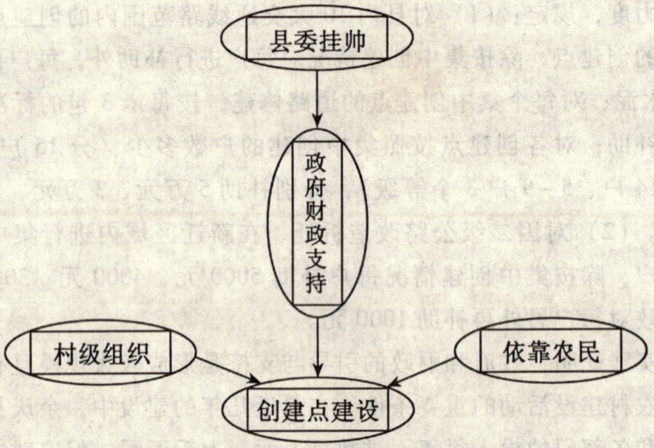

图5.4 余庆县新农村建设模式的特点

3. 余庆模式与改革推动

余庆县以"四在农家"为载体的新农村建设模式的形成和发展，标志着我国农村公共品提供制度的重要创新与突破。"余庆模式"改变了我国农村公共品和公共服务长期以来主要由村级组织和农民自己提供和提供严重不足的状况，建立了县级政府（包括机构与部门）负责组织提供、乡镇协助、村和村民积极参与并具体“生产”，同时以农村生活性公共品提供为重点来带动生产性公共品提供的新型制度模式。它是市场经济发展中我国农村公共品由“村级和农民提供”转向“政府、农民和社会联合提供”，由“纯公益性和生产性公共品提供”转向“混合性和生活性公共品提供”的成功尝试。

这一提供模式的优点和现实性在于：（1）县、乡、村和农民联合提供可以解决县乡财政短缺、村级组织和农民经济实力弱、每一方面单独提供都比较困难的问题，同时又符合大多数农村公共品属于准公共品、在理论上应由政府和农民共同提供的特点；（2）坚持教育和道路、水、电、气（能）等基础设施公共品由政府集中提供，农民住房与家庭环境改造等准公共品以农民为主但政府给予鼓励和资助的原则，既符合政府的职能要求，又能得到广大农民的理解和支持；（3）它将农村生活性或基础设施性公共品提供放在优先与重点位置，着力解决农民最迫切、最关心的问题，纠正了传统的重“生产”的偏向、符合当前农村发展的客观现实，调动了农村居民参与提供和建设的积极性，受到了广大农民群众普遍、热烈的欢迎；（4）它将农村公共品提供的职责放在县级政府的肩上，既体现了城市支持农村、反哺农村的发展思想，又充分考虑到在技术指导、服务提供和建设进程上的统一协调等问题，同时又可以使乡镇政府和村组根据自己的情况履行提供职责和发挥各自的提供及组织具体生产的优势；（5）它以尊重农民的意愿、尊重农民的首创精神为基础，采取农民自主选择和决定、集中改造和规范建设、分期分批逐步推进、提供资金物资和配套服务等方式开展建设，既克服了传统的行政化、生硬的“运动型”建设模式的弊端，又克服了将建设任务完全推给农民、建设效率极低的“放任型”建设模式的问题。

那么，为什么地处西部偏僻山区的余庆县能够突破传统的思维和观念，在新农村建设中、在农村公共品和公共服务提供的制度上率先创新呢？而其他条件较好、财政实力较强的县却未能突破呢？

我们认为，原因是多方面的，但以下几点是最为重要的。

第一，余庆县民风淳朴，在这一环境中的县、乡镇、村各级领导作风朴实，没有常见的“官气”和骄奢之风。余庆县地处偏远山区，县内民风淳朴，这是形成各级领导和干部的朴实的行为与作风的社会基础。特别是最近一些年来我们党开展党风廉政建设，进行“三个代表”重要思想的学习和教育，进一步促进了余庆县各级领导思想认识的提高和观念行为的转变，由关心人民疾苦、心系农民的思想感情上升为代表人民利益、为人民做实事的政策理念和行为准则。例如，在余庆县财政局，我们看不见在其他一些地方常见的新修的、高耸气派的办公大楼，1989年修建的县财政局办公楼挤在白泥镇的一条街道中，左右是商店和餐馆，没有丝毫的特殊和气派（内部虽有粉刷但仍掩饰不住它的陈旧与沧桑）。要不是街民指点，我们真不敢相信这就是县财政局。听着我们的感慨，田洪明局长笑着说，我们是小县、穷县，哪能和别人比啊。他介绍说，余庆县、乡镇的领导和各部门的负责人基本上都出身于农家，这些年为改变余庆县的面貌，大家都忙于“四在农家”创建，都想着挂帮村和联系创建点，县直各机关部门都是如此，也不光是财政局。从田局长平易近人、爽朗明快的性格与话语中，我们看到了余庆县的干部作风。孔子说，“性相近，习相远”，意思是说环境对人的影响极大。余庆县的淳朴民风和近年来的党风建设，造就了余庆县在农村公共品提供制度上实现创新突破的社会条件和政治基础。这也许是其他地方所缺乏的。

第二，余庆县有一个最初的建设例子，它触发了县委领导进行新农村建设的思维，确定了在全县开展建设的方向。余庆县委在回顾和总结“四在农家”创建活动的过程与经验时，不止一次提到了小腮镇大屯村民组、白泥镇罗家坡村民组的农民通过种植苦丁茶、红金橘增收以后，自发组织起来修路、改水、改厕、改灶对县委领导的启示。在我们到大乌江镇考察时，同行的县财政局谢杰副局长（谢副局长曾经在小腮镇工作多年）也认同这一说法。他说，县里的同志们最初发现小腮镇大屯村、白泥镇罗家坡村的农民自发地建设家园可能是一个契机，它使县委、县政府决心改变农村面貌的思路明晰起来，因为有这么一两个可以参照的例子，就可以干起来。这也就是说，余庆县委、县政府早就具有改变农村面貌的认识与思考，只是未找到合适的路子和方法，而农民自发建设的模式在这时恰好起到了“启示”的作用，由此揭开了余庆县“四在农家”新农村建设活动的序幕。

第三，余庆县的创建活动一开始就取得了成效，随后遵义市的学习和推广给予余庆县的鼓励和推动，促使“四在农家”创建活动不断发展。在余庆县，我们了解到，2001 年余庆县一开始选点创建就使一些村的面貌焕然一新，受到农民的热烈欢迎。2002 年初，遵义市委批转了《市委宣传部关于在全市推广余庆县“四在农家”创建活动经验的实施意见》，于是迅速在全市农村形成了点、线、面相结合的创建热潮，其中，仁怀、赤水、习水等地较大规模的创建活动又给余庆县以促进和压力。这样，余庆县委、县政府及时调整思路，推出了整村创建和突出特色的新创建模式，使“四在农家”创建活动进入一个新阶段。余庆县与遵义市其他各县的“四在农家”创建活动相互呼应、相互学习、互采所长，形成了一种良好的环境和气氛，形成了一种互推、互进的关联发展机制。此后，新闻媒体如《人民日报》、《光明日报》、《经济日报》等的宣传，全国各地党政部门、社会团体以及海外团体来余庆县的学习和参观，进一步给予余庆县鼓励和鞭策。2006 年 2 月 5 日，中央电视台《焦点访谈》节目专题介绍了遵义市和余庆县的“四在农家”创建活动，使余庆县的“四在农家”创建活动全面进入全国人民的视野。这些已成为余庆县“四在农家”创建活动发展的推动力。

第四，近年来农村改革、财政改革形成了新的财政体制，客观上为余庆县开展“四在农家”创建活动提供了条件和财力支持。从我们在余庆县调查的数据来看，2002 年农村税费改革后，余庆县农民税费负担减少 1343 万元（人均减负 53 元），2004—2005 年取消农业特产税和农业税后，农民又减少税收负担 600 多万元；而余庆县农民人均纯收入 2002 年后每年增加 100 多元，2005 年后增加 200 多元。同时，省级以上财政给余庆县财政的补助在 2002 年后平均每年增加 2000 万元以上（2004 年完善省管县财政体制后增加得更多），这使得余庆县财政收入平均每年增加 3000 万元以上

（见表5.3）。与此相应，在2002年和2004年，余庆县“四在农家”创建活动的总投入有非常明显的增长，2002年为2001年的14.0倍，2004年是2003年的9.1倍（见表5.4）。可见，农村改革开始以来，余庆县农民纯收入增加，流入县财政的资源增加，这无疑为县委和县政府努力推进“四在农家”创建活动、为农民积极参与家园建设准备了客观的经济条件。这正是财政投入和农民投入不断增加、“四在农家”创建活动不断发展的基本原因。所以，余庆县“四在农家”创建活动不断发展，在很大程度上也归功于近年来的农村改革、地方财政改革和由此所引起的地方政府与财政体制创新。

表5.3　　余庆县农民收入和财政收入

	2001年	2002年	2003年	2004年	2005年	2006年
农民人均纯收入（元）	2142	2334	2336	2567	2809	2991
县级财政收入（万元）	10079	12797	16133	20246	22593	29041

资料来源：余庆县调研。

表5.4　　余庆县“四在农家”活动资金投入　　单位：万元

	2001年	2002年	2003年	2004年	2005年	2006年	2007年
财政投入	2.2	24.4	26.4	200.0	310.0	360.0	793.2
部门投入	4.3	84.7	47.2	934.4	239.8	262.3	183.2
农民自筹	5.2	54.9	85.5	221.3	805.4	956.8	13492.5
总投入	11.7	164.0	149.1	1355.7	1355.2	1579.1	14468.9

资料来源：余庆县调研。

（三）余庆县改革、新农村建设的社会经济成效

2001年以来，由于农村改革、财政改革和以“四在农家”为载体的新农村建设活动的开展，余庆县的社会经济发展与财政运行出现了良好势头。

1. 产业结构调整取得明显成效，第二、三产业发展加快

（1）特色农业和规模农业正在取代传统农业

余庆县委、县政府认为，余庆县是一个以农业为主的山区县，优势在农业，但依靠农业又难以保证稳定的增长，因此确立了在“四在农家”活动中发展规模化农业和特色农业、以工业投资项目带动产业结构优化的战略。其中，发展规模化农业和特色农业，一方面可以提升和发挥余庆县的农业优势，另一方面也可以稳定农业生产、增加农民收入。余庆县发展规模化农业和特色农业的主要措施是，集中建设12万亩优质水稻生产基地、8万亩优质烤烟生产基地、15万亩优质油菜生产基地、10万亩苦丁茶生产基地、1万亩中药材基地、1万亩红金橘基地、1万亩无公害蔬菜基地，40万头杂交猪养殖基地。

余庆县财政主要通过农业支出、农业综合开发支出、水稻种植补贴、农村扶贫资金投入来支持规模化农业和特色农业的发展。例如：余庆县财政在2001年投入40万元在贫困乡镇和村帮助村民种植高产苦丁茶972亩，其中5万元专门用于种植技术培训（培训3294人次）。2002年县财政又投入8万元在30个贫困村实施优质水稻种植项目（6250亩）以及优质肉牛品改项目。2003年县财政投入20万元实施红金橘项目（2115亩），投入9万元实施苦丁茶项目，投入10万元用于黑麦草种植项目（300亩）。2004年县财政投入75万元在大乌江镇实施扶贫示范项目，种植2075亩黑麦草、引进700余头优质品种猪、羊；投资45万元在贫困乡镇开展2100多亩地膜玉米示范种植、脱毒马铃薯种植；投资20万元用于生猪养畜。

通过实施特色农业和规模农业项目，余庆县农业生产结构得到了很大改善，传统、单一的水稻种植业被各种优质高产、富有特色的新型农业和其他产业所取代，涌现出一大批种植大户和养殖大户。

（2）建材、钢铁、石料加工和服务业快速发展

通过开展以农村基础设施为主体的“四在农家”创建活动，余庆县建材工业最近几年有了很大发展，水泥、砖、瓦的生产逐年增长。农村电力需求也带动了电力生产的发展。同时，作为西部大

开发重点项目之一、在余庆县中部乌江段动工的构皮滩水电站的建设，也拉动了余庆县的石料加工、水泥、钢材等其他工业的发展，工业增加值和总产值逐步增长。而伴随着第一产业和第二产业的发展，余庆县的服务产业如交通运输业、商业销售业、旅游服务业、餐饮业等也呈快速发展的势头。

2001—2006年，通过开展"四在农家"创建活动和实施产业结构优化战略，余庆县产业结构调整取得了明显成效。2001年，余庆县第一、二、三产业的结构比重为53.7∶15.2∶31.1；2003年，第二、三产业首次超过了第一产业（49.5%）。2006年，第二、三产业的比重进一步上升到58.6%，产业结构比重变为41.4∶21.6∶37.0；同2001年相比，第一产业下降了12.3个百分点，第二产业和第三产业分别增加了6.4和5.9个百分点（见表5.5）。

表5.5　**2001—2006年余庆县的产业结构（%）**

	2001年	2002年	2003年	2004年	2005年	2006年
第一产业	53.7	51.8	49.5	46.8	44.0	41.4
第二产业	15.2	17.0	19.6	21.6	20.2	21.6
第三产业	31.1	31.2	30.9	31.6	35.8	37.0

资料来源：余庆县调研。

2. 经济持续增长，城乡居民收入差距缩小

2001—2006年，余庆县GDP增长68.2%，年均增长11.0%；人均GDP由3364元增加到5576元。城乡居民收入稳步增长。2001—2006年，余庆县农民人均纯收入由2142元增加到2991元，净增加849元；城镇居民人均纯收入由5343元增加到6863元，净增加1520元（见表5.6）。由表可见，2001—2006年余庆县农民人均纯收入增长率为39.6%，比城镇居民人均纯收入增长率28.4%高出11.2个百分点；与之相关，2001年农民人均纯收入为城镇居民的40.1%，2006年上升为43.6%。这表明余庆县城乡居民的收

入差距开始缩小。

表 5.6　**2001—2006 年余庆县城乡人均纯收入**　单位：元

	2001 年	2002 年	2003 年	2004 年	2005 年	2006 年	2001—2006 年人均纯收入增长率
农村居民人均纯收入	2142	2234	2336	2567	2809	2991	39.6%
城镇居民人均纯收入	5343	5452	5576	5971	6402	6863	28.4%
农民/城镇人均纯收入之比（%）	40.1	50.0	41.9	43.0	43.9	43.6	

资料来源：余庆县调研。

农村居民生活环境显著改善。2001 年至 2007 年 8 月，“四在农家”新农村创建点由最初的 10 个发展到 420 个，农村电视普及率达到 95%，90% 的农村居民用上了自来水。全县 6.8 万户农村家庭中，家居环境得到改善的为 10775 户——这些家庭全部用上了沼气、电和自来水，其中相当大一部分农户家庭住上了占地 130 平方米以上的两层新型民居，在生活条件和环境方面赶上并超过了城镇居民。有 1/3 的创建示范点修建了篮球场、乒乓球场、羽毛球场等体育娱乐设施，这些创建示范点上的农村居民在文化、体育、娱乐方面基本上达到了与城镇居民同等的条件。到 2008 年，当全县 426 个 25 户以上的自然村寨全部建成示范点时，全县 90% 的农民的生活条件将与城镇居民趋同。

3. 财政收支结构改善，财政状况好转

（1）县级财政

财政收入。2001—2006 年，余庆县县级财政收入（不包括上级财政的转移支付）由 4228 万元（占 GDP 的 4.5%）增加到 8938 万元（占 GDP 的 5.6%），增加了 111.4%。财政收入结构得到改善和调整：虽然农业特产税（烟叶税）和营业税仍是县级财政收入的支柱或主体，但农业特产税（烟叶税）的比重下降了，而营业税的比重显著增加，成为县级财政的主体税种（2006 年占 48.3%）。其他大部分税种收入和行政收费收入的比重有所减少（见表 5.7）。

表 5.7　**2001—2006 年余庆县的财政收入结构（%）**

	2001 年	2002 年	2003 年	2004 年	2005 年	2006 年	2001—2006 年增加的百分点
农业税	6.9	16.6	12.0	8.5	—	—	
农业特产税	27.5	31.3	23.4	21.9	23.1	20.2	-7.3
营业税	15.6	25.8	33.9	39.7	45.8	48.3	32.7
增值税	8.0	5.8	4.4	3.7	3.2	4.3	-3.7
企业所得税	3.2	0.7	2.3	4.1	5.4	4.5	1.3
个人所得税	3.7	2.5	1.8	1.5	1.8	1.4	-2.3
房产税	3.3	2.5	1.3	1.8	1.5	1.2	-2.1
行政收费	8.7	4.0	5.8	5.5	4.1	6.3	-2.4
罚没收入	4.7	4.2	5.5	6.1	4.2	5.0	0.3
其他							

注：① 2005 年取消农业特产税，改征烟叶税；② 其他包括屠宰税(2003 年停征)、耕地占用税、城镇土地使用税、城市建设维护税，国营收入、专项收入等。

资料来源：余庆县调研。

财政支出。2001—2006 年，余庆县财政支出增长 163.9%。支出增长较大的主要是：农业生产和农业综合开发支出（近 2 个百分点）、社保福利支出（2 个百分点）、文体广播支出（近 1 个百分点）；支出相对压缩的有：农林水事业费支出（3 个百分点）、行政管理支出（超过 3 个百分点）、税务等部门费用支出（1 个百分点）。这表明余庆县努力调整财政支出结构，加大了向农村、农业和社会福利方面倾斜的力度。2006 年，余庆县财政支出的基本格局是：教育支出仍占主导地位（25.6%），行政管理支出居第 2 位

(17.5%)，农业生产和农业综合开发支出居第3位（9.7%），卫生支出居第4位（7.5%），见表5.8。

表5.8 **2001—2006年余庆县财政支出结构（%）**

	2001年	2002年	2003年	2004年	2005年	2006年	2001—2006年增加的百分点
教育	25.7	25.8	26.0	26.4	24.4	25.6	-0.1
行政管理	20.7	22.3	21.2	22.0	22.1	17.5	-3.2
农业生产和农业综合开发	8.0	6.4	8.9	8.5	10.1	9.7	1.7
卫生	7.8	5.7	5.9	5.3	5.6	7.5	-0.3
公检法	5.8	5.8	5.6	5.4	5.7	5.6	-0.2
社保福利	3.5	4.8	5.5	5.3	5.6	5.5	2.0
农林水事业费	8.0	8.3	5.0	4.7	4.9	5.0	-3.0
文体广播	3.1	3.7	5.4	5.1	5.1	4.0	0.9
税务等部门费用	3.9	4.8	4.2	4.6	4.1	2.9	-1.0
工业交通	1.5	1.6	1.9	3.0	2.4	1.9	0.4
支援不发达地区	3.0	3.4	3.1	2.4	2.4	1.9	-1.1
财政结余（万元）	-1191	-1097	-269	1501	48	82	

资料来源：余庆县调研。

收支平衡。余庆县财政是西部欠发达地区以农业为主体的县级财政的缩影。由于经济基础薄弱、财力不足，本县财政收入基本上只能维持政府部门的运转，地方公共品和公共服务提供（如基础教育、医疗卫生、农业与农村发展、社会保障和福利救济、文化体育事业等）主要由省级以上财政的转移支付或资助来支持。2001年以来，余庆县在努力压缩政府各部门的运转支出、增加公共品提供支出、保证本县居民特别是农村居民生产与生活条件不断改善的过程中，逐步改善财政收支状况，县级财政逐步由赤字向盈余方向转变，2004年开始实现了财政结余。见图5.5。

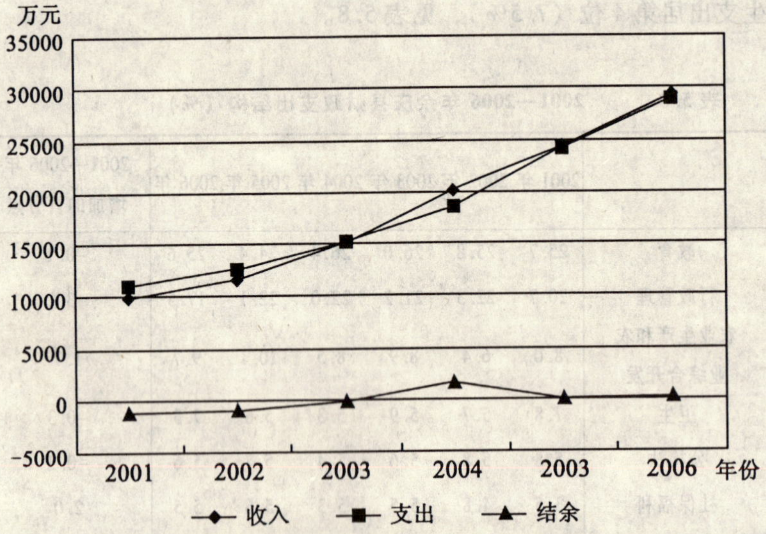

图 5.5 余庆县财政收入、支出和结余

但是，县级债务问题目前仍缺乏有效的解决方法。由图 5.6 可见，2001—2006 年，县级债务余额增加了 4 倍多。主要原因是：第一，工资欠账。2004 年对全县拖欠的工资债务进行清理，导致

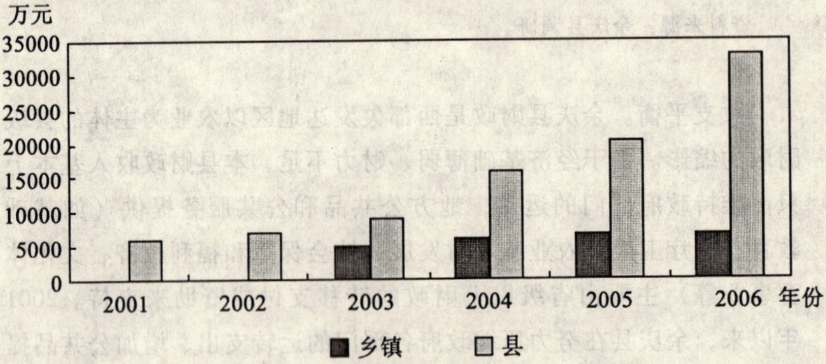

图 5.6 余庆县债务和乡镇债务余额增长情况

债务余额比2003年增加了1倍；此外，2003年安排全部回县的大中专毕业生工作以及按国家规定提高干部的工资待遇，而县财政又不能兑现所造成的工资拖欠。这两项工资拖欠到2006年总共达到1.23亿元，约占县级债务的1/3以上。第二，工程欠账。县内二级公路建设、河流治理和电站工程配套支出等，由于县财政难以支付所形成的对工程单位的欠款和部分银行借款。这一部分欠款占县级总债务的1/2左右，这是近年来债务增加的另一个主要原因。

（2）乡镇财政

财政收入。余庆县10个乡镇自2001年农村税费改革以来，财政收入的主要来源是烟叶税（平均占80%以上）和行政收费；契税、罚没收入和耕地占用税收入所占比重较小（见图5.7）。乡镇财政收入中来自上级财政的补助由58.0%增加到80.7%，这使乡镇的平均财政收入由2002年的557.0万元增加到2006年的1079.9万元，增长了93.9%。

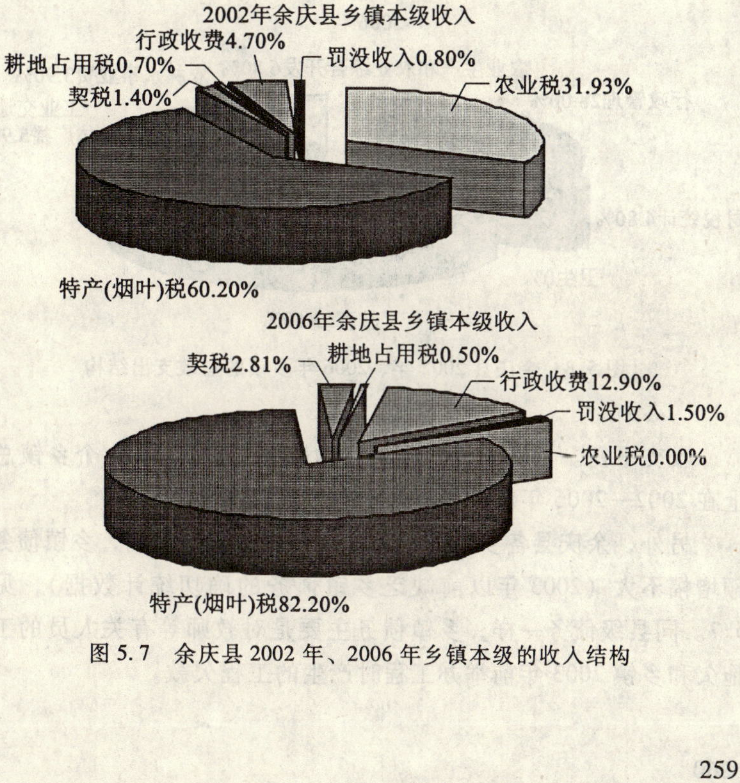

图5.7 余庆县2002年、2006年乡镇本级的收入结构

财政支出。余庆县各乡镇自农村税费改革以来，调整了财政支出结构，主要特点是：增加教育、农业支出的比重，相对压缩行政管理费用。2006 年，财政支出中教育支出平均占 53.6%、行政管理支出平均占 28%、农业支出平均占 6.8%（见图 5.8）。乡镇的平均支出规模由 2002 年的 548.1 万元增加到 2006 年的 1067.5 万元，增加了 94.8%。

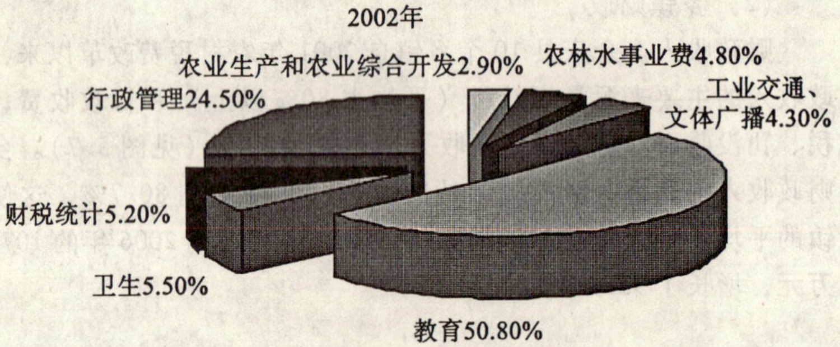

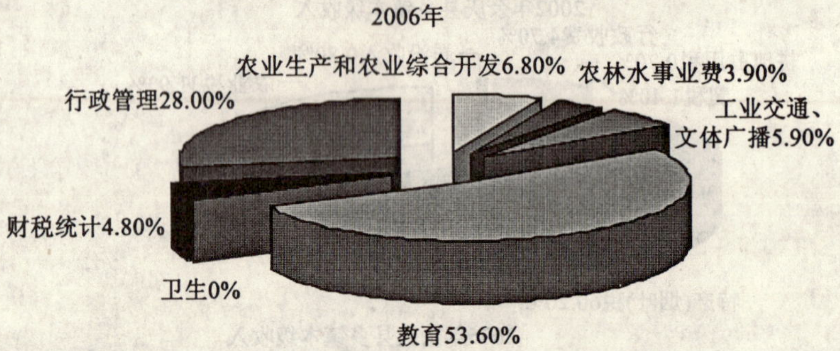

图 5.8　余庆县 2002 年、2006 年乡镇的财政支出结构

收支平衡。由于上级财政的有力支持，余庆县 10 个乡镇总体上在 2002—2006 年保持了盈余状态，见表 5.9。

另外，余庆县各乡镇的债务增长得到了有效控制，乡镇债务余额增幅不大（2003 年以前缺乏乡镇债务的确切统计数据），见图 5.7。同县级债务一样，乡镇债务主要是对教师等有关人员的工资拖欠和乡镇 2003 年前举办工程时产生的工程欠款。

表 5.9　　余庆县乡镇财政的收支结构

收入（%）			支出（%）		
	2002 年	2006 年		2002 年	2006 年
农业税	31.9	—	农业生产和农业综合开发	2.9	6.8
特产税（烟叶税）	60.2	82.2	农林水事业费	4.8	3.9
契税	1.4	2.8	工业交通、文体广播	4.3	5.9
耕地占用税	0.7	0.5	教育	50.8	53.6
行政收费	4.7	12.9	卫生	5.5	—
罚没收入	0.8	1.5	财税统计	5.2	4.8
其中：补助占收入比重	58.0	80.7	行政管理	24.5	28.0
乡镇平均收入（万元）	557.0	1079.9	乡镇平均支出（万元）	548.1	1067.5
乡镇平均结余（万元）	8.9	12.4			

资料来源：余庆县调研。

（3）村级财务

2001 年农村税费改革以来，余庆县财政对全县 66 个行政村、3 个居委会实行拨款支付制度，以保证农村和社区基层组织的正常运行。村级财务支出的主要项目是：农业支出（包括农业管理、生产资料补贴、良种补贴、农村公益事业支出），社会福利与救济支出，行政管理支出（人员费用和公用经费），其他支出（包括补助村民委员会的支出和其他杂项支出）。

由表 5.10 可见，2001—2005 年，县财政对各村的拨款由每年平均 8 万余元增加到 20 万余元，增加了 1.68 倍。与之相应，村级行政管理支出平均增加了 53.7%，而农业支出平均增加了 14.6 倍；其中，农业支出中又主要是农村公益事业，例如 2005 年新寨村的公益事业支出为 57250 元，占该村农业总支出（66610 元）的 85.9%。这表明，余庆县各村财务已由维持村级组织运转向提供村级公共品的方向发展。

表5.10　余庆县白泥镇三个村的财务支出　单位：元

村	人口	组数	2002年			2005年			
			行政	农业	总计	行政	农业	村委会补助等	总计（拨款）
明星	4939	33	96592	1200	97792	148322	59322	40450	248094
大龙	4231	40	85607	7662	93269	116845	65145	51531	233521
新寨	1664	18	65688	3380	69068	115766	66610	31494	214860

资料来源：余庆县调研。

更重要的是，近年来余庆县各村集体经济不断发展，村级积累到2005年已达到2080万余元，平均每村积累达30万余元。在构皮滩镇红飞村村委会，下派来村工作已5年的村支部书记告诉我们说，现在村里条件改善了，村级积累增加了，经济发展上了路，收入增加了，矛盾缓和了，扯皮的事少了，村级工作比以前好做多了，村干部主要是为村民的事与外面的企业、单位、政府部门沟通，帮助解决一些生产上的问题。余庆县村级积累增长和村级工作好转这些情况是我们未曾想到的。

（四）余庆模式的意义和面临的挑战

余庆县开展新农村建设的经验和模式可以概括为以下三个方面：

（1）建立县、乡镇政府和财政与村和村民直接联系的制度，将新农村建设工作的任务落实到各村的建设点上

余庆县创造性地建立了县、乡镇政府和财政与村和村民直接联系的制度（见图5.9），这一制度具体包括：（1）县和乡镇派干部进村担任村干部，加强村级基层工作的制度；（2）打破传统的“县—乡镇—村和村民”的层级体制，通过“四在农家”创建点这个“抓手”，使所有各级政府部门、村干部和村民的关注焦点汇聚到创建点上，使各种农村问题都在“点”的建设中得到解决，形

成“创建点”集中联系机制；(3) 县级财政通过直接支付村干部工资和村级运转费用、对“创建点”进行资助与建设拨款等方式，形成了县财政—村财务和村民之间的“直通车”体制，使县和上级财政的转移支付直接进入村组和农民家庭。直接联系制度保证了新农村建设所需的组织、资源、信息和其他条件。

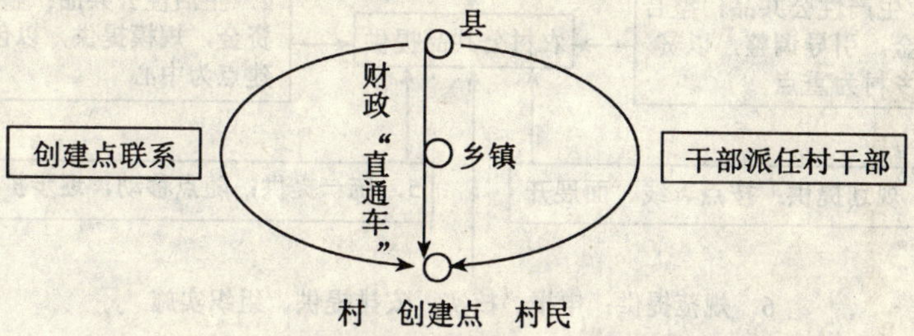

图 5.9　余庆县政府、财政与村民联系机制

(2) 建立了以县政府和财政为主体，引导农民和社会共同投资的农村公共品提供机制，将新农村建设的重点放在农村公共品提供上

余庆县创造性地建立了有特色的、新的农村公共品提供机制，即：(1) 以县政府和财政为主体、乡镇政府和财政协助、农民和社会各界自主参与的农村公共品联合提供机制；(2) 整合来自上级财政的各专项资金和县财政的相关支出，通过贷款、补贴和集中购买、发放实物与现金等方式，集中投向“四在农家”创建点，进行有规模的提供，系统解决农村基础设施和生活条件的机制；(3) 运用农业综合开发和支援不发达地区支出等项目资金，通过优惠贷款、补贴、资助培训等方式，重点向贫困乡镇和村组提供生产性公共品，帮助和引导农民进行结构调整和产业发展的机制；(4) 全面规划，先小规模试点、然后沿交通线展开，再因地制宜、分期分批、全面推进的机制；(5) 制定标准、统一规范，政府各职能部门提供技术服务和公共设施，跟随“创建点”延伸、逐步扩大提供规模的机制；(6) 各村农民根据自身情况申报参与创建、乡镇核实、县“创建办”和财政部门统一安排提供、村组与农民

协商并具体组织建设的机制。这种新型的农村公共品提供机制为新农村建设活动全面、有序地开展提供了制度保证，见图5.10。

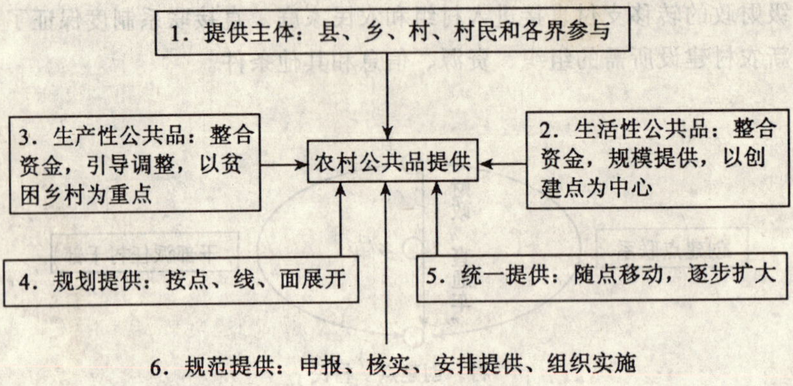

图5.10 余庆县农村公共品提供的新机制

(3) 探索了以“创建点”为中心的全面建设模式或路径，将新农村建设的内容具体归结到富、学、乐、美四个方面

余庆县创造性地提出了以“创建点”为中心的全面建设模式或路径，围绕“富、学、乐、美”四个方面来开展新农村建设，即：①“富在农家”抓经济结构调整，各村结合创建点的建设和具体环境，搞规模农业和特色产业，改善生产条件，进行技术更新和产业创新；②“学在农家”抓技能，各村结合创建点的建设，大力发展技术教育和就业培训，实施“一村一品”、“多业并举”计划，为富在农家打好基础；③“乐在农家”抓文化体育，各村在创建点的建设中保证通广播、电视，保证村级办公场所、书刊室和集会场所的建设，保证体育场所和娱乐设施的建设，以丰富精神生活；④“美在农家”抓村居环境，各村创建点建设的基本要求是完成“五通三改三建”等基础设施建设，完成家庭住房和环境改造，彻底改变农村面貌，使农村居民进入现代生活。以富、学、乐、美为基本内容的“四在农家”的创建模式，为余庆县全面、具体、持续性地推进社会主义新农村建设活动提供了一个有力的

“抓手”，一个可以临摹的“范本”或一条有效的路径。

1. 余庆模式的意义

余庆模式对于我国全面开展新农村建设具有重大的理论与现实意义。

（1）余庆模式是马克思主义城乡融合发展理论在我国西部地区的成功实践，是马克思主义“中国化”的生动范例

19世纪中期，当工业革命在欧洲各国展开时，马克思、恩格斯就科学分析了城乡发展不平衡或者相互矛盾、对立的问题，提出了城乡融合发展的思想。他们认为，城乡社会经济发展差异是城乡劳动分工发展不平衡的反映，“一个民族内部的分工，首先引起工商业劳动和农业劳动的分离，从而也引起城乡的分离和城乡利益的对立”。①

因此，马克思、恩格斯认为，解决城乡对立问题必须改变现行的城乡分工和分配格局、实行城乡融合、进一步发展社会分工。“乡村农业人口的分散和大城市工业人口的集中，仅仅适应于工农业发展水平还不够高的阶段，……通过消除旧的分工，通过产业教育、变换工种、所有人共同享受大家创造出来的福利，通过城乡的融合，使社会全体成员的才能能得到全面的发展。”② 所谓城乡融合，就是农村公社“将从事工业生产和农业生产，将把城市和农村生活方式的优点结合起来，避免二者的片面性和缺点”。③

19世纪后期，马克思和恩格斯进一步提出了通过国家财政支持，运用先进技术和工业化成果，加速城乡融合，使农村不经过痛苦且漫长的阶段而实现跨越式发展的设想。在《给维伊·查苏利奇的复信草稿》（1881）中，马克思在谈到俄国农村公社的发展前景时指出：“俄国可以不通过资本主义制度的卡夫丁峡谷，而把资

① 《马克思恩格斯选集》第1卷，人民出版社1995年版，第51页。

② 《马克思恩格斯选集》第1卷，人民出版社1995年版，第144～145页。

③ 《马克思恩格斯选集》第1卷，人民出版社1995年版，第143页。

本主义制度的一切肯定的成就用到公社中来。”① 马克思认为，农村运用工业化成果可以实现快速发展。至于在农村运用先进技术的费用，马克思说：“俄国社会有支付的义务，因为它长久以来靠‘农村公社’维持生存并且也必须从‘农村公社’中去寻找它的‘复兴的泉源’。”② 所谓社会支付，就是指通过国家财政让工业对农业进行反哺。马克思同时还提出了发行国债，将投入工业的一部分财政资金用于农村等具体方式，并强调说，如果是这样，谁也不会再考虑消灭农村公社的问题了。1882 年，恩格斯在《马尔克》这一著作中指出，德国的小土地经营制度已经过时，实行规模经营是必然趋势。而要运用农业机器来经营大农业，就必须发展农村工业、就地转移劳动力，否则就会产生更多的城市贫民。“要使这些被排挤出农业的人不致没有工作，或不会被迫集结城市，必须使他们就在农村中从事工业劳动，而这只有大规模地、利用蒸汽或水力来经营，才能对他们有利。”③ 恩格斯明确地提出了农业现代化和农村工业化并举的发展思路。

很明显，在马克思和恩格斯看来，在城市化和工业化发展的时代，农村的发展必须在国家财政的支持下走城乡融合与联系、深入发展农村分工的道路。这一道路模式包括：农村学习城市的生活方式与生产方式，在农业中运用工业技术成果和规模经营，在农村中发展工商服务业，但要发挥农村的天然优势、形成自己的特色，以此为基础来加强和扩大与城市和工业的分工联系，使农村逐步融入城市和工业所代表的现代社会生活；国家财政支持可以改善农村生产与生活环境，为农民学习和融合创造必要条件和基础。

余庆县新农村建设的方法和模式——运用财政支持来改善农村生产与生活条件，如建设农村基础设施、改善家庭住房环境和文化

① 《马克思恩格斯全集》第 19 卷，人民出版社 1963 年版，第 435 ~ 436 页。

② 《马克思恩格斯全集》第 19 卷，人民出版社 1963 年版，第 438 ~ 439 页。

③ 《马克思恩格斯全集》第 19 卷，人民出版社 1963 年版，第 369 页。

生活、开展技术培训、建立农村特色产业基地等，这些都为深化农村与城市的分工与联系、为农村居民全面融入现代生活准备了条件。可以说，余庆模式就是在中国运用马克思主义城乡融合理论的实践经验，它对城乡融合理论的广泛运用提供了十分有益的尝试——因为如何具体地实行城乡融合，例如：是先搞生活方式还是生产方式的融合、在推进生活方式和生产方式融合时采取何种方法与形式、各级政府和财政以及农民在融合过程中应处在何种位置、山区和丘陵地区在推进城乡融合时又应有何不同、财政应如何进行支持等，这些问题的解决在中国还没有先例。余庆模式恰恰是一种开创性的实践探索。进一步而言，对余庆模式的总结，可能会进一步推动城乡融合理论的发展。

（2）余庆模式具有一般意义或普遍推广价值，为我国各地开展社会主义新农村建设提供了一种可以参照的模式

首先，在理论上，余庆模式遵循了马克思主义的城乡融合发展思想，坚持了政府和财政支持、促进农村在生活与生产上向城市学习，同时又发挥自己的优势与特色、努力扩大与城市分工和交流的原则，既体现了城乡融合发展的思想，又考虑到了本县的自然地理环境和社会经济实际。所以，余庆模式有科学的理论依据和客观的现实基础的支撑。

其次，在实践上，余庆模式是西部欠发达地区开展新农村建设的模式，是在自然地理环境较差（如地处偏远、交通不便、山高地少）、社会经济资源有限（如缺少矿产资源、甚至缺水、收入低、产出少）、政府财力短缺或不足的情况下的成功模式。就条件而论，可以说东部和中部的大部分县比余庆县要好。这就是说，余庆县开展新农村建设的基本经济与财政条件，东部和中部的大部分县已经具备或只要做些努力就能具备。更重要的是，我国各地县域（特别是中西部地区）经济和财政情况虽有差别但又大体相似，所以，余庆模式具有普遍推广价值，余庆模式的基本方面（特别是制度、机制和做法）完全可以为各地开展新农村建设所用。

（3）余庆模式的推广，将对构建新型地方政府—农民关系、完善地方财政体制和推进公共财政建设以及和谐社会的构建产生积

极作用。

由于几千年来封建观念的影响和市场化中的利益驱使，改革开放以来我国一些地方政府官员的公共服务意识薄弱，“官”、“民”差异明显，处于一种不对称、不平等的格局。余庆县新农村建设的一个突出特点是工作重心下移，大力加强县、乡镇政府与农村居民的直接联系，创建了政府联系农民群众、为农民群众服务、提高农民生活福利水平的制度和机制，建立了一种密切联系、相互信任的新型关系。同时，余庆县新农村建设的另一个鲜明特点就是打破了地方财政层次多、等级森严、重在吸收财源保证部门利益的体制传统，形成了财政“直通车”体制，并使财政资源向下转移，加强了农村公共品的提供。余庆模式的推广显然将会对各地财政体制改革与发展和公共财政建设起到示范引导作用。此外，从开展新农村建设、缩小城乡发展差距、建设社会主义和谐社会来看，余庆模式证明：关键是要从帮助农民群众改善生活与生产条件，要从与农民切身利益相关的具体事情开始，要由那些可见的、现实的“抓手”开始，要从建立制度和规范、给予农民实实在在的支持和帮助开始，要动员社会资源参与农村建设但政府和财政必须处于主导地位。所以，余庆模式的推广，必将有力地推动我国和谐社会的建构，有力地推动城市与乡村、农民与市民、农业与工业和服务业的协调发展。

2. 面临的问题与挑战

余庆县财政改革和开展新农村建设的成就是令人鼓舞的，但也存在一些问题与挑战。主要问题如下：

（1）新农村建设的持续性问题

根据规划，到2010年余庆县将完成全部创建点的建设，基本解决农村居民的生活与生产条件问题。而到目前为止，7年的建设已经使1/6的农户、1/3的农村居民受益，考虑到还有一些农户已经自己改善了家居条件和环境，那么至少还有2/3的农户和10多万农村居民需要在财政支持下进行改善。如果按照2007年财政投入带动改善的比例来计算（800万元财政投入可以带动2000余户、8000余人的创建），那么在今后3年中改善3万多农户的家居条件和环境，还需要投入财政资金 1.2 亿元。由于剩下的农户大多处在远离公路交通线的自然村寨，进行创建的困难更大、成本更高，若再考虑每户参加创建的投入成本增加 1/2，今后 3 年完成全部创建工作大约还需要 1.8 亿元的财政投入，即每年财政投入要达到 6000 万元。显然，这是未来余庆县进行新农村建设将要面临的一个重大挑战！它关系到县级财政能否继续给予大力支持，余庆县的社会主义新农村建设能否持续的问题。一般来看，靠本县税收和财政收入的增长是很难解决的，而若由上级财政转移支付来解决则需要在目前的基础上每年至少再增加 4000 万元——这是很困难的。所以，余庆县以“四在农家”为载体的新农村建设活动将进入最艰巨、最困难的关键时期。

（2）经济发展和财政自立的问题

改革创新和新农村建设使余庆县有了一个良好的开端：村级状况改善、结构调整初显成效、经济发展的基础充实。然而，由于客观条件和环境的限制，余庆县要想迅速改变依赖上级财政支持发展的状况，实现财政自立或依靠本县经济发展和税收增长来健康发展，恐怕还有很大困难。也就是说，在目前经济中农业所占的比重还比较高，县、乡财政还很脆弱的情况下，要达到县域经济与财政的良性循环的状态还有相当长的路要走，还需要较长时期的努力奋斗。因此，像余庆县这样的中西部地区的欠发达县，普遍面临着如何加快县域经济发展、尽早解决债务问题和实现财政自立的挑战。

具体来说，也就是在基本完成农村生产与生活条件的改造或改善之后，还需要进一步研究和探索：如何才能发现和开辟具有良好发展前景的新产业、新产品与新市场？如何利用现代科学技术和生产手段、利用现代企业的组织形式和现代金融手段来有效吸收和配置资源，使习惯了传统农业耕作的广大农民能够快速融入现代社会化的生产过程、全面参与国内和国际竞争？本地现有基础设施、交通条件和社会环境是否能够适应未来日益扩大、日益加快的发展需要？如何才能形成与邻近的大中型城市的多样化联系与对接（如余庆县与贵阳、重庆、遵义等城市），抓住外部需求所提供的发展机遇，实现跨越式发展？

(3) 机构人员多和财政供养率偏高的问题

2006年余庆县财政供养人数为8057人，全县人口为28.38万人，大体为35人供养1人，供养率基本上相当于全国平均水平。但是，作为人均收入低于全国平均水平的西部山区困难县，余庆县的财政供养率应当说还有些偏高，还有降低和压缩的空间（这也是县级债务增加的原因之一）。就各乡镇机构和人员来看，目前余庆县各乡镇一般设有17个职能部门，包括：党政、财政、农业、畜牧、农机、产业、林业、水利、交通管理、企业、计划生育、卫生、社会保障、文化教育、村级管理、移民办、会计所；乡镇人员一般为40~50人，平均每个部门大体为3人。

所以，要进一步推进乡镇综合改革——关键是要学习中部地区一些县进行乡镇综合改革的做法——简并机构、合并职能部门。例如，可以将现有的17个乡镇职能部门按党政、经济事务、社会事务归并为三大块，即：党政办公室、经济发展办公室、社会事务办公室；其中，林业、农机等行政执法部门可以直接上划到县直有关部门。这样，乡镇的全部人员可以压缩到20名左右（根据安徽省庐江县的做法，乡镇人员与乡镇总人口的比例大体为5∶10000，6万人以下的乡镇，人员总编制控制在30~35人。余庆县10个乡镇平均每个乡镇人口不足3万人，故乡镇人员总编制应控制在20人以内）。另外，在改革中要注意大力吸收年轻的研究生和大学生充实到县、乡镇各级政府部门，全面改善结构，提升综合服务能力和专业服务水平。在降低财政供养率、减少运行成本、提供财政支出效率的同时，提高政府提供地方公共服务的能力。

(4) 农村教育和医疗、养老保障的问题

2001年以来，余庆县农村义务教育的条件明显改善（包括校舍、教师、经费保证等）。但是，由于实行计划生育和人口出生率下降以及近年来农民出外打工将孩子带到外地上学，农村中小学教育出现了日益向乡镇和县城集中的趋势。目前绝大部分农村孩子上学路途遥远，或需要住校就读。这种状况一方面对中小学提出了如何加强安全管理的新问题；另一方面也产生了如何保证儿童营养和加强生活管理以及住校费用对于农民家庭的压力和负担的问题

（虽然义务教育不再交纳学费，但包括生活、住宿和各种杂费在内，每学期仍有数百元需要家长负担）。因此，一些村民在“创建点”建好二层楼的新居后将其出租给他人居住，自己仍选择到镇上和县城去租房生活：一边做生意，一边就近照顾孩子上学。农民的选择自然是理性的，但它本身表明：农村义务教育如何发展才能保证孩子们上学便利、安全且有利于他们健康成长、农村家庭生活稳定和农民安心从事农村产业发展与经营？如何使新农村建设的成果（如住房条件与环境改善）发挥它应有的作用和功效？在余庆县，我们了解到，许多农民其实并不希望去镇上和县城过不稳定的生活，但为孩子着想又不得不去。而且他们认为，如果孩子将来能上大学，他们恐怕还会去省城或外地城市打工，因为只有去城市打工、经商才能保证孩子上大学的费用。

除孩子上学之外，还有其他原因促使一些农民离开家乡。一是目前正在推行的农村新型合作医疗制度似乎不能有效解决农村居民的看病问题。在余庆县，一些农民仍然十分担心：万一家人有了大病怎么办？因为不能报销的那一部分还得自己出，那也将是一笔很大的开支。所以要出外打工、经商，抓紧挣钱。二是农村养老保障问题。在余庆县，2002 年 10 月出台了《农村计划生育独生子女户、二女户养老金管理使用办法》，2003 年 7 月县人大通过了相应立法，建立了由县财政逐年提取专项资金对农村计划生育家庭发放养老金（夫妇二人，60 岁以后每人每月 40 元）的制度：每月 10 日前，由各乡镇分村造册，乡镇计划生育股集中填写养老金发放名册，然后报县计生局审核；县财政局从计生专户中拨款到县计生局，由县计生局下拨到各乡镇，最后由各村计生专干按名册发放到户。虽然如此，农村养老保障的覆盖面毕竟有限，而且养老保障水平不高。所以，那些不是养殖和种植大户的农民觉得，还是应当出外打工和经商，不能等到以后年老力衰时住在漂亮、舒适的房子里过乞丐般的生活！就此而言，包括余庆县在内，我国社会主义新农村建设的路还很长，中央、省、县政府应从保证农村长期稳定发展、满足农民长期需要的角度出发，进一步完善农村义务教育、农村医疗卫生和养老保障制度。

(5) 农村长期投资和发展的问题

余庆县以“四在农家”为载体的新农村建设活动顺应了广大农民迫切要求改善生活环境和生产条件的愿望与要求，使农村面貌发生了巨大变化。但是，也应看到，许多农民是在拿出多年积蓄并贷款和向亲朋好友筹借的情况下才投入创建活动的。因此，农村居民如何进一步开展家庭经营、从事农业和非农业生产，将是未来农村发展中面临的一个突出而又带有普遍性的问题。在余庆县，当我们向农民询问所借的贷款以后是否能够还上以及打算如何增加收入和改善生活时，大多数农民回答：应该能够还，以后主要是再借钱做生意或者搞种植和养殖来慢慢还。可见，在参加创建，基本完成住房环境改造之后，由于农民积蓄减少，农村发展普遍需要金融支持，倘若缺乏宽松的信贷环境和有力的财政支持，农村社会经济发展完全可能因为缺乏投资和创业条件而陷入停滞状态，农民也可能因此陷入“返贫”困境。这显然是十分严重的。

因此，在“四在农家”创建活动取得重要成就以后，地方各级政府应充分看到农村发展的长期性和今后发展所面对的困难与挑战，应充分认识广大农民肩头依然承受着巨大发展压力。其实，许多农民拿出全部积蓄来解决当前的住房与生活环境问题，一是因为有政府支持，二是因为形势所迫，农民们通常不希望看到自己与他人相差太远。至于以后如何发展，许多农民并没有考虑太多，一些农民说，有些事情也不可能想得太多、太远。这表明，当前正在展开的社会主义新农村建设在客观上提出了一个如何权衡短期改善和长期发展的问题，提出了一个政府应创造良好的农村金融条件与合作经营机制，保证农村和农民长期投资，不断改善和发展的问题。

(五) 结论和建议

根据我们以上的调查和分析，我们得出以下结论：

第一，2000 年以来，中西部地区的农村改革、财政改革对于地方财政体制的调整和发展产生了积极影响和推动作用。这就是：改革突破了传统的地方 4 级财政体制结构，开始形成以省、县两级为重点，贯穿市和乡镇两级，省县直达、县村直达的新型财政体制。

在这一新的结构体制下，市级财政侧重于地方中型城市及郊区农村的发展；乡镇财政目前仍在行使对各行政村财务的监督和管理职权，但它本身的职能范围已经缩小——主要集中到义务教育、农业生产以及农村文体广播事业发展方面。

县级财政的职能范围基本上没有变化，主要支出职能仍然是基础教育、行政管理、农业和农村发展、医疗卫生和文化体育事业。这表明，乡镇财政目前主要是协助县级财政提供地方公共品和公共服务（例如，因地理环境因素制约需要按乡镇来集中提供的义务教育和学校服务）。

村级财务由于目前基本上以县财政的拨款为基础，故已具有财政的雏形。村级财务支出目前主要是保证村级管理需要和支持村级公益事业建设，如新农村建设。

由于这一新的结构体制有利于省级以上财政对县财政的转移支付（也不影响实力较强的市财政对县财政的资助），有利于乡镇财政集中力量保证一些乡镇公共服务的提供（如义务教育），也有利于县财政对村级组织和开展新农村建设活动的支持，因而能够较好地适应当前县域社会经济稳定发展的需要。

第二，中西部地区近年来的农村改革、财政改革减轻了农民负担，控制住了地方政府行为不规范和县乡财政支出以及乡镇债务扩张的势头，为农村发展和缓解县乡财政困难状况打下了基础。从余庆县的情况看，由于中央和省级财政加大了转移支付，县、乡镇财政状况好转，最近几年已开始出现盈余，乡镇债务得到控制，村级财务明显好转。

改革促进了新农村建设和县域社会经济发展。余庆县的情况表明，因为农民的负担减轻、可支配收入和积蓄增加以及上级财政资源流入和县级财政支持力度加大，新农村建设顺利启动并出现了高潮。作为新农村建设的重要组成部分，农村产业结构得到较快调整、县域经济持续增长的基础得到加强。当然，由于历史的原因和农业的比重较大，县域经济要保持长期稳定发展还需要更多的努力。

第三，中西部地区近年来改革和发展所提供的突出经验，主要是推进新农村建设的经验。它包括：（1）下派干部加强村级组织的建设和对新农村建设的具体组织与领导，通过村民申报、村级集中、县乡政府审核决定的方式，在各村设立“创建点”作为具体开展建设的“抓手”和农民与各级政府联系的中心；（2）建立以县政府和财政为主体、乡镇协助、农民和社会各界自主参与的联合建设、共同提供农村公共品的机制，围绕“创建点”来开展建设，重点是改善农村基础设施、农村生活环境和生产条件；（3）县级财政通过整合有关农村和农业发展的各类资金来安排新农村建设的专项支出，通过制定贷款、补贴和集中购买、发放实物与现金进行支持的制度规范，有规模、有计划地投向“创建点”，政府各部门进入“创建点”提供相关的技术服务和帮助并随“创建点”的延伸而扩大服务范围；（4）先进行小范围小规模的试点，在取得经验后沿交通干线逐步展开，在统一建设标准和全面规划的基础上分期分批推进；（5）县、乡镇、村党政主要领导亲自挂帅，重点抓“创建点”的建设和目标任务的落实，充分尊重群众意愿，发挥农民在具体建设中的主体作用和首创精神。

改革和建设中存在的主要问题如下：

第一，县级财政供养率依然偏高，占用资源过大，债务加大，提供地方公共品和服务的财力不足。

第二，义务教育、医疗和养老保障服务还不适应农民需要，导致农民出外打工、农村人口向城镇移动。这些也是造成农村不稳定、农民担忧的重要因素。

第三，新农村建设使农民耗费增加，农村积蓄大幅度减少，今后农民生活和农村社会经济发展存在潜在风险。

第四，县、乡镇财政状况尚未根本好转，如果没有中央和省级财政的有力支持，新农村建设可能会出现减速甚至停顿的现象。

第五，中西部地区县域经济基础薄弱，而县、乡镇政府尚未研究和制订有效推动社会经济长期发展的战略和计划，对未来发展的困难和应对策略等估计不足。

鉴于上述结论和问题，我们提出以下建议：

(1) 在中西部地区深入开展乡镇改革和省管县、乡财县管改革，构建新的地方财政体制，为县域经济发展和新农村建设确立制度基础。构建新体制的要点是：市级财政与县财政脱钩（但县财政仍向市财政报告财政信息），侧重于地方大中城市的公共服务提供；乡镇财政侧重于需要由乡镇集中提供的农村公共服务（主要是乡镇所在地如集镇和县城的公共品提供，推动县内中小城镇的发展），协助县财政向全县各村统一提供公共品；县级财政的主要职能是向全县农村统一提供基本公共品（如农村基础设施等），应直接提供到各行政村、具体到各村的新农村建设点，同时对于财政困难的乡镇给予资助，以保证协调发展。

(2) 中央财政和省级财政要进一步加大对中西部县、乡镇财政的支持力度，保证以城带乡、反哺农村的财政资源投入。国务院和中西部各省要建立负责新农村建设的专门机构，要通过财政拨款建立新农村建设专项基金（主要用于农村基础设施建设和生活环境的改善，改变现有的分专项资助的模式）。可以参照余庆县财政资助每户农民开展建设的投入比例，向各县提供新农村建设的专项转移支付；同时要求各县降低财政供养率，并按一定比例增加新农村建设的投入，促进中西部地区的新农村建设和保证新农村建设的持续发展。要充分认识经济与财政、农村与城市的紧密依存关系。按照马克思主义的观点，就是控制对现代化程度已经很高的城市的财政投资，将一部分资金用于农村发展。从资金使用的边际效益来看，投在农村的边际效益显然要比投在城市大得多。余庆县的实践表明，1千万元投资在城市只不过能建一栋大楼，而在农村却一下改善了几千户农民的住房条件，使数万农村居民开始进入现代生活。

(3) 在中西部地区全面推广余庆县的社会主义新农村建设经验或模式。包括：①选派国家干部到村任村干部，切实加强农村工作的组织基础、发挥农村基层组织带领农民开展新农村建设的作用与功能；②在制定全县规划、统一改造和建设标准（如住房结构、式样和环境要求）、财政资助规则（如对村、点和每户的支持额度等）以及尊重农民意愿（自愿参与、自选结构式样）的前提下，确定各村的集中建设点，以建设点为中心开展新农村建设；③实行县、乡镇主要领导包片（如乡、村、点）负责，县、乡镇各级政府和机关单位定点帮助（要规定一定量的资金和物质要求），水、电、气、路、建筑等部门到各建设点具体提供技术指导和现场服务的制度；④财政资助对于农民住房改善和基础设施与环境建设主要采取供给建设物资、贷款贴息和少量现金补助的方式，对产业结构调整采取贷款贴息、提供启动现金和采购发放（如种、苗、设备）等方式；⑤在县、乡镇、村各级建立专职的新农村建设组织机构（3~5人），负责上下联系、沟通协调，处理具体事务；⑥因地制宜，先试点、后普及，逐步推进，形成有计划、有秩序、有规范、有投入、有领导和有组织的新农村建设活动。

（4）教育部和省、市、县教育部门要对进一步改善农村义务教育的问题进行研究。例如：①结合各地新农村建设，研究在农户相对集中的新农村建设点设立小学以及各乡、村开通学生上学免费专车的问题；②研究基本课程实行全县、全乡镇联网教学，城镇与各村小学定期举行联合教学活动、实践活动的计划；③研究中央、省、市的大学和技术学院与农村学校开展互访交流——定期选派教师和学生到乡村学校进行教学和考察，接受农村中小学教师进修和研究的计划；④研究国家财政设立“农村义务教育改善专项基金”，资助以上活动和计划的实施问题。

（5）劳动与社会保障部门应抓紧研究建立适应农村居民需要的农村医疗保障和养老保障制度问题。卫生部应抓紧研究在行政村设立标准农村卫生所，建立全国农村医疗卫生服务体系（网络），开展预防、救治、疫情监测与报告工作的问题。针对农民对于大病医疗保障不足、自己负担依然存在困难的担忧，可以考虑建立一种具有多种缴费与受益等级、农民可以自己选择、财政对低收入农户参保给予一定比例的缴费减免的农村医疗保障制度（减免部分由财政补贴）。农村养老保障制度可以借鉴余庆县的做法，先对实行计划生育的农民推行以保障基本生活为目标、完全由财政负担的制度，然后普及到所有成年农民——主要采取多种缴费与受益等级、自己选择、财政根据收入情况补贴、60岁后移交经营土地的方式（采取这种方式可以在适当的时候，将农村医疗和养老保障合并，建立统一的农村社会保障制度，并与城市社会保障接轨），以保证农村的长期稳定发展。

（6）加强县以下农村金融网、特别是乡镇信贷点的建设，支持农民创业、进行结构调整，利用现代技术手段开展多种经营。目前，各地区农民普遍反映农村金融信贷服务较差：一是农村信贷点少、距离太远、农民借贷不方便；二是服务目的不明确、单纯考虑利益的倾向严重，一些银行和农村信用社喜欢将大笔资金投向城市、土地开发和少数大户，而不愿向一般农民提供小额贷款。在开展新农村建设，基本解决了农村生产设施和生活条件的问题以后，中西部地区的县、乡镇财政和农村金融机构应设立"创业启动资助"和启动"优惠信贷"项目，大力支持农民投资创业，保证农村长期发展。

（7）农业部、劳动部、教育部等部门应联合设立"农村发展人力资源培训基金项目"。配合各地新农村建设，直接在各县设立"农村就业培训和职业介绍中心"；或通过申请、批准方式（要建立培训标准、条件和绩效指标）委托县农业局、劳动局、教育局组成联合项目小组实施就业培训和联系推介计划，推进农村就业、促进产业转型和经济发展。

（8）应组织力量研究中西部地区县域经济的长期发展战略，帮助各县制定社会经济发展的长期规划。其中，应重视研究农村基础设施和生活环境改善以后，农村仍然可能出现的人员流出、乡村"空洞化"问题的解决方案；要充分认识和研究当城市化发展到一定阶段后城市人口向农村回流可能出现的发展机遇。这也意味着，应不断改善农村的生活环境和基础设施，不断完善农村与城市的道路交通和通信联系（如建设铁路分支线、县际和省际交通网等），开发农村新资源和建立新的产业增长带，在已有新农村建设点的基础上进一步建设有特色优势的农村社区。也要研究西部大开发、中部崛起等重大项目与这些方面的结合并估计效果。

（9）财政部和省以下各级地方财政部门要积极探索解决县和

乡镇债务的有效途径。一般来看，县和乡镇的债务主要是以往和当前的工资拖欠和工程欠款。由于中西部地区县、乡镇财政普遍困难，有些欠款至今未能补给教师、公务员和施工单位，虽然人们可以理解财政困难问题，但政府不能长期失信于民。可行的解决办法是：（1）对以往的拖欠工资和工程欠款，原则上应安排专项债务偿还资金，分期分批逐步偿还；（2）成立债务审查和清理小组，对以往的工程项目逐一进行检查、重新核算和处理，对未达到质量和数量要求、社会反映大的工程不能全额支付欠款，而应与工程单位进行协商，在作适当的补偿后冲销债务；（3）对近几年因为政策调整而虚增的工资"债务"，由于国家规定可以根据各地实际情况调整，并非一定要兑现，所以不应算做实际债务，省级财政对此可以作统一安排。县、乡镇债务问题客观上提出了应加快地方政府和财政改革的步伐，进一步加强县级财政管理和推进县级公共财政建设的要求。

参考文献

[1] 马克思恩格斯选集. 第1卷. 北京：人民出版社，1995.
[2] 马克思恩格斯全集. 第19卷. 北京：人民出版社，1963.
[3] 中共余庆县委宣传部，余庆县文明办. "四在农家"文集. 2007.
[4] 中共余庆县委宣传部，余庆县文明办. "四在农家"创造文明富裕新农村. 2006.
[5] 余庆县创建办. 2007年余庆县"四在农家"汇报材料. 2007.
[6] 余庆县创建办. 2007年余庆县"四在农家"财政补助资金支付情况. 2007.
[7] 余庆县财政局. 余庆县财政志（1709—2005）. 2006.
[8] 余庆县人民政府. 余庆县"乡财县管"改革实施意见. 2007.
[9] 余庆县人民政府. 关于进一步完善乡镇财政管理体制的实施意见. 2007.
[10] 余庆县财政局. 余庆县国库管理制度改革资料汇编. 2007.

[11] 黄宗智．中国乡村研究．（第四辑）．北京：科学文献出版社，2006.

[12] 华中师范大学中国农村问题研究中心．中国农村研究．北京：中国社会科学出版社，2006.

[13] 肖唐镖，李昌金．中国乡村报告．上海：学林出版社，2005.

[14] 王伟光．建设社会主义新农村的理论与实践．北京：中央党校出版社，2006.

[15] 江潭瑜．中国新农村调查．北京：人民出版社，2007.

第六章　新农村建设、地方财政支出与农民收入增长

——基于贵州省遵义市12个县（市）数据的实证研究

摘　要：本章运用遵义市2001—2006年的统计数据，分析了遵义市12个县（市）开展以“四在农家”为载体的新农村建设活动以及相关制度改革和财政支出对于农民收入增长的作用。研究表明：新农村建设及相关制度改革和财政支农支出对农民增收有明显的促进作用；而基础教育支出和行政管理支出，对农民增收的作用不显著。另外，提高县级财政自给率对农民增加收入有很强的正效应。以实证分析结论为基础，本章就现阶段增加农民收入问题提出了对策和建议。

近年来，学术界对于农村发展、特别是农民收入增长问题进行了广泛探讨，但很少有人对县级政府和财政引导、支持新农村建设对农民收入的作用进行分析。2007年11—12月，我们课题组在赴贵州省进行新农村建设和地方财政改革情况的调查过程中发现，2001年贵州省遵义市余庆县发起“四在农家”新农村建设活动后，2002年遵义市委、市政府在全市推广余庆模式，形成了规模宏大的新农村建设热潮，极大地改变了农村面貌；许多农民反映，“四在农家”新农村建设活动开展以来，家庭收入增加了。那么，这是否意味着：新农村建设本身就是农民增收的重要方式呢？

为此，我们根据贵州省遵义市12个县（市）2001—2006年的统计数据（《遵义统计年鉴》2002—2007年），对遵义市新农村建设对农民收入的影响进行实证分析。

一、引　言

自2001年开展农村税费改革以来，随着乡镇综合改革、省管县财政改革和乡财县管等改革在广大农村地区逐步展开，学术界对于农村发展、特别是农民收入增长问题进行了广泛的研究和探讨。

例如，周黎安、陈烨（2005）通过对1999—2002年591个县的实证研究发现，农村税费改革对农民收入增长有明显的正效应，税费改革对样本期间农民纯收入增长的贡献率高达40%，而且其影响具有持续性。方齐云等（2005）对农村税费改革后农民收入情况的实证分析表明，农业收入提高已达到极限，农民收入增加将主要取决于非农业收入的增长，农村税费改革这一制度变革对农民收入增长的作用是有限的。此外，冉光和等（2005）运用省际面板数据（1978—2002年），研究了财政收入和财政支出对于农民收入的影响情况，发现农民收入的财政支出弹性为正，而财政收入弹性为负。杜玉红、黄小舟（2006）对我国财政支出中农业生产支出、农村水利气象支出、农业基本建设支出、农村科技支出与农民收入增长情况的实证研究发现，财政用于农业生产方面的支出和社会救济支出有利于农民增收，而用于农村基本建设的支出则对农民增收有抑制作用。杨灿明等（2007）在从农民收入的来源和构成方面分析农民收入增长时发现，财政支农支出和人均农业科技三项费用支出对于农民收入增长的影响为负。

应当指出，以上研究大多基于全国层面或省际的时间序列数据，实际上对农民、农业和农村发展影响最直接的还是地方县级财政收支（省级以上财政对农村发展和农民收入的作用主要是通过县级财政来实现的），因此，考察县级财政活动对农民收入的影响应更有意义。同时，除了农村税费改革的成效分析之外，近年来围绕农村发展和社会主义新农村建设在各地开展的一系列改革和创新的效应、特别是它们对农民收入增长的影响，尚未见系统的理论分析和实证研究。

2007年11—12月，我们课题组在赴贵州省进行新农村建设和地方财政改革情况的调查过程中发现，伴随2001年开始的农村税费改革以及之后的乡镇综合改革、省管县财政改革、部门预算改革和乡财县管改革，贵州省遵义市余庆县发起了以"四在农家"为载体、县乡财政支持引导和农民自主投入、广泛参与的新农村建设活动。余庆县"四在农家"新农村建设活动的主要内容是：调整各村的经济结构，建立优质水稻生产基地，发展养殖、茶叶、果木等特色产业，发展集体加工和服务经济；开展基础设施和环境建设，搞"五通三改三建"（通路、通电、通水、通电视、通电话；改厕、改灶、改环境；建图书室、建文体活动场所、建宣传栏）。2002年遵义市委和市政府及时总结并推广余庆县的新农村建设经验，开始在全市形成大规模的"四在农家"新农村建设热潮，使农村生活、生产条件与环境面貌有了很大变化，受到广大农民的欢迎。

作为西部山区的农业市、县，遵义市和余庆县之所以能够率先并持续开展新农村建设，其重要原因就是：（1）农村税费改革和国家实行农业补贴政策等增加了农民收入；（2）开展部门预算改革和完善省管县财政体制等控制了行政支出，加强了县级财政；（3）各县为开展新农村建设所开展的制度创新，如县、乡镇、村和县直各部门共同支持各村建设的"四级联创"制度，县级财政整合资金专项支持、村民申报、各村组织、乡镇审批、县级备案并资助的制度等为开展新农村建设准备了财政条件和社会经济基础。进一步看，新农村建设活动的开展反过来又为农民增加收入提供了有利条件，例如，财政投资农村基础设施建设、支持农村结构调整带动农民参加各种建设和创业，可以直接增加收入；同时，农民生活条件改善、经营环境改善、生产成本降低、建设和消费市场活跃等，又有利于农民更广泛地开展市场经营活动，取得更多收入。在调研中，很多村干部和农民反映，近年来他们收入的增加主要来源于种植结构调整和规模化经营、从事加工运输、参加水利道路等基础设施建设、帮助他人建房等。

我们知道，近年来农民增收困难，一般原因是：（1）家庭经营规模小，缺乏产业化生产组织，经营效率低；（2）农业技术水平不高，产品种类少、品质不高、加工增值率低；（3）农产品生产成本增加，而市场竞争加剧、销售价格提高缓慢；（4）农民整体素质不高，农村劳动力中初中及以下文化程度的占80%左右，而且缺乏市场经营知识、不了解市场信息、怕担风险等。所以，如何增加农民收入已成为一个难题。而遵义市和余庆县的实践则表明，全面推进社会主义新农村建设本身可能就是破解农民增收这一难题、不断增加农民收入的一项综合性的重要措施。

因此，本书拟根据遵义市所辖12个县2001—2006年的统计数据，对该市开展新农村建设对增加农民收入的作用和影响进行实证研究。

二、模型构建

根据我们课题组在遵义市的调查，近年来遵义市农民的收入增长情况主要取决于三大因素：一是各县经济增长的状况，它形成大的市场环境，影响农民的各种经营收入，包括从事种植、养殖、加工、工商服务等的收入；二是财政支持新农村建设的支出增长状况，它推动了新农村建设，拓展了农民参加建设取得务工收入、提供原材料和从事有关经营获得收入的机会和空间；三是制度改革和创新的影响，它向农民提供的各种转移支付收入，激励农民积极创业、投身建设取得收入。据此，我们假设在开展新农村建设的过程中，农民的收入增长主要取决于县域经济增长、财政支持和制度改革的影响，即：

$$\mathrm{PR}=f(Y,F,D) \tag{1}$$

式中，PR表示农民收入，Y表示本县的经济增长情况，F表示县级财政支农支出，D表示制度改革因素。对（1）式全微分，有：

$$d\mathrm{PR}=\frac{\partial f}{\partial Y}dY+\frac{\partial f}{\partial F}dF+\frac{\partial f}{\partial D}dD \tag{2}$$

（2）式中的财政支农支出F，具体来看，它主要包括农业和农村综合发展支出FC、农村教育支出FE和农村社会管理支出FA；

同时，考虑到中西部地区财政困难、财政自给率（一般预算收入与财政支出之比）FS 不高从而影响财政支持的情况，我们可将县级财政支农支出进一步表示为以上四个变量的函数：

$$F=Q(\mathrm{FC},\mathrm{FE},\mathrm{FA},\mathrm{FS}) \tag{3}$$

我们用 DT 表示农业税等国家财政制度改革的影响，用 DN 表示各县与新农村建设相关的制度创新的作用。于是有：

$$D=\lambda(\mathrm{DT},\mathrm{DN}) \tag{4}$$

对（3）、（4）式分别全微分得：

$$dF=\frac{\partial Q}{\partial \mathrm{FC}}d\mathrm{FC}+\frac{\partial Q}{\partial \mathrm{FE}}d\mathrm{FE}+\frac{\partial Q}{\partial \mathrm{FA}}d\mathrm{FA}+\frac{\partial Q}{\partial \mathrm{FS}}d\mathrm{FS} \tag{5}$$

$$dD=\frac{\partial \lambda}{\partial \mathrm{DT}}d\mathrm{DT}+\frac{\partial \lambda}{\partial \mathrm{DN}}d\mathrm{DN} \tag{6}$$

然后将（5）式、（6）式代入（2）式，并整理得：

$$d\mathrm{PR}=\frac{\partial f}{\partial Y}dY+\frac{\partial f}{\partial \mathrm{FC}}d\mathrm{FC}+\frac{\partial f}{\partial \mathrm{FE}}d\mathrm{FE}+\frac{\partial f}{\partial \mathrm{FA}}d\mathrm{FA}+\frac{\partial f}{\partial \mathrm{FS}}d\mathrm{FS}+\frac{\partial f}{\partial \mathrm{DN}}d\mathrm{DN}+\frac{\partial f}{\partial \mathrm{DT}}d\mathrm{DT} \tag{7}$$

用 GDP 增长率代替产出 Y，用 β_i 代替各因素对农民收入的边际影响，建立计量模型：

$$\mathrm{PR}_{it}=\alpha_i+\beta_1\mathrm{GDPG}_{it}+\beta_2\mathrm{FC}_{it}+\beta_3\mathrm{FE}_{it}+\beta_4\mathrm{FA}_{it}+\beta_5\mathrm{FS}_{it}+\beta_6\mathrm{DN}_{it}+\beta_7\mathrm{DT}_{it}+\mu_{it}$$
$$i=1,2,\cdots,I;t=1,2,\cdots,T \tag{8}$$

其中，i 表示县（县级市），t 表示年份。PR 表示农民人均收入（元）；GDPG 表示 GDP 增长率；FC 表示县级财政用于农业和农村综合发展的支出（万元；包括农业支出、农林水气事业费支出等）；FE 表示县级财政教育支出（万元），另外，考虑到基础教育对受教育者的回报（收入）有滞后性，在后面的实证检验中我们还将增加教育支出的滞后变量——滞后一期的支出变量 FE（-1）和滞后两期的支出变量 FE（-2）进行分析；FA 表示行政管理支出（万元）；FS 表示县级财政自给率；DT 为农业税等财政制度改革虚拟变量，变量取值根据取消农业税、实行农业补贴和贵州省完善省管县财政体制、开展部门预算改革的时间确定：2004 年前取 0，2004 年后取 1；DN 为新农村建设制度创新虚拟变量，变量取值根据各县全面开展新农村建设的时间确定，余庆县在 2003 年以前为 0，2003 年后取 1；遵义市其他县（市）2004 年以前取 0，2004 年后取 1；μ 为随机误差项。

三、实证检验及分析

本书实证分析的数据取自《遵义统计年鉴》（2002—2007 年）。面板数据模型主要分混合回归模型、固定效应模型和随机效应模型三种，为此，我们先进行模型设定检验以确定模型的形式。用冗余固定效应检验（Redundant Fixed Effects Test，Likelihood ratio）来判断混合回归模型和固定效应模型的优劣，检验均在 1% 的显著水平上拒绝原假设（见表 6.1 中的模型 1 和模型 2），表明固定效应模型优于混合回归模型。随之，我们用豪斯曼检验（Hausman Test，1978）进一步判断固定效应模型和随机效应模型的优劣，检验显示模型 3 和模型 5 分别在 1% 及 10% 的显著水平上拒绝原假设，固定效应模型优于随机效应模型；模型 1、模型 2 以及模型 4 则完全接受原假设，随机效应模型优于固定效应模型（具体结果见表 6.1）。最后，按确定的模型形式进行回归，对于固定效应模型，为避免不同县域的截面异方差，我们选择截面加权（Cross section weights）广义最小二乘法（GLS）进行估计，同时对模型系数协方差形式选用怀特（White）截面方法进行 FGLS 估计；对于随机效应模型使用 Wallace-Hussain 方法估计成分方差，同时对模型系数协方差形式选用怀特截面方法进行 FGLS 估计。

从表 6.1 中的模型 5 可见，估计方程调整后的可决系数 R^2 非常高，调整后的可决系数为 0.997，表明模型解释变量能解释被解释变量变化因素的 99.7%；D.W 值等于 2.089，估计方程不存在序列相关，该模型效果比较好。

从回归检验可见：

（1）县域经济增长对农民增收的作用较弱。GGDP 估计系数的 P 值在模型 1、模型 3、模型 5 中分别为 0.0464、0.0054 和

表 6.1　　农民收入影响因素分析

	模型 1	模型 2	模型 3	模型 4	模型 5
	REM	REM	FEM	REM	FEM
GGDP	10.00452 (0.0464)**	9.887157 (0.2711)	7.443702 (0.0054)*	10.47092 (0.3929)	7.784527 (0.0061)*
FC	0.152672 (0.0002)*	0.125513 (0.0001)*	0.143389 (0.0000)*	0.149938 (0.0000)	0.140317 (0.0000)*
FE（模型 1 和模型 3 为当期支出，模型 2 和模型 4 为其滞后项）	-0.033606 (0.0350)**	-0.000209 (0.9678)	-0.001440 (0.7867)	-0.002557 (0.7088)	
FA	0.058430 (0.1082)	0.007994 (0.6877)			
FS	491.0850 (0.0109)**	647.235 (0.0158)**	473.8948 (0.0007)*	724.7341 (0.0000)	500.8473 (0.0004)*
DT	95.73555 (0.0015)*	131.5228 (0.0002)*	94.35609 (0.0213)**	121.474 (0.0000)	96.50481 (0.0121)**

续表

	模型 1	模型 2	模型 3	模型 4	模型 5
	REM	REM	FEM	REM	FEM
DN	202.2412 (0.0038)*	208.4159 (0.0086)*	233.9008 (0.0000)*	208.8690 (0.0010)	231.1841 (0.0000)*
调整后的 R^2	0.742380	0.656275	0.996179	0.591177	0.996555
D.W 值	1.902743	1.937706	2.083052	1.407935	2.088635
Redundant Fixed Effects Tests(LR)	157.720807 (0.0000)	129.07686 (0.0000)	155.699318 (0.0000)	128.997 (0.000)	155.853740 (0.0000)
Hausman test	0.019659 (1.0000)	0.000 (1.0000)	38.058969 (0.0000)	0.0000 (1.000)	9.961443 (0.0763)

注:本表估计均由 Eviews5.1 软件完成,无括号的表示系数,括号内为 P 值;*、** 分别表示在 1%、5% 的显著水平上显著;FEM 表示固定效应模型,REM 表示随机效应模型;回归结果略去了公共截距项和个体截距项。

0.0061，在5%和1%的显著水平上显著，表明县（市）经济增长率提高对农民收入有正向作用，但作用效应弱。这可能是因为遵义市12个县（市）基本上都是农业县，其中11个县的第一产业（农业）产值占GDP比重都在26%以上，有6个县（市）的第一产业占GDP的比重甚至高达40%以上。所以，在农业比重较高而且这个比重正在不断下降的县（市），总体经济增长主要是由工业和服务业拉动的，这种增长对农民收入增长有一定贡献，但贡献和作用相对有限。

（2）财政支持农业和农村发展支出对农民收入增长的促进作用明显。财政支农支出FC的估计系数为正，在各方程中都非常显著。可能的解释是：县（市）财政对农业和农村发展支出（主要包括财政支持农村生产支出和农林水利气象等部门的事业费用①），主要用于新农村建设或农村生产性公共品和公共服务的提供，它促进了农业和农村非农产业的发展，增加了农民在农村的收入；而农业生产设施和生产条件的改善又提高了农业生产率，使一部分农村劳动力被解放出来，到城镇务工或从事非农经营，从而增加了农民在城镇务工和经营的收入。

（3）县级教育支出对农民收入增长的作用不显著。考虑到县级财政的教育支出主要用于基础教育，而教育对农民收入回报固有的滞后性，本书借鉴了“完善农村义务教育财政保障机制”课题

① 支持农村生产支出：指国家财政支持农村各项生产的支出。包括对农村举办的小型农田水利和打井、喷灌等的补助费，对农村水土保持措施的补助费，对农村举办的小水电站的补助费，特大抗旱的补助费，农村开荒补助费，扶持乡镇企业资金，支持农村合作生产组织资金，农村农技推广和植保补助费，农村草场和畜禽保护补助费，农村造林和林木保护补助费，农村水产补助费，发展粮食生产专项资金。农林水利气象等部门的事业费用：指国家财政用于农垦、农场、农业、畜牧、农机、林业、森工、水利、水产、气象、乡镇企业的技术推广、良种推广（示范）、动植物（畜禽、森林）保护、水质监测、勘探设计、资源调查、干部训练等的费用，园艺特产场补助费，中等专业学校经费，飞播牧草试验补助费，营林机构、气象机构经费，渔政费以及农业管理事业费等。

组（2005）的研究成果，对教育支出及其滞后两期的情况分别进行回归检验。结果显示，当期的教育支出对农民增收的作用系数很小且为负，统计显著性也不稳定；教育支出滞后一期和滞后两期对农民收入的影响也很微弱且在统计上始终不显著。① 可能的解释是：基础教育还可能具有“隔代转移”的收益特征；而就一个人自己而言，即使他完成了基础教育，他在本地无论从事农业还是非农业生产经营活动，也很难适应市场化经营和现代化、规模化生产的需要。目前80%以上的农村劳力具有初中文化水平，他们面对的收入增长困难正好说明了这一现象。当然，这里并不否定县级财政的教育支出对于提高农民基本素质以及整个民族的文化和技术水平的重要作用。但是，如从农民增加收入这一角度、从地方县级财政应主要提供使本地受益的公共品和公共服务的原则来看，基础教育应主要由国家财政负责（至少应主要由省级财政来负责）；县级教育支出更应侧重技术教育、农民转行和就业培训、农业技术普及等。

（4）县级行政管理支出对农民增收的作用在统计上不显著。这可能是行政管理支出主要是政府和公共部门正常运转的费用，故对农民的增收效应不明显；当然，我们也不能据此判断政府部门的活动超过了最优边界。

（5）县级财政自给率的估计系数比较大，而且在各回归方程的统计上都显著。这说明县级财政自给率对农民增加收入有很强的正效应，即：提高县级一般预算收入与财政支出的比重十分有利于农民收入增长。可能的解释是：一般预算收入不足、县乡财政困难是中西部地区县（市）财政的基本特征，它造成县级财政对上级财政的依赖性强（上级的各种转移支付和补助占县级财政支出的大部分，见图 6.1）；但是，上级财政的转移支付和补助大多有限制性，例如，在余庆县接受的转移支付和补助中，各种特定的专项补助、工资补助、农村税费改革补助这三项补助就占总转移支付和

① 由于篇幅所限，表 6.1 中仅列出了财政教育支出滞后一期的估计结果，滞后两期的同样非常不显著，这里略去。

补助的50%以上（见图6.2）。由于大部分转移支付有明确用途，而这些用途并不都与农民收入增长相关，所以，对农民收入增长的作用不会很大。而一般预算收入则不同，县级政府可以根据本地的实际情况，根据农民对公共品的偏好和需要自主安排、灵活使用，有助于提供符合本地农民需要的农村公共品和公共服务，因此，财政自给率对农民增收有很强的正效应。这也表明，虽然财政转移支付对于保证各地财政的均衡发展是十分必要的，但有一个最优规模和适当方式的问题。在我国，县是最基本、最重要的地方政府和财政层级，① 担负着向70%的居民提供地方性公共品和公共服务的任务。因此，明确界定县级政府的事权范围和责任，并赋予它相应的财政自主权，保证财权和事权的相对统一，对于加强农村公共服务的提供、保证农民收入持续增长具有十分重要的作用。

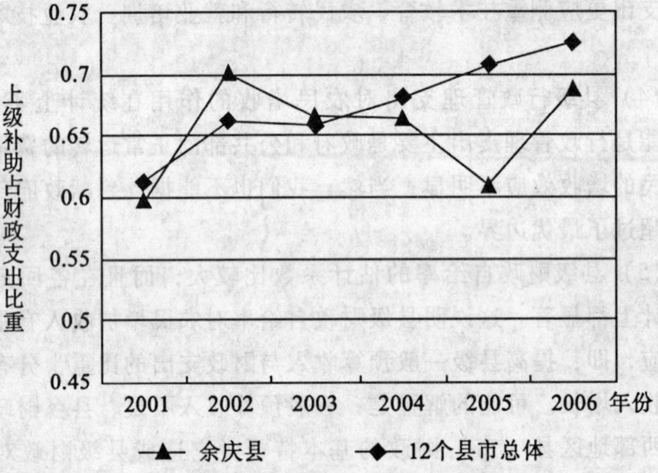

图6.1 上级补助占财政支出比重

注：资料自《遵义统计年鉴》整理。

① 截至2005年底，全国共有1838个县（含县级市），县域内陆地国土面积874万平方公里，占全国陆地国土面积的94%，县域总人口达9.18亿，占全国总人口的70.24%。

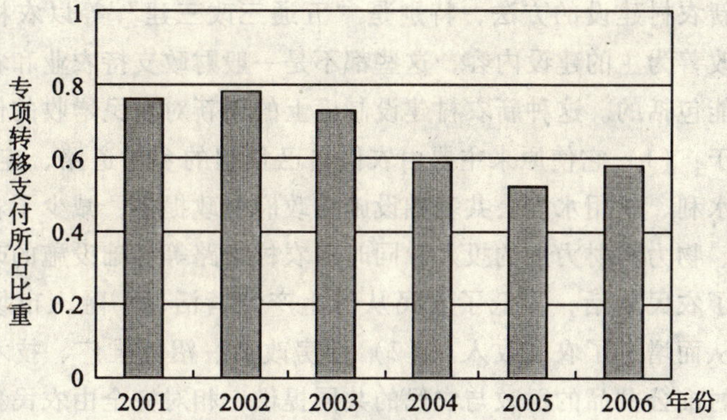

图 6.2　余庆县专项转移支付所占比重

注：资料由余庆县财政局提供。

(6) 取消农业税等财政改革变量（DT）和新农村建设制度创新变量（DN）这两个变量的回归系数的 P 值都很小，分别在 5% 和 1% 的显著水平上通过检验；同时，这两个变量的回归系数都很大（尤其是新农村建设制度创新变量）。这说明近年来的财政改革措施、特别是遵义市各县在开展新农村建设中的制度创新对农民增收具有显著的正效应。

取消农业税和实施农业补贴一方面直接减轻了农民负担、增加了农民收入；另一方面，取消农业税使农村基层干部的工作重点由收缴税费转变为提供农村公共服务，农民也不再因缴纳税费耗神费力，交易费用大大降低，干群关系得到改善，化解了巨大的制度成本，这种隐性收益对农民增收的作用可能更重要。同时，贵州省进一步完善省管县财政体制（贵州省在 1994 年分税制改革后就一直实行省管县财政体制。2003 年 12 月，贵州省人民政府下发《关于完善省以下财政管理体制有关问题的通知》，进一步调整了省与县的收入比例，完善了省管县财政体制），加大了财政收入向县倾斜的力度，增加了各县财政的自有收入，这有利于县级财政提供农村公共服务、增加农民收入。

至于遵义市推广的余庆县“四在农家”新农村建设经验，它本身就是制度创新——如政府财政围绕农民的“富、学、乐、美”支持新农村建设的方法，特别是“五通三改三建”等以农村生活环境改善为主的建设内容，这些都不是一般财政支持农业和农村支出所能包括的。这种新农村建设制度上的创新对农民增收的作用主要在于：(1) 它使原来主要由农民自己负担的乡村道路、连户路、农田水利、饮用水等公共基础设施由政府财政提供，减少了农民在人力、物力和财力上的投入；同时，农村道路等基础设施的改善又便利了农民生活，降低了农民从事生产经营活动、融入市场的成本，从而增进了农民收入。(2) 住房改造、沼气推广、技术培训等农村准公共品的财政与农民的共同提供，相对完全由农民独自负担的情况，节约了农民的开支；而这些项目实施之后又节约了农民的生活成本，提高了农民的生产技能，有利于农民收入增长。(3) 在农村生活条件落后的情况下，新农村建设中政府重视提供生活性公共品、鼓励农民大力改善生活环境与居住条件，实现了在农村生活条件上的跨越式发展，使农民可以把人力、财力集中到生产经营上，改变了过去资源配置分散、效率低的状况，形成了农民增收的“规模效应”。(4) 通过制度创新和一个地区的新农村建设的全面推进，形成了县与县之间相互学习、相互促进的建设气氛与格局，加速了新农村的建设过程，拉动了各县的农村建筑、建材市场和公共设施建设的发展，带动了非农产业发展，增加了就业机会，拓宽了收入渠道，促进了农民收入增长。

四、结论和建议

本章通过对贵州省遵义市开展社会主义新农村建设的考察，建立了一个关于农民收入增长的分析模型，并运用该市的统计数据进行了实证检验。检验结果证明我们的假设成立。其中，县域经济增长对增加农民收入的作用较弱，而全面推进新农村建设对于农民收入增长的贡献很大。

具体来说，新农村建设中的制度创新对农民收入增长的作用非常显著；近年来国家对农村的财政制度进行调整的作用显著；县级财政自给率提高、农业和农村发展支出对农民收入增长的作用显著；而基础教育支出和行政管理支出对农民增收的作用不明显。这些表明，无论是为改变“二元结构”和缩小城乡差距，还是为解决农民增收困难的状况，都需要我们坚持改革和创新，全面开展社会主义新农村建设。

基于以上结论，我们提出以下建议：

第一，地方各级政府和财政应进一步加大对农业、农村和农民的支持力度，特别是要支持广大农民开展新农村建设。通过支持新农村建设来改变财政支出结构，弥补长期以来在农村公共品供给上的欠账，保证农村生产性、生活性公共品的充分供给，建立城乡一体化的公共品供给机制，促进农村生产潜能的释放和经济社会协调发展，一方面大力改善农村的生活与生产条件，另一方面促进农民增收。

第二，深入开展地方财政改革，完善地方财政体制。包括：推进“省管县”和“乡财县管”财政改革，改变省管市、市管县体制下管理和信息成本过高、市县互相掣肘的问题，改变乡镇供养率高、提供农村公共服务不力而债务又不断膨胀的局面，在农村地区建立以县（县级市）级政府和财政为主体的地方公共品和公共服务提供机制，加强县级政府和财政的地位，提高县级财政自给率；同时，中央和省级财政应加强对县级财政支持新农村建设的转移支付。

第三，在新农村建设中应大力进行农村产业结构调整，发展现代农业和农村非农产业，提高县域经济增长与农民增收的关联性。目前要考虑完善土地承包制度，在确保农民的土地收益权的前提下，实行土地入股、合作经营等方式，逐步开展规模经营，发展现代农业，提高农业经营的效率，同时使一些农民转向农村工商服务业或者进入大中城市就业，从而较大幅度地增加农民经营农业和农村非农产业的收入。

第四，中央财政和省级财政应逐步加强对基础教育的投入。基础教育作为一种全国性公共品，保证全国所有居民具有最基本的认知能力和文化水平主要是中央财政的职责；地方财政特别是县

（市）财政应主要提供地方性的公共服务，促进地方提高资源配置的效率和经济增长。

参考文献

[1] 周黎安，陈烨．中国农村税费改革的政策效应：基于双重差分模型的估计．经济研究，2005（8）．

[2] 方齐云等．我国农村税费改革对农民收入影响的实证分析．中国农村经济，2005（5）．

[3] 陈俊学等．北京市新农村建设与公共产品投资需求分析．农业经济问题，2006（7）．

[4] 孙敬水，董亚娟．人力资本与农业经济增长：基于中国农村的 panel data 模型分析．农业经济问题，2006（12）．

[5] 龙翠红．人力资本对中国农村经济增长作用的实证分析．农业技术经济，2008（1）．

[6] 杨灿明等．我国农民收入来源构成的实证分析——兼论增加农民收入的对策．财贸经济，2007（2）．

[7] 冉光和等．经济转轨时期财政政策对农民收入增长的影响．重庆大学学报（自科版），2005（8）．

[8] 杜玉红，黄小舟．财政资金农业支出与农民收入关系研究．统计研究，2006（9）．

[9]“完善农村义务教育财政保障机制”课题组．普及农村义务教育对农民增收的实证分析．中国农村经济，2005（9）．

第七章　新农村建设与农村集体经济形式的发展

摘　要：本章主要探讨新农村建设中农村集体经济实现形式的发展问题。主要包括：当前农村集体经济发展中的问题与原因，现有各种集体经济形式的运作特点和改进方向，改革开放以来农村集体经济形式发展变化的阶段性特点和环境影响，最近几年农村集体经济形式发展的一般内部因素以及未来农村集体经济形式发展的基本趋势。我们发现，目前农村村级集体经济发展普遍比较缓慢，主要是本地缺乏有优势的集体资产而又未创新实现形式来取得外部优势资产；不同的集体经济形式虽然各有适用性，但它们能够发展的共性原因在于经营收入增长并将其用于技术设备（集体资产）的更新改造和增加积累；在新农村建设全面开展的新形势下，农村集体经济形式已经或正在出现4个新的发展趋势。

农村集体经济是生产资料由农村劳动者共同所有的公有制经济。农村集体经济的实质是农村各地的一部分劳动成员根据本地的具体情况进行资产（本）联合和劳动联合——在尊重劳动者个人产权的基础上将资产和劳动要素组织起来合理配置、有效使用，以适应社会化分工和生产的需要、克服个别经营所难以克服的困难、提高劳动者集体的收入和福利。“成员共有、民主管理、利益共享”是农村集体经济的基本特征。

农村集体经济是保证农民利益、引导农民进行社会化生产并逐步消除小农意识的基本途径。1874年，马克思在总结巴黎公社的教训时指出，无产阶级取得政权后，“一开始就应当促进土地私有制向集体所有制的过渡，让农民自己通过经济的道路来实现这种过渡；但不能采取得罪农民的措施，例如宣布废除继承权或废除农民所有权”。①

在我国，改革开放前农村集体经济主要是社队经济。由于社队集中经营的行政支配性、集体产权归宿不明以及在经营上的封闭性等问题，逐渐失去了活力。改革开放后，农村实行以家庭联产承包为基础、统分结合的双层经营体制，在一定程度上解决了行政支配和集体产权问题，使主要农产品实现了由长期短缺到基本平衡、丰年有余的历史性变化。但是，随着农业的市场化、产业化和全球化发展，小规模分散经营很难支持农业、农村的长期发展和农民收入稳定增长；同时，农村家庭经营和农业低收入状况也容易产生严重的个人理性至上、集体行动困难、公益事业缺失、青壮年劳动力流出、村庄结构解体、农村社会文化发展滞后等问题。因此，如何发展农村集体经济的实现形式、组织农民开展集体经营、发展壮大农村集体经济，已成为我国开展新农村建设，推动农村经济社会文化全面发展的一项重要而迫切的任务。

一、当前农村集体经济的发展状况及原因

农村集体经济的实现形式是指农村集体经济的组织形式或经营形式，也即一部分农村劳动成员将自己的资产和劳动要素联合起来或将他们共同拥有的资产投入运用、取得收入的方式。改革开放以来，我国农村劳动者在生产经营实践中创造了多种集体经济形式，例如：（1）承包经营、租赁经营（它们是村级集体资产投入运用的主要形式）；（2）村办集体企业、农村股份合作企业（它是将村级集体资产和村民资产联合起来、共同运用的形式）；（3）农民专业技术协会（它是一部分农村劳动者共同投入、超越村级范围进

① 《马克思恩格斯全集》，第18卷，人民出版社1964年版，第695页。

行技术联合的形式)；(4) 农民专业合作社（它是一部分农村劳动者超越村级范围进行资产和劳动联合、共同经营发展的形式)；(5) 农户+公司联合体（它是一部分农村劳动者超越村级范围与外部相关企业进行资产和劳动联合、共同经营发展的形式)；(6) 社区股份合作社（它是将全村土地等集体资产和村民自有资产联合起来、共同经营的形式)。

农村集体经济发展在很大程度上取决于集体经济形式的创新和发展。从我们对湖北、湖南、河南、辽宁、陕西、四川、贵州、山东、广东、江苏 10 个省的 95 个行政村（被调查的 100 个村中，有效问卷为 95 份）的抽样调查情况看，目前村级集体经济的主要形式是集体资产承包、租赁经营；与此相关，目前农村村级集体经济总体上呈现缓慢发展状态。

调查表明，截至 2008 年 8 月，95 个村的集体现金资产平均为 31.5 万元。其中，西部村的现金资产仅为 9.4 万元；中部村的现金资产仅为 15.5 万元；东部村的现金资产略多，为 69.7 万元（见表 7.1)。农村村级现金资产不仅平均水平低，而且极不平衡，在东、中、西部地区，有少数城郊富裕村的集体现金资产达到数千万元，而大部分村的现金资产不足 1 万元，有些村甚至没有现金资产（由于集体经济弱，村级服务功能差、公益事业停滞、村干部和村民关系紧张)。而根据国务院发展研究中心《推进社会主义新农村建设研究》课题组 2005 年对全国 2749 个村的调查，2005 年末 2749 个村的平均现金资产为 39.18 万元。可见，近年来农村村级集体的现金资产减少，集体收入增长乏力。另外，据湖北省农村工作办公室组织的调查，宜昌市全市 8 县（市、区）99 个乡镇的 1444 个村，2007 年村集体总收入为 32 亿元，比 1997 年（63.3 亿元）减少将近 50%；其中，2007 年无收益的村占 38.3%，有集体经营收入的只占 37%，而且经营收入在 5 万元以下的村又占将近 50%。

表 7.1　**95 个村的集体经济情况调查**

	总体	东部村	中部村	西部村
1. 村数目	95	37	34	24
2. 平均每村户数	841	869	575	1205
3. 平均每村人口	2951	2907	1985	4520
4. 平均每村现金资产（万元）	31.5	69.7	15.5	9.4
5. 平均每村实物资产（万元）	178.4	361.2	94.8	79.2
村民参与的集体经济形式数:				
6. 承包经营	40	9	20	11
7. 租赁经营	46	21	18	7
8. 村办集体企业（包括组建队）	12	5	5	2
9. 农户+公司联合体	13	1	8	4
10. 农村股份合作企业	4	3	0	1
11. 社区股份合作社	10	5	3	2
12. 农民专业合作社	18	11	5	2
13. 农民专业技术协会	19	3	11	5

从村级集体经济的实现形式看，在被调查的 95 个村中，目前只有 17% 的村有村办企业（包括已改为股份合作制的企业）；村集体的收入主要来自集体资产（如山林、水体、荒滩、房产设施等）的承包和租赁经营，承包经营、租赁经营仍是目前村级集体经济的主要形式，在被调查的村中有 90.5% 的村运用了承包和租赁经营形式。

从表 7.1 还可以看出，各种新型的、跨村的农村集体经济形式（如农民专业技术协会、农民专业合作社、农户+公司联合体等）目前正在兴起和发展，并且已经超过了村办集体企业、农村股份合作企业的数量。在全部被调查的村中，有村民参加农民专业技术协会的村占 20%；参加农民专业合作社的占 18.9%；参加农户+公司联合体的占 13.6%；参加社区股份合作社的占 10.5%。从地区看，在东部地区，参加农民专业合作社、社区股份合作社的农民居多；在中部和西部地区，参加农民专业技术协会、农户+公司联合体的农民居多。尽管如此，这些新型的集体经济形式尚未得到全面普及和广泛运用。

当前农村村级集体经济发展缓慢的直接原因是：缺乏合适、有效的村级集体经济形式（主要依赖承包、租赁经营），路子不广。具体来说，又有以下三方面的原因：

第一，缺乏资本和技术，集体资产数量少、价值低。实行家庭联产承包责任制后，各村的土地、山林、池塘等大都承包给家庭和个人，村集体可以用来集中发包、出租的资产主要是一些荒山、荒滩和湖面等，如果不引入新的资本和技术，不对这些资产进行开发性投资和改造，一般承包经营、租赁经营很难取得明显效益。而且，因过去村办企业亏损或因修路、办电、建学校等造成的欠账，一些村为了偿还债务甚至将荒山、荒滩和湖面也卖掉了，以至于目前连可以承包、租赁的资产都没有，也就无任何集体收入，成为“空壳村”。

第二，缺乏有效的村级管理和集体积累制度。目前各村主要由村委会代行村集体经济管理职能，但问题是：一方面，村委会不是专职管理机构，缺乏管理人才；另一方面，村委会的性质决定了它要优先考虑行政事务，而不是着力发展集体经济。另外，目前农村也缺乏发展集体经济的来源和积累机制，农村税费改革后村级行政运转完全依靠财政转移支付，同时对村级财务实行严格的资金和账务双代管制度，各村基本上没有可以用来创办和支持集体企业发展的财力积累。这就使农村在组织集体经营和发展集体经济方面无能为力。

第三，村干部和村民对集体经营缺乏信心。由于改革开放以前社队经济的问题和近年来集体企业亏损的影响，当前相当一部分村的干部和群众对发展集体经济缺乏信心。在调查中，一些村民对外部环境影响估计不足，认为主要是村干部的素质、能力问题，甚至认为搞集体经济只是对干部、承包人和承租人有利；而一些村干部则认为搞不搞集体经济其实与自己关系不大，搞好了大家受益、搞不好则个人挨骂，既然是吃力不讨好的事情，当然是不做为好，更何况一部分村干部本来就是从个人利益出发来参加竞选的。所以，除了城郊村和少数集体经济基础较好的村以外，许多村目前基本没有集体企业和其他集体经营项目。

与之相反，村级集体经济发展较好的村的一般特点是：（1）有区位和资源优势，如交通便利，靠近城镇，有矿产和旅游资源等；（2）有一个坚强有力的村级班子，特别是有勇于开拓创新、敢创业、善管理、并愿意为村民办事的村级带头人；（3）地方各级政府重视，有关部门积极扶持，主要是县（市）和乡镇要求村干部发展集体经济且将其作为考核的重要内容，并帮助村里招商引资、制订发展规划以及给予了一定的资金支持。

二、农村集体经济各形式的特点和优化问题

农村集体经济形式是农民开展联合经营、走出传统小农经济的重要载体，它在本质上是一种广义企业或联合经营体的组建方式问题。根据科斯关于企业性质的经典理论，人们建立企业是要克服个人经营所不能克服的一些困难，如市场交易的成本等。企业为应对不同的困难在不同时期可以采取不同的组织形式，农村集体经济形式同样也是如此。为此，我们对目前存在的几种主要集体经济形式进行分析。

（一）承包、租赁经营

承包、租赁经营是村级组织通过发包和竞价方式，将集体资产委托给本村居民或外部单位和个人具体经营，取得承包费和租金收入的一种集体经济形式。根据我们的调查，目前各地承包、租赁的集体资产主要是山林、水体、荒滩、果园、加工厂和房屋建筑等。

承包、租赁经营的实质是资产委托经营，其经营机制如图7.1所示。它主要解决两个问题：一是将集体资产交托给有能力的个人和单位经营，实行所有权和经营权的"分离"，发挥经营者的积极性和创造性，解决传统集体经营的高成本和低效率问题；二是将村

级资产与外来生产要素和优势资源相结合，解决闲置资产的利用问题，增加集体收入。

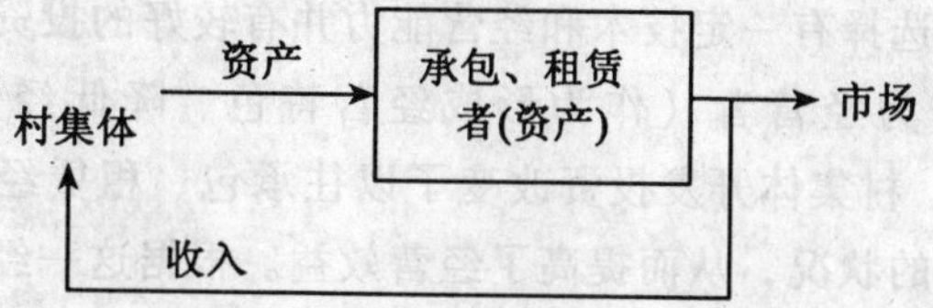

图 7.1　承包、租赁经营的机制

假设经营者的产出遵从柯布-道格拉斯生产函数 $Y=AL^{\alpha}K^{\beta}$，则：（1）若村集体委托的资产只是经营者全部经营资产 K 的一部分，即经营者还有自己的投资，而且经营者具有技术优势（用 A 表示）和经营配置能力，那么，将会有较大的产出，产品销售也会较好，集体资产增值的可能性较大。（2）若集体资产是经营者全部经营资产 K 的主要部分，而且经营者无技术优势、缺乏经营能力，那么，产出和销售都不会很好，集体资产增值的可能性也较小。

进一步，假设经营者的利润为 $Q=YP-C$，则：（1）若经营地点距市场中心较近、交通便利，运输、销售成本 C 低，当价格 P 不变时，其净收入 Q 可能较大，集体收入也会较大。（2）反之，若经营地点距市场中心较远、交通不便，则净收入 Q 可能不大，集体收入也不会大。

由此可见，承包、租赁经营的成效主要取决于：经营者的投资情况、技术优势和管理水平；此外，地理位置和交通状况也有一定影响。

目前承包、租赁经营存在的普遍问题是：（1）承包、租赁资产的利用价值不高；（2）经营者缺乏技术和经营能力，且不愿投资开发，生产无特色；（3）由于仍是个体经营，故经营风险较大。正是由于这些问题，承包、租赁经营往往只是实现了“两权分离”，而远未实现资源、要素的优化配置与整合，效益不高。

从实践来看，针对以上问题，一些村采取的优化方案是：（1）

村集体在进行市场调查的基础上，先进行改造和定向开发投资，以提高资产的利用价值、确定资产的运用方向（作为形成经营特色、降低经营风险的措施）；（2）公开发包，面向村内外竞聘，按要求和标准择优选择有一定技术和经营能力并有较好的投资计划和经营方案的人作为经营者（作为形成经营特色、降低经营风险的条件）。显然，村集体开发投资改变了以往承包、租赁经营完全依赖经营者个人的状况，从而提高了经营效益。根据这一经验，目前许多村主要利用本地的优势资产和特色资源招商引资，实行承包和租赁经营。

（二）农村股份合作企业

农村股份合作企业是对村办集体企业进行改造，在清产核资的基础上设置集体股、职工股，并吸收职工和村民以及其他社会个人与单位投资入股，所建立的具有现代企业制度特征的一种集体经济形式。根据农业部 1992 年《关于推行和完善股份合作制的通知》，大部分乡镇企业在 20 世纪 90 年代初开始股份合作制改革，转变为农村股份合作企业。

农村股份合作企业的主要特点是：（1）通过股份联合方式广泛吸收投资，扩大资本规模；（2）改变资本结构、转变经营管理机制，解决企业承包和租赁经营中的短期行为严重、包盈不包亏以及村级干预多、职工积极性不高的问题；（3）通过吸收投资和改善管理，提高企业的技术水平和产品竞争力，使企业真正成为市场主体并增强其发展活力。农村股份合作企业的经营机制如图 7.2 所示。

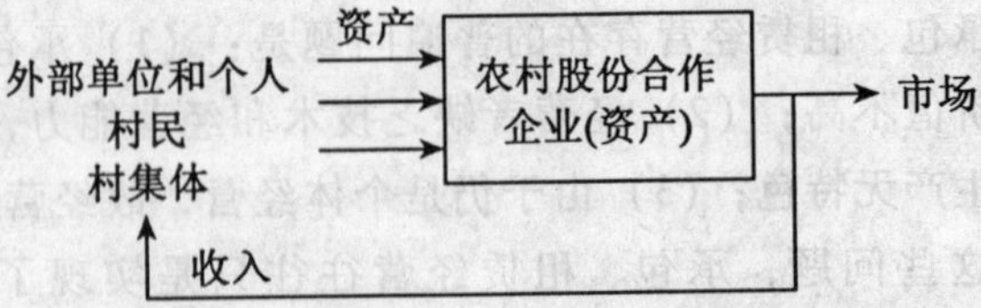

图 7.2　农村股份合作企业的经营机制

假设企业的生产函数为 $Y=AL^{\alpha}K^{\beta}$，则：（1）如果改制后企业的资产结构有重大改善，企业资产 K 有较大增加，职工积极性提高，生产技术水平 A 提高，企业经营受行政支配的影响小，那么企业的产出和收益将明显增加，村集体收入也将增加；（2）如果改制后外部单位和个人以及村民的参与度不高，企业资产结构无重大调整，资产、技术和职工的劳动积极性无明显变化，企业经营管理仍受行政支配，那么，企业的产出和收益以及村集体收入都不会明显增加。

农村股份合作企业主要用于解决乡镇企业的资本不足、技术落后、管理不善等问题，也有助于抗御风险和稳定经营。

从调查情况看，目前农村股份合作企业存在的普遍问题是：（1）很少有外部企业和个人参股，村民对投资入股也缺乏热情，农村股份合作企业在资本、管理上改善的幅度不大；（2）关键是企业缺乏技术和管理人才，产品和经营缺乏优势与特色，在城市工业的有力竞争下很多农村股份合作企业仍然存在生产与销售困难。这些是目前农村股份合作企业发展缓慢，中西部地区一些村甚至没有任何农村股份合作企业的主要原因。当然，在东部地区，农村股份合作企业显示了活力，如江苏省江阴县永联村的村办企业1993年实行股份制改革后不断发展，使永联村成为全国的明星村，这关键是东部地区工业化水平高，企业可以吸收足够的外部资源，从而解决资本、技术、管理和产品特色等问题。

要解决上述问题，可采取的方案是：（1）村集体应利用本地的资源、环境特点进行投资开发，在初步形成资源环境优势和产品特色后建立农村工业区，招商引资、吸引外部企业和个人投资参股；（2）即使外部不参股，也可在吸引有经济技术实力的企业来投资经营后，与其进行配套生产协作，在这个过程中形成生产和经营特色，然后再逐步开展股份合作；（3）建立技术转移通道和机制，向农村股份合作企业注入技术资源。

（三）社区股份合作社

社区股份合作社是以社区（行政村或自然村）为单位，以集体资产和村民承包的土地使用权做股份并吸收村民的现金投资所建立的一种集体经济形式。20世纪80年代中期，在城市化发展较快的东部地区一些市郊农村，为解决村民变市民、土地转为他用、村民权益难以保证等问题，最早尝试了这一集体经济形式。近年来已扩展到中西部地区。

社区股份合作社包括土地股份合作社和综合股份合作社两类。土地股份合作社是以全村各户的土地入股组建的，土地股份化后村集体对全村土地统一规划、使用，通常是一部分用于对外发包、租赁或参股来保证收益；一部分用于建设居住小区、改善村民生活条件和作为商品房出售；其余部分用做农业经营和优化村庄环境。综合股份合作社是包括全村土地、村办企业等集体资产并吸收村民资金和技术入股所形成的合作社，综合股份合作社除了具有土地股份合作社的功能外，还具有开发产业和创办经营实体、建设厂房设施和工业园区等吸引外部投资、投资参股外部企业的功能。

社区股份合作社的主要特点是：（1）集中全村土地和其他集体资产及村民投资，由社区股份合作社统一规划、使用，实行资产经营，以解决城市化发展中的资源优化配置问题；（2）社区股份合作社由村民选举的董事会进行管理，村民按个人股份投票、取得分配收益，集体股的收益作为集体收入，保证社区改造过程中村民的利益和集体经济的发展；（3）建立社区股份合作社促成了村行政职能和经济职能的分离（行政职能归社区、经济职能归社区股份合作社），改变了村行政职能和经济职能不分、集体经济发展受行政牵制的问题。社区股份合作社的运行机制如图7.3所示。

由图7.3可见，社区股份合作社的发展主要取决于它投资参股企业和外来承包租赁企业的经营情况。一般来看，由于城市郊区的土地价格上扬和外部企业进入，社区股份合作社开展资产经营的收益较大。

社区股份合作社存在的主要问题是：（1）依赖性和食利性。社区股份合作社自己组织生产的情况不多，主要依赖资产收入，故“食利”倾向严重，村民就业也不积极，可能会形成一批无所事事的闲人。（2）封闭性和保护性。股权封闭，个人股仅限于村民拥

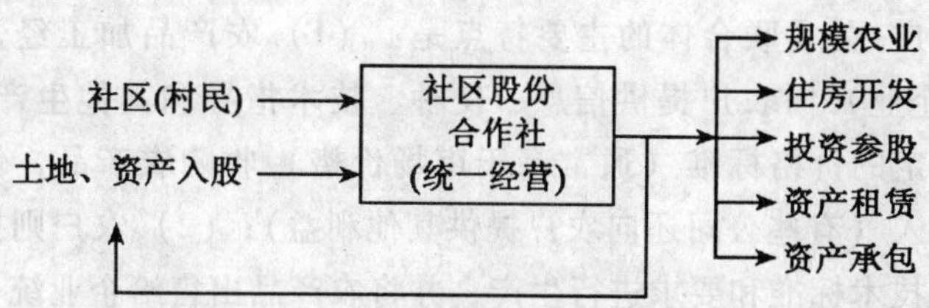

图 7.3　社区股份合作社的运行机制

有且不流动，甚至也不能继承，使外部资源和人员不能进入，很难真正实现民主管理和政企分开（由于存在集体股，村领导往往支配合作社的经营），可能会逐步形成社区保护主义。(3) 有限适用性。对一般农村来说，由于外部资源流入和外来企业投资不多，这一形式很难运用。据我们调查，现有社区股份合作社全部是在城市郊区，一般农村的干部和群众对社区股份合作社的兴趣不大，对集中土地和其他资产进行开发、经营无把握。

鉴于以上问题，可采取的优化方案是：(1) 要求社区股份合作社必须留出一定比例的资产收益用于兴办自己的经营实体（企业和事业），为村民创造就业机会；(2) 允许个人股权有条件地对外流动（如允许村民向在本社区内居住和工作并具有一定管理能力的人、对社区发展有贡献的个人和法人、在村办经营实体中担任中高层管理职务的非本村居民转让股权），并限制村领导进入合作社经营层的人数、适当确定个人股权与集体股权的比例；(3) 针对有限适用性，一般农村地区可以根据外来企业投资经营的需要，按组或自然村组建小范围的社区股份合作社，村集体在其中保有部分股权，以增加集体收入。

(四) 农户+公司联合体

农户+公司（龙头企业）联合体是农产品加工经营企业（主要是位于城镇的公司）与农户通过签订生产、销售（收购）合同所组成的分工合作的经营共同体。这种联合体虽然不具有“成员共有、民主管理”的特征，但它具有“利益共享”这一集体经济的本质特点（成员共有、民主管理的目的是保证利益共享）。

农户+公司联合体的主要特点是：（1）农产品加工经营公司（龙头企业）向农户提供信息、良种、技术指导和其他生产服务，并按一定的价格标准（通常高于市场价格）收购农产品，保证农户的收入（有些公司还向农户提供其他利益）；（2）农户则按企业给定的技术标准和要求进行生产，并将农产品出售给企业统一加工和销售，保证公司的生产和经营需要。显然，农户+公司联合体打破了传统的按地缘和村组来发展集体经济的模式，开辟了按专业领域，在城乡之间实现大范围的联合、发展专业化分工和优势互补的新模式。它既可以提高农户的生产技术水平、保证收入增长；又可以扩大企业经营规模、提高产品的竞争力，由此形成一种以企业为龙头、以专业化分工为基础、城乡结合、优势互补的新型“集体经济”。农户+公司联合体的一般经营机制如图7.4所示。

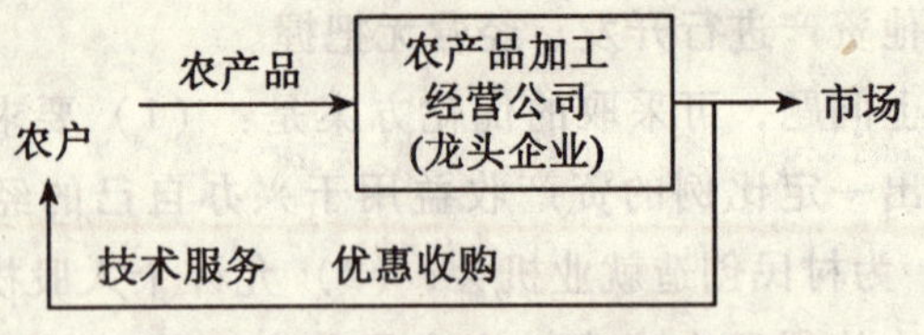

图7.4　农户+公司联合体的经营机制

由图7.4可见，农户+公司联合体的经营发展主要取决于公司的资源配置能力和加工营销水平，经营风险也主要由公司承担。

假设公司的生产函数为 $Y=AL^{\alpha}K^{\beta}$，利润为 $Q=Y（P-P_0）-C$。则：（1）在技术水平、资本结构和市场环境不变的情况下，若公司的加工能力一定（假定为公司的农产品加工产出量与收购的农产品量之比，$N=Y/Y_0$），公司的资本投入 K 和劳动投入 L 越多，公司的产出就越大，能带动的农户就越多，销售收入也越多。（2）公司利润取决于最终产品的单位销售价格 P 与收购价格 P_0 之差以及向农户提供服务的成本和加工销售成本的大小，如能达到规模经济，则收购和加工的农产品数量多，成本降低，利润增加；同时，公司向农户提供技术服务，提高了农产品的质量和品质，销售价格可以提高，而且按合同稳定收购也可以减少收购成本，这些都对公司的利润增长作出了贡献。(3) 只要公司的收购价格 P_0 高于个体销售时的价格，农户就可以在不承担风险的情况下获得较大的收益。公司的利润越高，公司对农户的收购价格就会相应提高；公司还可能在合作农户较多的地方修建一些生产和生活设施，以改善农户的条件与环境。

正因为如此，这一模式近年来逐步得到农户和企业的认同。例如，湖北省监利县福娃集团有限公司是国家农产品加工示范企业、农业产业化重点龙头企业、稻米精深加工科技企业。2008 年，该公司已同全县 23 个乡镇的 30 多万个农户建立了一个覆盖全县域的粮食（优质稻米）经营联合体，对组织农民开展农业产业化经营、促进城乡联合、发展新型集体经济发挥了重要的推动作用和示范效应。又如，湖北省京山县国宝桥米有限公司近年来凭借明朝嘉靖年间的指定贡米——桥米这个著名品牌，推行“公司+基地农户”的产业化模式，在京山县和周边县大力发展优质稻规模种植、订单经营，已建成 160 万亩优质稻生产基地。公司聘请农业科技人员常年免费为基地农户提供技术指导、生产服务，实行“统一种子、统一肥料、统一农药、统一技术规程、统一收割”的标准化生产，坚持按高于普通稻市场价格 30% 的价格收购，每年为 10.2 万户基地农户增收 8000 余万元。从调查情况看，中西部地区目前比较流行这一形式。

“农户+公司联合体”存在的主要问题是：(1) 联合经营主要依赖龙头企业，农户的收入增幅不大；(2) 由于合同经营和服务提供及收益分配等问题，联合经营缺乏长期稳定性。

针对这些问题，可采取的优化措施是：(1) 由地方政府和农业部门对组建农户+公司联合体的公司给予税收优惠和补贴，但要求公司根据每年利润增长的情况，按比例向农户返还收益或改善农户的生产与生活条件；(2) 同时，应要求公司对长期合作的农户允许他们在达到一定年限后，以土地使用权入股公司并成为公司的正式员工。

(五) 农民专业技术协会

农民专业技术协会是在农村家庭联产承包的基础上，由从事同类农产品生产、经营的农户，在自愿、平等、互利的基础上建立的一种“民办、民管、民受益”的群众性集体组织。它以生产经营为基础，以推广科学技术、提高市场竞争力、增加成员收入为目的，实行自我服务、自我管理、自我发展。

目前，各地农民专业技术协会按其提供服务的情况可分为初级、中级和高级三种类型，即：技术交流型、技术服务型和技术经济实体型。初级的技术交流型农民专业技术协会以会员间的技术传授、信息交流为主要活动内容；中级的技术服务型农民专业技术协会主要为会员提供技术咨询以及产前、产中和产后服务，如提供资金、引进良种、购买生产资料、进行技术培训、提供市场信息、帮助联系销售渠道等；高级的技术经济实体型农民专业技术协会，除提供以上服务外，还创办经营实体，从事产品收购、加工和销售一体化的经营服务，这种类型的农民专业技术协会更接近农民专业合作社模式，不过，高级的农民专业技术协会目前仅占10%左右。

虽然一般（初级和中级类型）的农民专业技术协会的资本联合和劳动联合的程度很低，不是完全的集体经济组织（农民专业技术协会在民政部门登记，是一种技术合作组织），但它具有“成员共有、民主管理、利益共享”的特征，所以，可以认为它是一种以行业为基础、松散、低水平的农村集体经济组织。从目前情况看，它主要是一种跨村的集体经济形式。

农民专业技术协会的运行机制如图7.5所示。其主要特点是：(1) 农民以缴纳一定的会费或出资作为条件（通常是象征性的，一些协会甚至不要求会员出资；协会经营主要靠政府资助），加入农民专业技术协会；(2) 协会运用会员出资和政府资助向会员提供技术服务、建立销售交易市场，入会农民在生产经营上充分自主，主要通过接受技术服务、提高质量、增加产出和销售来增加收入（当然，也有协会统一加工和销售的情况）。

显然，农民专业技术协会发展的关键是：有充分的经费保证

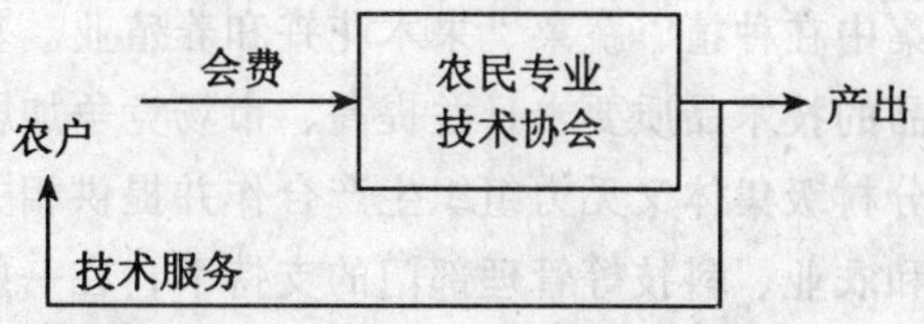

图 7.5　农民专业技术协会的运行机制

和健全的组织管理机构，能够聘请和组织有关专家和技术人员向会员提供良好的服务、帮助会员提高生产技术水平，从而增加会员的生产、提高收入；反过来，会员得到的帮助越大、收入越多，出资就会增加，会员也会越多，协会的服务能力也就越强。

目前，农民专业技术协会存在的主要问题是：（1）会员出资少，经费不足（有些协会主要靠少数专业大户支撑），服务水平不高，缺乏凝聚力和吸引力；（2）缺乏有能力、负责任的管理人员和领导者，协会运作松散，经营普遍困难。

可采取的优化方案是：（1）根据各地情况规定会员的出资条件（会员可以按经营规模的大小缴纳不等的会费），同时，政府按照会员的出资总额给予比例性资助；（2）政府有关部门对协会的领导者和主要管理人员进行培训，或者选拔相关专业的大学生、研究生到各专业协会去协助工作。

（六）农民专业合作社

农民专业合作社是在农村实行家庭联产承包的基础上，同类农产品生产经营者或者同类农业生产经营服务的提供者，通过自愿联合建立的民主管理的互利性经济组织。农民专业合作社实行自愿入社和退社自由、一人一票民主管理、共同出资联合经营、盈余主要根据交易量按比例返还的原则，以向成员提供生产资料购买服务、技术和信息服务、农产品加工、运输、储藏、销售服务为宗旨。从资产联合和劳动联合、成员共有、民主管理、利益共享这些方面看，农民专业合作社是最具代表性的农村新型集体经济形式（它也是以行业为基础、超越了村级范围的集体经济形式）。

目前我国各地农村建立的农民专业合作社遍布在农业生产各领域，又主要集中在种植、蔬菜、果木花卉和养殖业。基本原因在于这些行业产品的技术品质要求日益提高、市场竞争加剧、价格不稳定，而大部分村级集体又无力组织生产合作并提供相关服务，于是在地方政府和农业、科技等管理部门的支持下，在一些本地经营大户和能人的具体组织下，农民专业合作社便发展起来了。

农民专业合作社的主要特点是：（1）农户缴纳一定的费用或出资，按统一规定和标准进行生产，并将产品按预定价格出售给合作社；（2）合作社用社员的出资建立机构设施，统一提供生产资料，统一提供产前、产中服务，统一组织产后的收购、加工和销售，并向农户返还利润和收入（按交易额和出资额计算），同时留存公积金进行资产投资，以公益金形式向农户提供生活福利；（3）合作社实行分工合作，发挥集体行动与社员自主经营两个方面的优势，优化配置资源、推进农业产业化、降低个体经营风险和交易成本、提高生产技术水平，以保证全体社员的收入，实现共同发展的目标。农民专业合作社的运作机制可用图7.6表示。

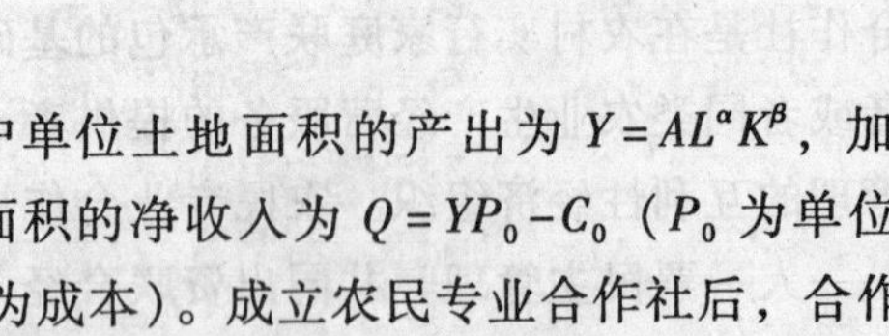

图7.6　农民专业合作社的运作机制

假设农户单位土地面积的产出为 $Y=AL^{\alpha}K^{\beta}$，加入农民专业合作社前单位面积的净收入为 $Q=YP_0-C_0$（P_0 为单位面积的产出销售价格，C_0 为成本）。成立农民专业合作社后，合作社收购单位面积的农户产品并加工销售后取得的利润为 $R=Y(P-KP_0)-C-U$，其中：P 为销售价格，KP_0 为收购价格（$K>1$，表示比个人销售时的价格高），C 为单位产出的加工销售成本和服务支出，U 为专业合作社根据收购量向社员返还的利润。所以，农户加入合作社后每单位面积的净收入为：YKP_0+U-C_1，C_1 为加入合作社后的生产成本。

显然，只有当农户加入合作社后的净收入大于加入前的收入时，才会继续留在合作社。即农民专业合作社存续和发展的基本条件如下：

$$YKP_0+U-C_1>YP_0-C_0$$

或 $$Y(K-1)P_0+U+(C_0-C_1)>0$$

因此，农民专业合作社良好运行的关键条件是：保证收购价格和返利水平并能通过统一购买生产资料和提供服务有效地降低农户的生产成本；否则，农民专业合作社将因资产不足和服务水平低而不能使农户增加收入，农户就会退出。这就是说，农民专业合作社必须有一定的利润留存，社员必须适当出资，以保证合作社有充分的资产设备和提供服务的设施。

从我们实际调查的情况看，目前农民专业合作社普遍存在两个问题：第一，社员出资少，合作社利润留存少，共有资产和服务不足，合作社的经营成本主要由能人大户承担；第二，合作社管理人员素质不高、缺乏管理，或者是作为管理者的大户缺乏约束、追求自身利益，这些都导致农户收入增长缓慢、合作社发展面临困难。相反，那些运行良好的农民专业合作社，社员出资多达数千元，固定资产逐年增加，技术服务比较全面，管理规范，有稳定的销售渠道和网点，主要管理者有经营经验和奉献精神，社员生产有一定规模，产品有特色或形成了品牌。

从国际经验来看，农民专业合作社是目前世界上大多数国家农业经营中运用最普遍的组织形式。在法国，农民专业合作社被看做维持农村（特别是山区）家庭耕作和就业、提高农业竞争力和保证农民收入，同时减轻国家财政资助负担的重要措施。由于合作社的资金短缺问题，1972 年后，法国规定农民专业合作社可以有限地接受非农业生产者的投资入股（不给予社员身份）。但合作社的发展仍然存在均等化分配、缺乏管理权威和精确的财务分析等问题，这些影响了合作社的发展动力以及决策的时效性，容易错过市场机会。因此，一些学者主张用农业有限公司逐步取代农民专业合作社。但也有人认为若放弃农民专业合作社，则不能保证家庭耕作利益。

在美国，农民专业合作社同样面临资本不足的问题，一些美国学者将其归结为合作社所有权安排的缺陷，即社员的出资不作为股本对待（即不按股份分配收益，也不能交易转让，退社时仅按账面价值返还），由此产生：（1）成员搭便车问题——合作社成员享受服务而不愿承担义务，合作社管理人员缺乏积极性和不负责任的问题；（2）成员眼界问题——合作社成员对合作社的长期投资项目不积极，由于研发、广告以及其他无形资产的投资对合作社的发展十分重要，社员不愿意出资也就制约了发展，管理层只有增加利润留存比例，这反过来又加剧了社员出资不积极的问题；（3）成员资产组合问题——由于出资不能流动转让，合作社成员无法根据自己的风险偏好调整他们的投资组合，社员出资相当于对合作社的无息债权，这影响了老社员的出资，也影响了新社员的进入以及其他主体对合作社的投资。因此，一些学者认为关键在于对这种产权安排进行纠正，如：要求社员必须与合作社签订销售协议（有一定的销售额规定，限制社员向市场直接出售产品）；建立有限制的股份交易市场，允许社员向与合作社有业务往来的客户转让出资额。正因为如此，1990年以来美国出现了"新一代"农民专业合作社，它们正是具有销售额规定和有限转让特征的新型合作社，根据 Cook 和 Constantine（2000）等人的研究，这种新型农民专业合作社在发展规划和实现盈利等方面确有成效。

当然，大多数学者对农民专业合作社持肯定态度。例如，汉斯曼（1996）认为，农民专业合作社这种产权安排（即所有权由社员——交易客户掌握）总体来说"很有活力"，它"有超乎寻常的所有权成本"；它"一方面可以节省市场交易的成本，同时，还可以在规模经济明显的地方有效地监督管理人员，而在规模经济不明显的地方保持所有人的工作积极性"。意思是说农民专业合作社一人一票的制度使成员有动力、也有机会对管理人员进行民主监督，成员之间的利益高度一致可以使决策成本最小化，按交易额返利的制度则可以使所有成员不用监督而努力工作。他认为这是农民专业合作社长期存在、适应农业生产发展的主要原因，至于合作社经营中资金不足这一带有普遍性的问题，完全可以通过适当的改革和调整来解决。

结合我国的实践，优化方案是：（1）各地可根据经营状况调整社员出资额，并要求社员有一定的生产规模，即制定合适的成员资格标准；（2）在合作社成立的初期，要求每年保证一定的利润留存比例，以增加必要的资产设施，地方政府也应给予税收减免和资助；（3）鼓励成员在出资额以外进行投资（只作再分配的基础），并允许与合作社有关联业务的单位和个人向合作社进行股份投资；（4）对专业合作社的领导者和主要管理人员进行培训，建立选派大学生到合作社工作的制度。

总之，目前集体经济形式各有其特点和不足，基本情况可总结如表 7.2 所示。

表 7.2　　当前农村集体经济各形式的功能特点和问题

	承包、租赁经营	农村股份合作企业	社区股份合作社	农户+公司联合体	农民专业技术协会	农民专业合作社
减少风险		+	+	+	+	++
降低成本						
生产成本			+	+	+	+
管理成本	+	+		+		
经营合作						
资产合作	+	+	++			+
劳动合作				+		+
技术发展			+	+	+	+
分工深化						
个人优势	+			+	+	+
规模经济	+	+	+	++		+
服务提供				+	+	++

续表

	承包、租赁经营	农村股份合作企业	社区股份合作社	农户+公司联合体	农民专业技术协会	农民专业合作社
资产价值低	*					
投资来源少	*	*				
生产无特色	*	*				
行政干预多		*	*			
依赖企业			*	*		
服务范围窄				*	*	
资金不足					*	*
集体积累少					*	*

注：表中“+”表示该形式有这一作用，“++”表示有明显作用；*表示存在这一问题。

三、农村集体经济形式发展演变的阶段和特点

改革开放以来，我国农村集体经济形式的发展和演变总体上经历了三个发展阶段，并表现出以下一些规律性特点。

（一）20世纪80年代：村办集体企业、承包和租赁经营

20世纪80年代，村级集体经济的主要形式是村办集体企业（如村办加工厂、茶场、果园、种植队、运输队、建筑施工队等）以及村集体资产（山林、水面、场、园等）的承包和租赁经营。

这类集体经济形式兴起和发展的主要原因是：（1）政策导向和政府支持。1979年党的十一届四中全会通过的《中共中央关于加快农业发展若干问题的决定》明确指出：“社队企业要有一个大发展”，“凡是符合经济合理的原则，宜于农村加工的农副产品，要逐步由社队企业加工，城市工厂要把一部分宜于农村加工的产品

或零部件，有计划地扩散给社队企业经营，支援设备，指导技术。对社队企业的产供销，要采取各种形式，同各级国民经济计划相衔接，以保证供销渠道能畅通无阻。”在政策鼓励下，以社队企业为载体的农村轻工业和服务业获得快速发展，特别是农村轻工业产值所占的比重由1978年的44.8%提高到1983年的51.2%，此后继续保持增长。（2）农业释放剩余劳力。1980年9月14—22日，中共中央在北京召开各省、市、自治区党委第一书记座谈会，专门讨论加强和完善农业生产责任制问题，并以中央文件的形式下发了会议纪要。会议纪要明确指出：“在社会主义工业、社会主义商业和集体农业占绝对优势的情况下，在生产队领导下实行包产到户是依存于社会主义经济，而不会脱离社会主义轨道的，没有什么复辟资本主义的危险，因而并不可怕。”由此，农村开始全面推行家庭联产承包责任制，包括集体资产的承包和租赁经营。1983年1月2日，中共中央印发《当前农村经济政策若干问题》的文件，充分肯定、高度评价了农村实行的家庭联产承包责任制，“家庭联产承包责任制采取了统一经营与分散经营相结合的原则，使集体优越性和个人积极性同时得到发挥。这一制度的进一步完善和发展，必将使农业社会主义合作化的具体道路更加符合我国实际。这是在党的领导下我国农民的伟大创造，是马克思主义农业合作化理论在我国实践中的新发展”。到1983年底，包产到户的农户达到94.5%。实行家庭联产承包责任制调动了广大农民的生产积极性、增加了农业产出，并不断地释放出大量的农村剩余劳力。这些农村剩余劳力一是进入社队集体企业，二是承包和租赁集体资产经营，三是自己或者与他人一起联办企业（到1988年农民自办和联办企业占乡镇企业总数的91.6%）。但社队集体企业仍占主体——1988年占全部乡镇企业总产值的67.5%。（3）城市改革提供机会。农村家庭联产承包责任制改革后，20世纪80年代中期城市工业企业开始进行改革，由于城市改革远比农村改革复杂、影响更大，各种商品和服务的供给不能充分满足社会需求，特别是农村收入增加后农村居民迫切要求改善生活与生产条件而城市工业一时不能提供，因此，面对较大的市场机会和经营空间，以村级集体企业为主体的乡镇企业异军突起，成为国民经济中一支新兴的重要力量。到1988年，我国乡镇企业发展到1888万多个，完成的产值占农村总产值的比重为58.1%，在乡镇企业就业的农民占农村劳力的29.6%，乡镇企业的出口额占全国出口总额的16.8%，对全国出口增量的贡献达到1/4。

随着农村家庭联产承包责任制的推行，原有的人民公社体制受到了巨大的冲击，人民公社和生产队组织基本上无力承担经济和社会管理职能。于是，一些地方开始尝试取消人民公社体制，实行党政分开、政企分开，设立乡党委、乡人民政府和农工商合作社，并将生产大队改为村、生产小队改为组。1982年2月，五届人大五次会议通过新的《中华人民共和国宪法》，确认了乡（镇）、村体制。1983年10月12日，中共中央、国务院正式发布《关于实行政社分开建立乡政府的通知》。到1985年底，全国5.6万个人民公社改建为9.2万个乡（镇）政府，55.3万个大队改建为94.3万个村民委员会。社队集体企业随之转变为村级集体企业。

（二）20世纪90年代：农村股份合作企业和农民专业技术协会

进入20世纪90年代后，农村集体经济形式的发展以新的形式如农村股份合作企业、农民专业技术协会的发展为主体。其他新的集体经济形式如社区股份合作社、农民专业合作社也逐步兴起。

90年代后，许多乡镇企业改制为农村股份合作企业。1994年，农村股份合作企业达到20.4万个，职工人数达到799.8万人，资本金比上年增加76%，利润比上年增加113%。随后，农村股份合作企业的数量、人数开始缓慢下降，资本金和利润开始缓慢增长。同时，农民专业技术协会的个数也在1994年达到高峰（约13万个），然后开始减少；但农民专业技术协会的人数仍继续增加，直到1999年以后才开始缓慢减少。

这一时期农村集体经济发展变化的主要动力因素是：（1）政策引导。1992年，随着建立社会主义市场经济体制的提出，农业部下发了《关于推行和完善股份合作制的通知》，各地也纷纷出台了一些支持乡镇企业股份制改造的措施。同时，1991 年、1993 年、1994 年、1998 年中共中央和国务院有关农业和农村工作的文件都要求各级政府支持农民专业技术协会和专业合作社的发展。这些政策要求为农民专业技术协会和专业合作社的发展提供了制度基础。（2）市场竞争压力。乡镇企业在经历了由村级管理到承包经营的转变之后，逐渐暴露出短期行为、集体利益受到损害、行政干预依然严重等问题，而且随着城市工业的发展，利润和生存空间被压缩，农村股份合作企业客观上成为乡镇企业吸收资源、提高技术、改善管理、争取发展的必然选择。农民专业技术协会的快速发展则是因为家庭经营遇到越来越大的挑战，迫使农民走出村级范围寻求专业技术合作，以提高收益。由于地方科技部门的大力支持，农民专业技术协会受到了农民的欢迎。与此相似，农民专业合作社作为专业技术协会的高级阶段，也逐步发展起来。（3）城市化发展。在东部地区，城市化的发展已波及城郊农村，影响到城郊农民的发展和他们的利益。由于一些农民不再从事土地经营，甚至可能离开社区，他们如何来保证自己在原有社区的土地权益和他们应拥有的集体资产收益的权利，就成为一个重要问题，社区（村级）股份合作社正是在这种情况下开始兴起的。当然，由于农民出外打工或小块土地的经营收益下降，一些非城郊农村也开始组建土地股份合作社，目的是通过规模化和专业化经营来保证土地收益。因此，在地方政府的支持下，社区股份合作社开始兴起。

（三）最近 10 年：农户+公司联合体、社区股份合作社、农民专业合作社

1997 年亚洲金融危机爆发后，各种农村集体经济形式的发展都受到影响。2000 年后，特别是 2003 年以来，农村集体经济形式的发展才逐渐恢复。恢复后的农村集体经济形式的发展主要表现为农户+公司联合体、社区股份合作社、农民专业合作社这些新型集体经济形式的发展。

在我们调查的村中，村民参加的农户+公司联合体、社区股份合作社、农民专业合作社90%以上是在2003年以后建立的。而根据王荣、韩俊、徐初明的研究，① 2005年以来苏州农村全面推行"三大合作"，主要是农户+公司联合体、社区股份合作社、农民专业合作社，这些合作社的数量和入社农户数大幅度增长。

这三种新的集体经济形式快速发展的主要原因是：（1）政策支持力度加大。一是2003年后财政部、农业部和各省、市、县都安排了专项资金扶持农民专业合作社的发展，2004年农业部在全国选择了100个农民专业合作社作为试点并提出通过农户+公司联合体等多种形式提高农业的规模化和组织化程度及农产品的安全水平；二是2006年10月《农民专业合作社法》正式颁布，2007年6月农业部发布《农民专业合作社示范章程》，为各地实施《农民专业合作社法》提供了详细指导；三是一些地方政府（如苏州市）在农村全面推进社区股份合作社、农民专业合作社等新的集体经济形式的建立与发展，有力地促进了这些新的集体经济形式的普及和发展。（2）财政支持向农业倾斜。自20世纪90年代中期以来，农产品供大于求、种粮成本高、卖粮难、收入低、负担重、农民进城务工、土地抛荒的问题日益突出，为此，我国在2000年后开始进行农村税费改革和乡镇综合改革；2004年开始减免农业税、实施农业补贴政策，并在2006年全面取消农业税；2005年中共中央、国务院颁布了《关于推进社会主义新农村建设的若干意见》，提出了建设社会主义新农村建设的重大历史任务。这些措施和政策的核心，就是减轻农民负担、增加财政对农业和农村发展的投入。从效果来看，它调动了广大农民的积极性、鼓励了农民回流，从而为农民致力于农业生产并通过建立农民专业合作社等开展集体经营创造了条件。（3）市场化和城市化的压力增大。20世纪90年代中期以来，越来越多的农民认识到了集体合作经营的重要性以及小农

① 王荣，韩俊，徐初明：《苏州农村改革30年》，上海远东出版社2007年版。

经济已不适应农业市场化发展这一现实，因为单靠家庭和个人根本无法了解市场，解决生产技术更新和销售等问题，就算集中全村的人力和物力也不容易解决。因此，农民只能将眼光投向村外和乡外，在更大范围内寻求发展的资源和方式，于是，那些有能人大户牵头和政府支持的农民专业技术协会、农民专业合作社，那些有技术、有资源的龙头企业或农产品加工经营公司，便成为农民依托的对象；而在城市化浪潮已经波及的市郊农村，社区股份合作社便被选为维护村民利益，同时又被用做保证村民经营转型的主要手段。

总体来看，农村集体经济形式发展的主要动力因素是政策推动和政府支持以及市场化改革所产生的机会和压力。发展的基本路径是：村办企业和村级资产承包、租赁经营——村办股份合作企业、农民专业技术协会——社区股份合作社、农民专业合作社、农户+公司联合体。从资源配置的角度看，也就是：利用本村资源要素——吸收外部要素、开始超越村级范围进行资源整合——全面整合本村资源要素并按专业进行大范围的资源整合与紧密合作。从产业发展的角度看，就是：发展工业、兼顾农业——着力发展工业、兼顾农业——深化农业分工、兼顾工业。农村集体经济形式发展的三个阶段比较充分地反映了在城市工业化推进的过程中，农村市场化发展和农民为争取收入而积极调整产业结构、优化资源配置的历史过程。

关于经济组织和制度的演进和发展，经济学家通常从技术创新和利益结构等环境的变化以及文化传统、成本与收益的权衡和预期、各种利益群体之间的博弈等方面来进行解释。其中，关于微观经济组织的演进，最著名的科斯理论认为，企业组织的发展是沿着节约交易成本的道路前进的；而以威廉姆森等为代表的新制度经济学派则认为，企业组织的发展主要在于减少风险和不确定性以及保证足够的内部激励。因此，制度经济学强调进行产权安排改革是促使企业发展和应对市场环境变化与内部动力不足的关键手段。而基于专业分工的产业组织理论则认为，技术变化和专业分工的深化作为发展的动力，使得企业组织的形式和结构发生改变，纵向和横向的企业连接形成一体化的合作和相互竞争的格局，以产生效率，这样，企业组织形式和结构总是根据合作和竞争的状况与效率大小而朝纵向或横向联系的某一方偏移。

根据制度经济学的观点，农村集体经济形式的变化、发展主要是由农户参与市场经营的成本、风险和收益情况来驱动的，故当成本提高、风险增大和收益减少时，农户就会选择那些有助于减少成本、抗御风险、增加收入的集体经济形式。而根据产业组织理论，随着农业生产技术的发展和农业分工的深化，农民会依次选择那些有利于运用新技术、分工协作和提供多样化服务的集体经济形式。

其实在前面我们已经看到，村办集体企业和村级资产承包、租赁经营——农村股份合作企业、农民专业技术协会——社区股份合作社、农民专业合作社、农户+公司联合体，在三个时期分别占主流的这些集体经济形式在减少成本、抗御风险、增加收入方面的作用具有递增性；它们在运用新技术、开展分工协作和发挥农村与农民自身优势方面的作用也是递增的。这就是说，改革开放以来我国农村集体经济形式变化、发展的基本特点是：由低层次向高层次发展，由少优势向多优势的形式演进。这一演进发展过程完全符合产业组织理论和制度经济学原理。

四、农村集体经济形式发展的共性因素分析

以上我们主要分析了农村集体经济各形式的不同特点并从集体经济各形式的特点和改革开放以来农村经营环境的变化来分析集体经济形式发展变化的一般规律。在这一部分，我们着重研究农村集体经济各形式（除承包和租赁经营形式以外）在实践中取得发展的共性因素问题。

研究这一问题的原因在于：虽然每个时期都有一些集体经济形式发展较快，但其他的经济形式并没有消失，这说明各种集体经济形式既有一个总体适应性问题（可以认为这是由各形式的主要特点和优势决定的），也有一个个体差异问题——即不同的集体经济

形式都有成功和失败的情况。因此，如果我们弄清了所有那些能够存续发展的集体经济形式（不考虑它们是何形式、有何主要特点与优势）的共同因素，就可以进行调整和完善，以减少各种经济形式经营失败的可能性。

1. 假设和模型

根据科斯关于企业性质的理论，农村集体经济形式其实也是农民为克服个体经营所难以克服的一些困难，开展集体经营的组织和“企业”。科斯在《企业的性质》这篇经典论文中指出，企业之所以出现，在很大程度上是为了节省成本、取得更多收入，另外也有减少不确定性、保证稳定经营的原因。他指出：“市场的运行要花费成本。通过成立一个组织、允许企业主指导资源配置，可以节省某些成本，企业主必须以较低成本行使自己的职能，因为他可以比他所取代的市场交易更低的价格获得生产要素，如果他做不到这一点，他总是可以回到公开市场上去”；“没有不确定性的存在，企业似乎不大可能出现”。如上所述，从改革开放以来的情况看，我国农村集体经济形式的发展过程确实可以用科斯的理论来解释。

进一步来看，农村集体经济形式不论是何种类，也不论它有何特点，关键是它能否降低经营成本、减少不确定性，更好地应对市场环境的变化，取得比个体参与市场经营更高的收入。显然，农村集体经济形式这种“企业”在市场经济中发展的基本标志（或判断标准）就是农村集体经济形式的资产的增长，而不单纯是参加者或农民成员人数的多少（“企业”总存在一个规模限度问题，人员与资产的配置必须相适应），因为资产是一个存量指标，资产的增长可以反映经营收入（流量指标）持续增加的情况；同时，资产（实物资产和现金资产）的增长状况也在很大程度上反映了“企业”应对环境变化和不确定性、保证收入稳定增加的能力。这也就意味着，农村集体经济各形式的发展状况集中表现为它的资产的增减变化。

关于企业如何降低经营成本、减少不确定性，科斯并未作详细分析。但他提出了一些可能的因素，这包括：企业负责人（企业主）的决策失误情况，企业的生产组织成本，企业规模，企业内的交易规模（量）和交易的异质性等。科斯以后的研究者们正是沿着如何减少这些成本和风险因素的思路来展开研究的。可以认为，威廉姆森等新制度经济学家正是从企业制度安排以及市场制度、社会制度等的角度来分析降低这些成本和风险因素的；而产业组织理论则是从专业分工、技术发展的角度来考虑这些成本和风险因素的。

根据科斯理论，联系我们对农村集体经济形式的分析，如果农村集体经济各形式的产出用柯布—道格拉斯函数 $Y=AL^{\alpha}K^{\beta}$ 表示，利润用 $Q=YP-C$ 表示，那么，某一时点上任何一种集体经济形式的资产增加情况就主要取决于：新投资（实物资产增加），利润留存（现金资产增加，即：经营收入减去管理成本和生产成本乘以利润留存的比例），成员人数（反映规模和成员投资）以及负责人的秉性（管理水平）。也即，如果我们假定农村集体经济形式的发展符合科斯的企业理论，就有：

$$Z=f(X_1,X_2,X_3,X_4,X_5,X_6,D)$$

其中，Z 为集体经济形式的资产；X_1 表示经营收入；X_2 表示新技术设备投资；X_3 表示管理支出（成本）；X_4 表示生产服务支出（成本）；X_5 表示利润留存比例；X_6 表示集体经济形式的成员人数；D 表示负责人身份。由此，可建立线性回归模型进行实证检验。

2. 实证分析

实证检验的样本数据来源于 2008 年夏天调查组对东、中、西部地区 100 个村和有关集体经济形式的调查，其中 24 个样本有 2002—2007 年集体经济组织和形式的资产、收入和有关经营情况的详细数据。经过筛选，共选取村办集体企业、农村股份合作企业、农民专业技术协会、社区股份合作社、农民专业合作社、农户+公司联合体这 6 种形式的 10 个样本截面数据和 60 个有效观测值。

在变量中，利润留存比例是集体经济形式各年的未分配收入与净收入的百分比；集体经济形式的成员人数是各年度的农民人数(单位：千人)；资产额、管理支出、新技术设备支出、经营收入、管理支出和生产服务支出的单位为万元；表示负责人身份的虚拟变量的值按以下条件确定：当集体经济形式的负责人为当地能人或国家干部时取 1，其他取 0。利用 eviews5.0 软件，运用 OLS 方法估计模型的结果如下：

$$Z=-147.49+1.22X_1+1.44X_2-0.60X_3+1.04X_4+5.30X_5+2.29X_6+1.08D$$
$$(-0.27) \quad (21.56) \quad (-4.70) \quad (-0.99) \quad (-1.20) \quad (3.06) \quad (0.55) \quad (-0.02)$$

R^2-squared = 0.9889　D.W = 1.9207　F = 370.9332

其中，估计方程括号内为 t 统计量。调整后的可决系数 R^2-squared = 0.9889，拟合度很高，说明模型对因变量拟合得比较好；统计量 F = 370.9332，也表明模型整体上对因变量有显著的解释力；D.W 统计量为 1.9207，说明模型不存在自相关，模型估计效果比较好。

从模型的估计结果来看，(1) 农村集体经济经营收入 X_1 的估计系数为正，且通过了显著性检验，说明集体经济经营收入的提高能显著促进集体经济资产规模的扩大，这意味着：要扩大集体经济资产规模、向市场提供适销对路且有竞争力的产品和服务，扩大销售额和营业收入是有效的途径。(2) 技术设备投资支出 X_2 通过了显著性检验，符号为正且大于经营收入的估计系数，这说明在扩大集体经济资产规模的过程中，技术设备投资较经营收入增加的作用更大。可能的原因在于：其一，技术设备是集体经济资产的重要组成部分，技术设备投资增加能直接增加集体经济资产规模；其二，技术水平相对落后，产品科技含量及附加值不高是制约当前集体经济发展的重要障碍之一，而技术设备的投资可以明显改善集体经济的技术水平和产品的市场竞争力，从而增加销售收入和利润，进而促进集体经济资产规模的扩大。(3) 利润留存比 X_5 通过了显著性检验，且估计系数也比较高，这说明利润留成比的提高能促进集体经济组织资产规模的增加，这是因为利润留成比越高，集体经济组织才更有财力进行资产的购置，特别是固定资产的更新和增添。(4) 管理支出 X_3 的估计系数为负，但在统计上不显著；生产服务支出 X_4 的估计系数为正，但也没有通过显著性检验；集体经济的成员数 X_6 的估计系数为正，但没有通过显著性检验；管理人员身份 D 在统计上不显著，说明集体经济的管理者身份对集体经济的资产规模并未有显著影响。

3. 结论

发展适应市场经济和农村经济社会特点的多种集体经济形式，有助于农业劳动力就地转移和扩大就业，有助于农民收入的持续增加，也能为新农村建设和和谐社会的构建提供经济、社会基础。不同形式的集体经济的发展壮大有其各自内在的规律，但也有其共同的一般规律。从我们的实证研究来看，经营收入的增加、技术设备投资的扩大、利润留存比例的提高是各种形式的集体经济规模壮大和持续发展的共性因素。因此，各种形式的农村集体经济在发展中应重视：第一，坚持提供优质的、有特色的、有市场竞争力的产品，不断扩大经营收入和市场规模；第二，加强技术投资和设备更新、完善加工生产和服务设施，提高生产效率，增强产品的科技含量及品质；第三，处理好利润分配和利润留成的关系，在不损伤投资者、合作者和成员的积极性的条件下，适当提高利润留成比例，为集体经济的发展提供必要的物资技术基础，特别是在集体经济形式发展的早期更应如此；第四，管理支出和其他经营支出都是集体经济形式的成本，这些成本支出都应得到控制，否则不利于集体经济形式的发展，实证结果表明这些支出增加对集体经济形式的资产增加无明显作用是可信的。第五，集体经济形式的成员数增加对集体经济形式资产增加的作用不明显可能说明成员的出资贡献弱，也可能说明成员人数普遍较少、未形成规模经济，故各种形式的集体经济都应注意扩大成员规模并注意适当提高成员的出资要求。第六，管理人员身份对集体经济各形式的发展作用不显著，说明无论是国家干部、能人还是普通农民担任集体经济形式的领导人未见明显差别，可能表明目前农村集体经济形式普遍缺乏有效的经营管理，故应加强对农村集体经济形式的领导人的培训，提高他们的管理水平和资源配置能力。

总之，样本分析表明：支持当前农村集体经济各形式发展的主要共性因素是：经营收入、新技术设备资产投资以及用于增加集体经营资产的利润留存比例。这是目前各种集体经济形式要取得发展都必须注意的基本问题。

五、新形势下农村集体经济形式的发展趋势估计

根据以上分析，考虑现阶段我国社会经济发展的新形势和新特点，我们认为，在未来一个时期，我国农村集体经济形式的发展趋势如下：

（一）从总体来看，农村集体经济形式将沿吸收、整合资源和有利于农业现代化、农村第二、三产业发展、帮助农民经营转型的方向发展

改革开放以来，我国农业迅速发展。到20世纪90年代后期，学术界普遍认为我国农业已开始进入规模化、专业化、产业化和以提高质量与收入为特征的现代化发展阶段。主要原因是：(1) 主要农产品已由短缺变为总量基本平衡，农业产值的比重不断下降(2000年后占GDP的比重不到15%)，农业收入增长缓慢；(2) 机械、化肥、农药等农业投入成本上升、物耗增加、资源约束加强，劳动和土地的边际贡献下降，农业人员不断减少（1992年后绝对减少），以高投入、低效率、小规模和供给导向为特征的传统的粗放型农业模式面临转型。

同时，在城市工业方面，以吸收外资和出口导向为特征的模仿学习或外需拉动型的工业化模式也面临挑战。主要表现为：(1) 进口原材料、能源和燃料的价格上涨，生产成本上升，出口盈利空间缩小；(2) 国际金融危机和经济动荡不断发生，西方国家对我国出口实施的反倾销增加，范围越来越广，贸易摩擦有加剧之势；

(3) 我国城乡和地区之间的发展差距扩大，特别是近年来农民进城打工、村庄老龄化和空心化、农村社会经济发展严重滞后，使“三农”问题更加突出。这表明转向内需拉动的发展模式和全面推进新农村建设已成为必然。

如前所述，改革开放以来农村集体经济形式大体是沿着利用本村资源要素（发展工业）——整合本村资源、吸收外部资源（着力发展工业）——超越村级、按专业进行大范围的资源整合（深化农业分工）的路径来变化发展的，这是由城市工业化与农村市场化发展的相对形势决定的。因此，在扩大内需、反哺农业和农村、全面推进农业现代化和农村社会经济发展的新形势下，农村集体经济形式的变化发展将围绕整合农业资源和城乡资源（推进农业现代化、发展农村第二、三产业)、促进农村产业调整和支持农民完成经营转型来进行。

（二）从农业现代化发展看，能够广泛整合农业资源的农民专业合作社将进一步发展，农业公司和复合型的经济形式也将兴起

1. “一亩地”困境和农民专业合作社

在目前的农产品价格和成本格局下，农村家庭联产承包和小规模经营正遭遇“一亩地”困境，即：按目前的种粮成本、产量和价格计算，农户人均只有一亩粮田时，除自己消费外，仅有不足半亩地的粮食可出售，这只能维持简单的再生产。也就是说，一个4口之家若耕作4亩左右的土地时，一年的净收入不足1000元，还不及2个月的打工收入。

正是在这种情况下，在农民大量外出打工的同时，各地出现了规模化和专业化农业发展趋势，出现了高科技农业、生态农业、观光农业和粮食生产区、棉花种植带、蔬菜和水果生产区，出现了数以万计的专业大户。例如在湖北省，目前租种50亩以上的农户在公安县有800多户，在监利县有2000多户，在京山县租种100亩到1000亩土地的大农户就有130多户。2008年，大冶市农民侯安杰租种了大冶和阳新2县（市）8个乡镇33个村1.8万个农户的土地1.96万亩（其中水稻田1.68万亩），常年帮他种地的技术工人达300余人。

实践证明，土地集中、大农户专业化和规模经营更需要农民专业合作社的支持和帮助。湖北京山县种粮大户刘若峥租种了1290亩粮地，每年净收入可达100多万元。为了实行规模种植，他联合其他87家种植大户成立了“峥嵘农庄种植专业合作社”。武汉市黄陂区农民冯勇军在搞建筑致富后于2007年成立蔬菜公司，租种了本村及周边村的5000亩土地，专业种植芦笋、日本胡萝卜、荷兰豆和香葱，村民可以包种，也可以在公司的地里打工（工资约8500元/年）。为实行规模经营，他牵头成立了“星光农机专业合作社”和“蔬菜专业合作社”，公司年收入达3000多万元、纯利润达160多万元，参加合作社的农户收入翻番，公司还每年向村委会缴纳10万元并负担村里孩子们的上学费用。

中部粮产区的农业现代化过程为何会选择大户经营+农民专业合作社的模式呢？主要原因在于：（1）大户与农户个别协商（通过村委会进行），从而承租土地的价格较低（由于土地抛荒，有时1亩地只需100元租金/年），但若组建土地股份合作社采取整体出租方式则可能抬高价格，大户不愿承受，土地流转集中也就无法进行；（2）在众多大户参与的情况下，一般农民专业合作社运行中常见的社员不愿出资和合作社资金短缺的问题可以得到较好的解决；（3）以专业大户为主体的农民专业合作社可以克服资本积累不足和服务质量不高等问题，可以建立较完善的设施和专业性服务机构，如在合作社内设立购销服务部、农机服务部、技术服务部、生活服务部等，规模化地提供专业服务并向综合性合作社发展，更便于运用新技术和新品种、发展对外合作、减少成本和风险；（4）这种大户经营+农民专业合作社的模式不改变家庭联产承包责任制，即它可以在使农民无后顾之忧的情况下（土地仍然是农户最后的生活保障）帮助他们逐步完成经营转型——进城务工、经商或者转变为拿工资的技术性的农业工人，可以实现农业资源的整合和专业化与产业化经营，为农产品加工服务企业和农产品专业市场的形成和发展准备条件（它说明无需进行土地私有化，同样可以发展现代农业）。

因此，我们相信，在适宜推进农业现代化发展的地区，大户经营+农民专业合作社这种集体经济形式将会得到进一步发展（可以克服目前阻碍农民专业合作社发展的两个主要问题：资金困难、服务能力不足）。另外，考虑到即使在偏远山区、在那些不适合土地集中和规模经营的地方，农民专业合作社仍然可以为中、小农户提供服务的情况（当然，这需要政府给予较多的资金和技术支持，包括选派大学生到农民专业合作社工作等措施），所以，我们估计，农民专业合作社完全可能成为新时期农村集体经济的主要形式之一。

2. 农民专业合作社、农户+公司联合体向农业股份合作公司发展

农民专业合作社具有广泛集聚、整合资源的优势，是将各种农产品的生产经营者组织起来开展专业化和规模化生产的重要形式。但是，它还不是开展农业专业化和规模化生产的高级形式。随着农民专业合作社的成员增多、资产增加和规模扩大，特别是形成了自己的品牌以后，为加强管理、保证质量和声誉，一些农民专业合作社将会进一步发展、转变为农业股份合作公司，实行企业化经营；还有一些农民专业合作社将会扩展服务领域和提高服务质量，成为综合性、全功能的合作社，将合作社的收益更多地转化为集体成员的生活福利。

从我国农业现代化发展的情况看，在经济发展水平较高的地区，尤其是那些经营非粮食产品、收入丰裕的农民专业合作社，最有可能发展成为农业股份合作公司。因为非粮食产品的价值高、市场需求弹性大、质量和品质对于销售和收入增长更为重要，从事这类农产品生产的农民专业合作社必须有正确的发展战略和市场策略、有规范灵活的经营机制，这在客观上要求实行完全的企业化管理。事实上，近年来，在东部发达地区的农村已经出现了农民专业合作社向农业股份合作公司发展的趋势。例如，江苏省苏州市吴中

区东山镇莫里村在2004年成立“古尚锦茶叶合作社”，在生产经营碧螺春茶叶的过程中成功做大了“古尚锦”品牌（每斤茶叶的市场价格曾达到1800元），并兴办了集采茶、炒茶、品茶、卖茶于一体的休闲旅游项目。由于品位高、需求大，质量安全日益重要，合作社实行的松散管理已不适应发展的需要，加上有更多的农户要求加入合作社，同时合作社的旅游、餐饮等服务也不断扩大延伸，因此，茶叶合作社在2005年底改制成了“股份合作社（公司）”，完全按股份制企业的方式来运作。即：社员将自己的茶田全部折价入股，由公司统一进行管理和安排承包，按市场价格统一收购鲜茶、统一生产制作和按品牌销售，社员按股份参与公司的管理和分红。公司成立后，内部交易和管理成本大大降低、经营效率提高，短期利益行为减少、集体意识增强，生产经营规范化，品质、产量和收入不断提高。

另外，在农业生产领域，农户+公司联合体形式也完全可能向农业股份合作公司转化、发展。农户+公司联合体主要是一种订单+服务（信息、良种、技术）的契约型集体经营形式，它存在的主要问题是经营连续性和稳定性差、农户的增收幅度不大。为此，近年来一些地方创造了一种改进形式：即在农户+公司联合体形式的基础上，由农产品经营公司（龙头企业）租赁农户的土地、统一规划和成片投资改良，形成生产基地，然后再包给农户按要求进行经营（公司支付工资或费用），此即“返租倒包”形式。这一改进形式使农户与公司的关联更紧密和稳定，既可以保证以公司为主导的专业化和规模化经营，又可以提高农户的生产技术和收入水平。例如，江苏超大绿园蔬菜有限公司2004年以返租倒包形式选择1000多个蔬菜种植户（每亩400元租金/年），建立了6000亩连片种植基地，公司将这些土地包给农民按合同要求具体进行种植和管理（每亩付给农民800元管理费，农民成为农业工人），公司统一提供农机耕种服务、良种和技术指导，蔬菜由公司统一组织加工和销售，年终时公司和农民分享每亩所得的净利润。这样，蔬菜经营基本上企业化了。

不过，应当看到，返租倒包仍是一种过渡形式，具有依赖或不对称的性质，还不是平等合作基础上的规范的集体经营形式。它的进一步发展就是建立农业股份合作公司：农户以土地入股，农户与公司完全一体化，实现经营资源的全面整合，保证公司的长期稳定发展和做大做强。由于有返租倒包形式作基础，农户+公司联合体转变为农业股份合作公司并不困难，转变的具体时机取决于环境和联合体的发展状况，例如，当出现多个农户+公司联合体相互竞争的情况，或者某个农户+公司联合体的品牌经营严重依赖一些特有的土地和气候条件时，一些农户+公司联合体就会转向农业股份合作公司。

3. 农民专业合作社、农户+公司联合体向复合形式发展

农民专业合作社、农户+公司联合体在吸收和整合农业资源、推进农业现代化发展上具有不同的特点和优势，但二者又各有缺陷和劣势。农民专业合作社的集体性强、服务面广，但企业化经营的程度不高、经营加工能力弱；农户+公司联合体的企业化经营程度高、经营加工能力强，但集体性弱、服务面窄。因此，从农业专业化、规模化发展的趋势看，农民专业合作社与农户+公司联合体相结合，实现互补发展具有必然性。

例如，湖北省竹山县是一个山区县，许多村民有生产蔬菜和加工山野菜的传统。2000 年，该县 3 个村的 23 个蔬菜专业户组建了“竹山县蔬菜协会”，实行技术开发、订单生产、集中加工、统一运输销售和规模化经营。协会组织的集体经营一下改变了一家一户生产和价格低、销售困难的状况，协会不断扩大，会员（包括专业种植户、营销专业户和超市蔬菜专柜会员等）逐步发展到 1000 多人，并吸收了 2 家蔬菜加工企业会员（官渡山野菜开发公司、宝丰泡菜公司）。2007 年，蔬菜协会正式发展成农民专业合作社，成立了“竹山县蔬菜开发专业合作社”，成员达 1476 个、覆盖全县 4 个乡镇 30 个行政村，蔬菜订单生产基地由最初的 160 亩扩大到 1820 亩，在武汉、重庆、西安、襄樊、十堰等大中城市建立了数十个蔬菜及蔬菜产品销售合作网点。合作社当年销售蔬菜 6000

多吨、创造产值800多万元，社员户均增收1000多元（目前，合作社东川大坝示范基地的社员已户户通水泥路、自来水和有线电视，80%的农户盖了新房，成为竹山县特色农业和新农村建设的先进代表）；2家蔬菜加工企业的产出分别达到500吨和2500吨（比2002年各增加10倍和100倍），产值都超过了400万元。显然，竹山县蔬菜专业合作社是一个典型的“农户+公司+农民专业合作社”的复合型集体经济模式。

又如，四川省井研县农民素有养兔传统，2003年在井研县委、县政府的支持下，依托“哈哥兔业公司”（加工企业）成立了“哈哥兔业合作社”。合作社的主要功能是：免费为社员养兔提供基本设施建设服务，统一配送品种、饲料、药品，提供技术培训、信息和融资服务，组织订单（养殖）生产。哈哥兔业公司作为合作社的成员，主要功能是：按优惠价格收购农户社员的兔子，根据交售数量向合作社提供二次返利（每年达20到30多万元，由合作社向各成员具体分配），为合作社提供办公经营场地和融通资金。这也是一个典型的以龙头企业为主体的“农户+公司+农民专业合作社”的复合型集体经济模式。

应当看到，在农户+公司联合体和农民专业合作社经营都不是很发达、尚未建立优势品牌的情况下，它们都不大可能向农业股份合作公司的形式发展和转变。因此，这类复合型模式无疑具有重要现实意义和普遍发展的前景。

（三）从农村第二、三产业发展看，有利于本地资源整合并与外部要素相结合的社区股份合作社、农村股份合作企业将成为主要形式

1. 村民变市民过程与社区股份合作社的发展

社会主义新农村建设的关键是农村生活改善（条件、设施改善和质量提高）、生产发展（产业发展、就业和收入增长）。在城市郊区，新农村建设的主要方式是推进城乡一体化：包括城区企业的转移迁入和农村社区的城市化改造，具体表现为村民变市民、生产就业转型、土地统一规划使用的进程。从各地现有的经验来看，市郊农村居民参与新农村建设或城乡一体化发展的主要"筹码"（资本）就是承包的土地，以土地"换"生活条件改善（包括住房环境、生活园区、道路设施等）、以土地"换"经营转型和收入增长成为一般做法。因此，为了实现土地集中、统筹使用和乡村城市化改造，为了保证村民的收入和支持他们顺利完成身份转变与就业经营转型，农村社区（土地和综合性）股份合作社未来将在更多城郊地区得到推广和运用。其中，可以帮助村民在第二、三产业就业、联合其他经济组织投资创办集体型企业和事业实体的社区股份合作社最具发展远景。

2. 农村产业结构调整与农村股份合作企业的发展

改革开放以来，我国乡镇企业大体经历了三个发展阶段，即：(1) 1978—1984 年的缓慢发展阶段。这一时期乡镇企业的数量从 152 万个增加到 165 万个，增加 8.6%；乡镇企业的经营收入增加约 2 倍。(2) 1985—1996 年的快速发展阶段。这一时期乡镇企业从 1223 万个增加到 2336 万个，增加近 1 倍；经营收入则从 2566 亿元迅速增加到 68343 亿元，增加 25.6 倍。(3) 1997—2006 年的调整发展阶段。这一时期乡镇企业发展减慢，从 2015 万个增加到 2307 万个，仅增加 14.5%；经营收入从 81827 亿元增加到 219447 亿元，仅增加 1.7 倍。

进一步看，1978—2006 年乡镇集体企业呈递减态势，减少了 50% 多。2006 年，村办集体企业和具有集体经济性质的股份合作企业等约为 70 万个（占乡镇企业总数的 3%，占乡镇企业总收入的 30%，占乡镇企业总就业的 19%），其中主要是村办集体企业持续减少而股份合作企业、股份公司等近年来仍保持增长。主要原因是：村办集体企业缺乏吸纳外部资金、技术和人才的机制与条件，难以改变面向本县、本乡而生产的现状；而改制后的农村股份合作企业、股份公司则具有吸纳资源、进而调整和发展的机制与潜能。

这就是说，随着农业现代化的发展和农业就业人数的持续减少，随着新农村建设在各地全面展开和农村基础设施与农民生活条件的不断改善（集中表现为具有居住、经济、社会、文化发展等多种功能的新型村庄的建设和崛起）以及城市工商企业逐步增加对乡村的投资，可以预见：目前以深化农业分工、兼顾工业发展的农村产业发展格局将会发生重大转变，农村工业与服务业将主要依托农村股份合作企业和股份公司等集体经济形式加速发展，逐步改变局限于本地发展的现状，从而根本改变乡镇集体企业规模小、技术水平低、产品质量差、经营管理落后的状况。

所以，我们完全可以相信，在新时期农村工业和服务业发展的过程中，农村股份合作企业将继续保持活力、支撑大局，成为农村集体经济的主要形式。

（四）从村级集体来看，能够利用本地资源壮大集体经济的一些现有形式仍具有活力并将在改进和完善中继续发挥作用

改革开放、融合发展是经济发展的一般规律。在我国，虽然各地环境和条件差异大，村级集体经济的发展路径和实现形式不可能完全相同，但基本方法仍然是吸收外部资源、利用本村的优势和条件。随着农业现代化和新农村建设的开展，随着内需拉动政策的实施和城市资源向农村回流，随着家庭个体经营的增收空间不断缩小，走集体经济和共同发展之路将成为广大农民的普遍共识，除了能够广泛吸收、在较大范围内整合资源要素的新型集体经济形式之外，现有的各种以村为单位的集体经济形式也将随之调整和改进，继续保持活力并发挥重要作用。例如，最先开始家庭联产承包经营改革的安徽省凤阳县小岗村，在经过30多年的家庭联产承包经营实践之后，2008年3月12日召开村民大会，决定实行土地流转、发展规模农业和现代工商服务业——村集体以每亩每年500元的价格回租土地后统一开发利用和招商引资，推进村民的经营转型和村集体经济的发展转型。小岗村党支部书记、安徽财政厅驻村干部沈浩说，小岗村的经济发展分三步走：一是调整农业结构，发展葡萄、双孢菇种植和养鸡业；二是依托已建立的"大包干纪念馆"和地处蚌埠近郊的优势，发展休闲观光和红色旅游业；三是统一规划集体土地等资源，发展工商业、搞农工商协调发展。

一般来看，农村村级集体经济发展中有活力和运用前景的形式主要有以下几种：

（1）集体投资开发+资产承包、租赁经营，发展蔬菜林果种植和水产养殖业。如前所述，集体资产承包、租赁经营的主要问题在于：被承包资产的价值低、经营者无力进行投资改造、经营无特色和产销不对路。由于经营者客观条件的限制和对自身利益的考虑，当集体资产的利用价值不高时，经营者事实上不可能进行大量投资，也就不可能推出有特色的适销产品。目前，一些地方改变以往的习惯做法，采取一种积极的承包、租赁经营模式：村集体先对荒山、河滩等集体资产进行投资开发，并确定经营方向，然后再承包、租赁给合适的经营者。这种改进性的资产承包、租赁经营模式成功运作的概率明显增大。例如，湖北随州市双河镇郭集村1991年由村集体组织投资开发荒山、发展油桃种植，开发后实行集体所有、农户承包经营的方式，农户平均每株年收益50～100元，集体按每株5～10元提成，集体收入每年多达几十万元，实现了集体和个人收入逐年稳步增长。目前，该村油桃生产基地面积已扩大到1200多亩。

（2）建立农村专业合作社，依托有关部门（或企业）发展特色农业。实践证明，在有政府部门支持或与相关企业建立合作关系的情况下，以村为单位建立农村专业合作社、由村"两委"直接组织村民由一般粮食生产转向现代科技农业和特色农业经营（可以通过建立农业园区或特色生产基地的方式），也具有良好的发展前景。例如，湖北省随州市洪山镇阎家湾村从1989年起建设杂交稻制种基地，村里组织200个农户发展制种生产，实行统一规划、统一供种、统一技术规范、统一销售，各户所产种子由村集体全部交售给种子公司，然后再按各户的产出数量向各户返还收入。目前，该村制种面积已达800亩，每年生产粮种20～25万公斤、销售收入超过200万元，农户和村集体的收入逐年增长，村集体每年还另外获得种子公司发放的组织费10万元。又如湖北省巴东县葱坡镇枣子坪村2003年成立药材专业合作社，实行“村社合一”的管理模式（村两委作为合作社的发起者和管理者）；村级合作社向各户提供信息和产、供、销一条龙的服务，对社员种植的药材按保护价收购后统一销售。仅2003年，参社农户就超过100户、药材种植面积达1500亩，实现经营收入1000多万元，合作社取得盈利10万元。

（3）利用资源优势招商引资，兴办集体加工配套企业、发展村级工业。据调查，目前村办企业效益较差的一般原因是缺乏技术和资金、生产无特色和行政干预与管理不善，其中，最主要的原因是技术水平差、产品无特色和销路，如果说行政干预和资金不足问题可以通过股份制改革来解决，那么，技术水平和产品特色问题的解决显然更为复杂。近年来，一些地方利用本地的资源优势招商引资、吸引外地有实力的企业前来投资开发，村集体就此建立相关的加工企业和配套生产企业或者直接进行联合投资与开发，有效地解决了技术水平低、产品缺乏特色和销路不畅等问题，实现了村办企业的重新崛起。这说明，只要积极组织、充分利用本地的优势资源来吸引外部资金和技术、发挥外来企业的支撑和带动作用，村办企业（包括村办集体企业、股份合作企业等）完全可以发展起来，村级集体经济和村级工业完全可以重现辉煌。

（4）利用地理区位和环境优势，建设交易市场和发展旅游观光等服务业。近年来，一些位于“三边”（集镇边、公路边、行政区域周边）地带的村集体以及那些具有特定历史文化古迹和自然景观资源的村集体，利用共区位优势和环境优势、积极开发其创造就业和增加收入的潜力，取得了明显的绩效。例如，一些村在公路两侧投资兴建集贸市场，修建一些基本设施、房屋和店面等出租，开办示范餐馆和商店等，吸引村民和外来投资，逐渐产生了集聚效应，带动了本地农产品交易、商业、修理、餐饮、运输等服务产业的发展；一些有旅游资源的村，集体进行投资和发动组织村民入股投资，建立了与旅游、观光、休闲相配套的建筑设施，改善了生活住宿、交通、卫生等服务条件，组建了专业性的村旅游服务公司，积极开展与城市旅游团体的合作，极大地改变了村级发展的面貌。

总之，在以农业现代化发展和新农村建设为主要内容和特征的新时期，那些超越了村级范围并具有较大包容性与开放合作性的集体经济的实现形式或发展模式，最有可能成为农村集体经济的主要形式。但村级资产承包、租赁经营和村办企业等集体经济形式，由于它们适应低水平、小范围资源配置和经济发展的需要，故也将在改进、完善的基础上继续发挥作用。

六、结论和建议

本章讨论了农村集体经济实现形式发展的5个问题。主要结论如下：

1. 关于目前我国农村集体经济的发展状况及原因

从对我们选取的湖北、陕西、江苏等10个省（东部3个省、中部4个省、西部3个省）95个村的调查情况看，目前我国村级集体经济发展缓慢，2008年村级现金资产平均仅31.5万元，而中西部的村级现金资产平均只有15.5万元和9.4万元（不如城市1个高收入者一年的收入），少数村甚至没有现金收入。

村级集体经济发展缓慢的原因是：村集体可开发运用的资产少；缺乏有效的管理机制和积累制度；村干部和群众对集体经营缺乏信心。直接原因是：缺乏有效的集体经济实现形式，传统的承包、租赁经营方式不能有效地保证集体资产增值，而新的集体经济形式主要是跨村的且正在发展中，尚未全面普及。

2. 关于目前集体经济各种形式的特点和完善问题

（1）承包、租赁经营是目前农村集体经济的主要形式，是各村利用土地、山林等增加集体收入、吸引外部投资者的主要方式。承包、租赁经营的问题是，资产利用价值低、主要依赖承包或租赁人的技术与投资，故一般效果不太好。完善的方法是，集体首先进行开发投资，然后选择合适的单位和个人来经营。

（2）农村股份合作企业的特点是：可以广泛吸收社会投资，改善企业的技术和管理，降低经营风险，有利于农村工业发展、增加集体收入。但从实际来看，它的问题在于：缺乏技术优势和管理人才，吸收外部投资有限，生产经营仍面临困难。完善的方法是：集体利用本地资源、环境优势建立农村工业区，吸引外部企业投资参股；或吸引外部大企业来投资，村级企业与其进行配套生产、形成经营特色再推进股份合作；建立技术转移机制，向农村股份合作企业注入技术资源。

（3）社区股份合作社的特点是：统一配置、利用全村土地和其他资源，并与外来投资和生产要素相结合，实现集体资产的高收益，保证城市化过程中村民的利益和经营转型。从实际来看，它存在的主要问题是：保守封闭、严重依赖外来企业，村民也乐意坐享其成，对帮助村民经营转型的作用不大；而且对于非城郊农村来说，推广这一形式还存在限制。完善的方法是：要求它将资产经营收益的一部分用于创办经营实体，创造就业机会；打破封闭性，允许个人股有条件地流动，并限制村领导在经营层的人数、适当确定个人股与集体股的比例；在一般农村，可根据外来投资需要按组或自然村建立社区股份合作社，并使村集体拥有部分股权以取得收入。

（4）农户+公司联合体形式的特点是：打破村组集体经济模式，使农户根据自己的意愿与城镇农产品经营企业开展分工合作、实现优势互补，既有利于提高农业专业化水平、保证农户收入增长，又有利于城镇农产品经营企业的发展。这一形式存在的普遍问题是：农户依赖企业、收入增长有限；因为是一种合同关系，完全可能因合作中的一些小问题而导致集体合作解体。可采取的优化方案是：公司根据每年的利润增长情况按比例向农户返还收益或帮助改善农户的生产与生活条件；公司对长期合作的农户允许他们以土地入股，并吸收他们成为正式员工。

(5) 农民专业技术协会的特点是：打破村组集体经济模式，以行业为基础、以技术合作为中心建立新的集体经济形式，大面积地提搞农业技术水平、增加农民收入。从实践来看，这一形式的主要问题是：“集体”经济活动松散，技术合作水平低、范围窄；普遍存在经费困难、积累不足、管理不善等情况。可采取的解决方案是：规定会员的出资条件（如按会员的经营规模来缴纳会费），地方政府和有关部门可以根据协会的人数与会费总额给予相应资助；对协会领导人和管理人员进行培训，选派大学生、研究生到协会工作，以改善协会的管理与服务，并将其作为支持农村专业技术协会发展的一项重要内容。

(6) 农民专业合作社的特点是：打破村组集体经济模式，以行业为基础、从生产经营的多方面来开展密切的集体经营，有利于减少农户经营的成本和风险，有利于推广和运用新技术、深化农业产业化分工，从而增加合作社的收入。目前，农民专业合作社存在的普遍问题是：经营资金和集体资产不足、提供的服务有限；合作社的管理不完善，缺乏凝集力。根据一些经营较好的合作社的经验，可采取的优化方案有：一是建立成员资格标准，即根据经营状况调整社员的出资额，并要求社员达到一定的生产规模；二是在建立初期，每年保证一定的利润留存来增加资产投资，地方政府也给予一定的税收减免和资助；三是鼓励社员在出资额以外进行股份投资，并允许与合作社业务有关联的单位和个人向合作社投资（只作为再分配的依据）；四是对领导者和管理人员进行培训，并建立选派大学生、研究生到合作社工作的制度。

3. 关于农村集体经济形式发展的特点和规律问题

改革开放以来，我国农村集体经济实现形式以家庭联产承包为基础，一直保持多样化的发展态势。从不同时期此消彼长的情况来看，大体可以分为3个阶段。即：(1) 20世纪80年代以村办企业、资产承包和租赁经营为主要形式的阶段。(2) 90年代农村股份合作企业、农民专业技术协会快速发展的阶段。(3) 最近10年来农户+公司联合体、社区股份合作社、农民专业合作社快速发展的阶段。2000年以来，由于取消农业税、实行种粮补贴以及《农民专业合作社法》的颁布实施和开展新农村建设，农业和农村经济回暖、农业结构调整加快，由此促使这些新型集体经济不断发展、开始普及。

总体来看，我国农村集体经济形式的发展主要受两种力量推动：一是政府鼓励和政策支持；二是市场环境变化和市场利益的驱动。农村集体经济形式的发展、演变的基本规律是：由村级集体经济向跨村、跨乡、跨县的集体经济形式发展；由松散型的经济形式向紧密型的集体经济形式发展；由低层次、少优势的集体经济形式向高层次、多优势的集体经济形式发展。

4. 关于农村集体经济形式发展的共性因素问题

根据抽样调查数据所作的实证研究表明，近年来各种农村新型集体经济形式的发展（按其年度资产增长来判断）主要取决于：经营收入、新技术设备投资、利润留存比例这3个因素；而集体经济形式的管理支出、其他经营支出、成员人数、领导人身份等因素的作用情况不明显。另外还发现，新型集体经济形式的内部存在一种抑制资产增长的倾向，这可能是由于各集体经济形式的成员要求增加收入和返利的愿望较强，从而影响了共有资产的增长。

5. 关于新形势下农村集体经济形式发展的趋势问题

根据改革开放以来农村集体经济形式变化、发展的基本特点或规律，考虑取消农业税、财政支持、《农民专业合作社法》的实施和开展新农村建设的情况，我们估计今后一个时期农村集体经济形式发展的基本趋势如下：

（1）总体上将沿着吸收、整合资源和有利于农业现代化、农村第二、三产业发展、帮助农民经营转型的方向发展；

（2）在农业生产领域，农民专业合作社将广泛发展，农户+公司+农村专业合作社等复合型形式将不断兴起；

（3）在农村第二、三产业方面，社区股份合作社、农村股份合作企业将成为主要形式；

（4）在村集体经济发展方面，那些可以开发、利用本地资源的形式都将在改进中继续发挥作用并保持活力。例如：集体投资开发+承包或租赁经营、村级农村专业合作社+政府部门（龙头企业）、资源引资+村办企业、环境引资+市场服务和村办服务业等。

基于上述结论，我们提出如下建议：

1. 建立选派大学生到集体经济组织工作和培训集体经济组织骨干的制度

从实践来看，一种集体经济形式究竟能否适应环境和农民集体发展的需要、能否持续发展，关键在于它的管理制度是否完善、运作是否规范，其中，主要领导人和管理者的素质与能力十分重要。因此，目前应考虑：一方面由地方县（市）政府和农业、科技部门选派相关专业（如经济、农业和农村经济、农业技术、企业管理、法律、财税、贸易、财务会计）的大学生和研究生到各个集体经济组织中去工作（从事具体管理和服务）；另一方面由农业部设立农村集体经济组织发展项目，在各县（市）或乡镇设立管理培训基地，对农村集体经济组织的负责人、主要部门的管理者、技术骨干以及专业大户进行培训。应将这两个方面作为推进新农村建设、发挥农民主体作用、促进农村经济发展的基本措施。

2. 完善农村集体经济形式的制度规范，保证集体经济各形式健康发展

制度规范是农村集体经济组织运作和各形式发展的基础。目前我国已颁布了《农民专业合作社法》、《乡镇企业法》等，各级政府和有关部门也出台了有关政策条例（如《农村专业技术协会条例》等）。但应当看到，现有的制度规定尚不完善，如关于集体经济形式的利润留存比例、资产投资规模、管理者条件、管理支出占总收入的比例等，尚无明确规定；又如，对于农户+公司联合体、农村股份合作企业等，也无具体规定。因此，农业部应在组织人员进行系统调查的基础上，综合考虑各地的情况，对有关农村集体经济形式的法规和条例进行修订和完善，以保证各

种经济形式稳定发展。

3. 重点支持农民专业合作社发展，尤其是要建设好县、乡农民专业合作社

目前，村社合一的集体经济组织和超越村级范围的集体经济形式并存，村级集体经营、承包经营、租赁经营与新型集体经济形式并存。从市场化发展的要求来看，在新农村建设中，农村社会发展和经济发展可以分开推进：前者（如住房、用电用水、卫生、环境、道路、文化教育、社会保障等）主要由政府财政和村级组织按地域统一规划、分村推进；后者主要由农民选择适当的形式、通过发展集体经济来实现。因此，发展“村社合一”的集体经济形式和跨村的集体经济形式都是必要的。不过，从长期来看，建立和发展县、乡农民专业合作社更为重要。因为这种大范围的集体经济形式，一方面有较大的空间来满足、适应农民经营发展的需要；另一方面可以逐步扩展为综合性的农民专业合作社，做到“乡社合一”，使县、乡社会发展与经济发展相协调。其他的农村集体经济形式应作为补充，以满足不同范围、不同层次的农民开展集体经营的需要。

4. 大力支持农村股份合作企业的发展，推动、振兴农村工业和服务业

针对目前农村股份合作企业普遍存在的外来投资少、缺乏技术以及资本不足、管理模式陈旧、产品缺乏特色、销售和收入增长困难的状况，地方政府和有关部门应积极支持乡、村利用本地资源环境和区位优势招商引资，如建立农村工业园区；鼓励城市和外地企业前来投资合作、发展本地企业与外来资本相结合的股份合作企业；建立城乡技术转移通道和市场，建立专门的农村风险投资基金来购买技术、以技术投资方式支持农村股份合作企业的发展，做大一批核心企业，全面促进乡镇工业和服务业的振兴。

5. 在城镇周边农村地区，重点推广和运用社区股份合作社形式

为适应城镇化发展的大趋势，帮助农民顺利完成向市民转变、

农业经营向非农业经营转变，保证村民对原有集体资产的收益权，地方政府和农业部门应在城镇周边农村推广和运用社区股份合作社形式；尤其是要支持那些可以帮助村民就业、联合外来投资创办企业和事业实体的社区股份合作社的发展。

6. 对村级集体经济，关键是选派得力干部、运用改进的集体经济形式

在现阶段，尤其是在中西部的丘陵和山区，发展、壮大村级集体经济具有重要意义。目前需要解决的基本问题是村民委员会（以下简称村委会）与村集体经济组织的关系问题，根据《村民委员会组织法》，村委会是一种社区自治组织，主要职责是管理公共事务和社会治安，但是它又管理集体所有的土地和有关资产。显然，如果明确要由村委会来承担组织和管理村级集体经济的职能，就存在一个村委会有没有能力来具体组织领导以及如何避免政企不分的问题；但如果在村委会之外另建立一个村级集体经济组织，同样，也存在有没有能人出来牵头并且如何处理集体经济组织经营与村委会管理土地等资产的矛盾问题。

从已有的成功经验来看，由村委会出面另外组建一个村级农民专业合作社或者社区股份合作社都是可行的，但必须按农民专业合作社或社区股份合作社的规则来运作。即使是这样，仍然有一个村委会的组织能力问题，因为凡是“村社合一”搞得好的地方，总是存在一个坚强有力的村级组织。所以，应当推广选派得力干部和优秀大学生到村委会工作，领导和组织农民开展集体经营的做法。而且，也应明确规定，村委会必须承担根据群众意愿来组建集体经济组织、领导群众开展集体经营的职能（因为如果像目前这样不明确要求，一些村委会就不会主动去开展集体经营，村级集体经济就会继续衰弱下去）。

此外，村级集体经济组织除了农民专业合作社、社区股份合作社以外，还可以由村委会牵头成立村投资开发合作社（或公司），运用村民自愿出资、村级掌握的各种经营资产来开展集体经营，特别是运用那些创新型、改进型的集体经济形式，如：集体投资+承

包或租赁经营、村级合作社+政府部门（或龙头企业）、资源引资+村办企业、环境引资+市场服务（或村办服务企业）等。

最后，应强调，各级政府和农业部门应高度重视和支持各种集体经济形式的发展。这是因为现有的以及以后出现的各种农村集体经济形式（或组织）在客观上都不同程度地代替政府发挥着组织农民生产经营、提供农村公共服务和准公共服务的功能；尤其是在目前它们尚未全面普及和发育成熟而农村社会经济发展又迫切需要它们的时候，它们本身就是一种稀缺的“公共品”。

参考文献

[1] 王荣，韩俊，徐建明．苏州农村改革30年．上海：上海远东出版社，2007.

[2] 韩俊．中国农民专业合作社调查．上海：上海远东出版社，2007.

[3] 傅晨．中国农村合作经济：组织形式与制度变迁．北京：中国经济出版社，2006.

[4] 王景新．乡村合作经济组织崛起．北京：中国经济出版社，2005.

[5] 李瑞芬．中国农民专业合作经济组织的实践与发展．北京：中国农业出版社，2004.

[6] 赵凯．中国农业经济合作组织发展研究．北京：中国农业出版社，2004.

[7] 冯开文．合作制度变迁与创新研究．北京：中国农业出版社，2003.

[8] 徐金海．专业化分工与农业产业组织演进．北京：社会科学文献出版社，2008.

[9] 罗必良．经济组织的制度逻辑．太原：山西经济出版社，2000.

[10] 徐旭初．中国农民专业合作组织的制度分析．北京：经济科

学出版社，2005.
[11] 管爱国，符纯华．现代世界合作经济．北京：中国农业出版社，2000.
[12] [美] 科斯，诺斯，威廉姆森．制度、契约与组织．北京：经济科学出版社，2003.
[13] [日] 青木昌彦，奥野正宽．经济体制的比较制度分析．北京：中国发展出版社，1999.
[14] [英] 奈杰尔·金，尼尔·安德森．组织创新与变革．北京：清华大学出版社，2002.
[15] [美] 路易斯·普特曼，兰德尔·克罗茨纳．企业的经济性质．上海：上海财经大学出版社，2000.
[16] [美] 亨利·汉斯曼．企业所有权论．北京：中国政法大学出版社，2001.
[17] [美] 米歇尔·库克，康斯坦丁·伊利奥普洛斯．集体行动中的不明晰产权：美国农业合作社的案例//制度、契约与组织．北京：经济科学出版社，2003.
[18] 黄祖辉，徐旭初，冯冠胜．农民专业合作组织发展的影响因素分析．中国农村经济，2002 (3).
[19] 黄胜中，林坚，徐旭初．农民专业合作社治理机制及其绩效实证分析．中国农村经济，2008 (3).
[20] 张忠根，李华敏．村级集体经济的发展现状与思考．中国农村经济，2007 (8).
[21] 刘滨，陈池波，杜辉．农民专业合作社绩效度量的实证分析．农业经济问题，2009 (2).
[22] COOK M. L. The future of U. S. agricultural cooperatives: a neo-institutional approach. American Journal of Agricultural Economics, 1995: 77.
[23] HENDRIKSE, G. W. J., VEERMAN C. P. Marketing cooperatives: an incomplete contracting perspective. Journal of Agricultural Economics, 2001, 52 (1).

[24] DORWARD, ANDREW. The effects of transaction costs, power and risk on contractual arrangements: a conceptual framework for quantitative analysis. Journal of Agricultural Economics, 2000, 52 (2).

[25] GOODHUE, RACHAEL. E.. Impact control in agricultural production contracts. American Journal of Agricultural Economics, 1999, 81.

[26] SYLPER, MICHAEL E., COOK, MICHAEL L. A new institutional economics approach to contracts and cooperatives. American Journal of Agricultural Economics, 2001, 83 (5).

主要结论和政策建议

本书主要的研究结论和政策建议如下：

一、关于“省管县”财政改革的成效和问题

1. 实行“省管县”财政改革后，试点县（市）的社会经济呈现持续发展的势头，财政运行的基础和环境得到改善。100 个样本县（市）改革后的人均收入、就业、经济结构调整情况普遍良好，标准财政健康指数均超过改革前的基准年。主要原因如下：

(1) 改革形成了省—县直通车体制，省对县的转移支付增大、速度加快；

(2) 改革减少了财政层级，使县级财政的收入分成比例和县的收入增加；

(3) 改革遏制了地（市）长期占用县财力的状况，扩大了县级财政的自主权；

(4) 与之配套的乡财县管和乡镇综合改革控制了乡镇对县财政不断增长的需求；

(5) 税费改革和乡财县管改革使县财政直接保证村级组织运行，农民负担减轻。

在县级财力增加的情况下，县（市）政府的信心增强，一改“等、靠、要”的思想，积极提供地方服务、支持经济发展，使县域经济出现新局面。例如，湖北省大冶市 2004 年改革前一直处于财政困难状况，2004 年改革后省财政提供转移支付达 2000 多万元，该市积极培育财源、重点支持科技开发园和工业园区的建设，2005 年财政收入增加 60%，2006 年进入全省 5 强县（市）行列。

又如，安徽省颍上县 2003 年全省综合考核倒数第一，2/3 的乡镇不能按时发工资；2004 年改革后，当年生产总值增长 20%，财政收入突破 3 亿元，增长 91%，增幅居全省第一，县级综合实力由全省末位跃至中游。

2. 实行"省管县"财政改革后，县级财政困难普遍缓解，出现了财政提供均等化、公共服务的能力提高、实际财政健康指数不断上升的趋势。其中，改革前财政状况最差的一些山区县的改善最大。主要原因在于：一方面，改革促进了县域经济的发展；另一方面，财政制度调整有利于县级财政。而在财政困难县，这两方面的积极影响由于基础差而显得突出。

3. "省管县"财政改革促进了各县（市）的新农村建设。例如，湖北省英山县在 2004 年改革后积极组织和推动以"五改五通"为基本内容的新农村建设，农村面貌发生了很大变化。又如，贵州省余庆县在 2004 年贵州省完善省管县财政体制的形势下，加大了支持新农村建设的力度，新农村建设由此全面展开。

4. "省管县"财政改革也促使地（市）增强自身的发展内力，而不再依赖对所属各县财力的占用。实证分析证明，改革后，地（市）人均公共服务的支出水平主要与市区的人均收入提高、省管县财政改革等相关。这表明"省管县"财政改革既有利于县（市）的发展，也有利于地（市）的经济和财政发展。

5. "省管县"财政改革中带有普遍性的问题如下：

(1) 缺乏规范的改革安排。"省管县"财政改革对地（市）和县（市）经济与财政的推动作用，本质上是一种"断奶"和"供奶"的机制，同时运用了市、县领导普遍重视政绩的心理，主要通过变更财政条件来促使市、县领导推动本地经济发展，以逐步形成财政与经济的良性循环。但应看到，省级财政对这种"断奶"、"供奶"的适度性判断和控制有很大的随机性，而各市、县的反应也因市、县主要领导者的禀赋差异带有很大的不确定性——例如，如果一些县（市）将财力主要用于行政支出而不是提供市场服务，那就很难保证所有参与改革的县（市）的经济与财政状况都能得到改善。也许正是因为这一原因，我们发现，改革后仍有一部分财政困难县甚至一些经济和财政基础较好的县（市）的财政状况下滑。所以，改革中各省普遍缺乏科学的测算（包括对取消农业税对于县级财政影响的估计）和规范的制度安排（包括省与县的税收划分、省对各县的转移支付规则、各县提供公共服务的范围和质量与数量要求以及对地（市）、县（市）职能的明确界定等），可以说是最明显的问题之一。

（2）行政体制与之不配套。“省管县”财政改革主要是一种财政体制和经济上的改革，对市、县之间的行政管理格局并无触动，市、县之间的事权也未作相应调整，例如，省级以上的一些支出政策（如计生经费等）仍需市级财政统一安排，县（市）的有关经济和行政事务仍需地（市）审批，尤其是县（市）主要领导的考核和任命仍由地（市）来决定。在这一背景下，县（市）的经济发展和财政运行客观上受到行政体制的牵制和影响——在有些地（市）这种影响可能还很严重，因为县级政府是不可能与管理它的市政府公平对话和平等博弈的。所以，为了保证“省管县”财政改革的成效，客观上要求加快“省管县”行政改革的步伐，实行完全的“省管县”体制。

（3）省级管理的难度加大。“省管县”财政改革前，省级的财政管理主要面对几个或十几个地（市）。“省管县”财政改革后，省级财政部门一下要面对几十个县和市，无论是信息沟通、统计、部署，还是监督、实施，都很难到位，客观上存在许多制度空白和管理盲区。据我们调查，目前试点省份县级财政的运作主要靠自觉，省级财政部门仍然习惯于对少数市进行检查和部署工作，主要是因为县（市）数量多，集中开会和研究的成本高、工作量大，各处级部门普遍感到压力大（当然，这也是改革的优点，即可以减少会议，特别是避免经常开大会）。所以，要保证“省管县”财政体制的有效运行，还需要进行地方财政管理制度的创新和探索，包括研究和借鉴美国的财政联邦主义体制和各州对县、自治市的管理经验，建立促使市、县财政自主、自律的机制。

（4）乡镇的定位和动力问题。作为“省管县”财政改革的配套改革——“乡财县管”改革启动以后，乡镇干部的信心受到影响、乡镇工作的动力不足。目前大部分乡镇基本上就是上传下达、处理日常事务，乡镇财政只能维持乡镇机构运转而无力提供具有实效的公共服务。从贵州省余庆县的情况来看，在开展新农村建设的过程中，各乡镇主要处在“配合”（县政府）和“协调”（各村）的位置上，在独立性上它甚至不如村级组织。但是，从我国县域面积大、人口多、村级组织的能力又很弱的情况来看，假如没有乡镇的“配合”与“协调”，县（市）的新农村建设和农村公共服务的提供工作将会大打折扣。所以，如何对乡镇合理定位、发挥乡镇政府的积极性，也是一个需要研究和解决的重要问题。

二、关于新农村建设的经验与问题

伴随“省管县”财政改革，绝大部分县（市）近年来已经开始了建设社会主义新农村的伟大实践，并取得了一些成功经验。根据调研，我们认为，应当肯定和鼓励各地农村的积极探索和建设创新，但是，从市场经济条件下地方政府提供地方公共品和公共服务的职能或责任来看，从全面推进农村社会经济发展和完成社会主义新农村建设这一重大历史任务的要求来看，我国社会主义新农村建设应当采取由县（市）政府统一领导和部署、财政大力支持、依靠社会各界的广泛参与并逐步推进这一模式。在这方面，贵州省余庆县和浙江省义乌市已经为我们提供了具有推广和运用价值的经验与模式。

余庆模式的主要特点是：制度创新——建立专门组织机构，实行领导挂牌包片，抓村级组织和集中建设点；方法创新——搞县、乡、村3级联创，采取县乡村和部门4方共建，依靠村民、因地制宜逐步推进；全面建设——围绕富、学、乐、美，搞“五通三改三建”，抓村级集体经济和产业发展。余庆模式适用于中西部地区的广大县（市）。而且，我们的研究发现，近年来遵义市推广、运用余庆模式不仅改变了全市农村的面貌，同时也对提高全市各县的农民收入具有重要作用（比县域经济增长的作用更大）。

义乌模式的主要特点是：按城乡一体化目标统筹规划，分区域分类型分步骤展开，开展大规模投入、高水平的建设。义乌模式主要适用于东部地区和经济发达的县（市）。

尽管余庆模式和义乌模式不同，但它们也具有以下一些共性特征。

1. 在建设的领导方面，由县（市）委和县（市）政府统一规划和部署、直接领导，广泛动员和组织群众、逐步开展建设。县（市）政府不因为广大农民群众是社会主义新农村建设的主体，也不因为村级基层组织是社会主义新农村建设的具体组织和实施者，就忘却自己提供农村公共服务、组织和领导农民开展社会主义新农村建设的责任。县（市）政府主导和推动的必要性在于：

（1）农民收入低，集体经济弱，农村普遍缺乏资金、技术和其他建设要素，单靠农民自己和农村集体不可能建成现代化的社会主义新农村。从历史来看，在中华人民共和国成立前的几千年中，农村民生凋敝、发展极其缓慢，就是因为历代政府专制腐败，只索取不回报，农民的生产和生活全靠农民自己，结果是：农村贫困积累、民怨积累，官民对立、官逼民反；国家则是积贫积弱、内忧外患。

（2）在市场经济条件下，地方政府存在的基本理由就是提供地方公共品、为地方公众服务。在县域农村，最大的公众群体就是农村居民，所以，领导和组织农民、动员群众进行新农村建设、提供农村公共品是地方政府的基本职能和义不容辞的责任，而县（市）政府又是地处农村、唯一适宜承担提供农村公共品任务的地方政府。

（3）乡镇政府限于自身的地位和条件，不仅在财力上存在困难，而且在组织提供农村公共服务的技术能力、人员组成和机构配置上都难以承担领导和组织社会主义新农村建设这一重大历史任务。

（4）在目前实行"省管县"和"乡财县管"财政改革的形势下，县级政府的自主权和财政能力大大加强；同时，县级政府的辖区面积大、人口多，可以动员的人力物力资源多；此外，县级政府的服务机构和服务部门齐全、具有足够的技术能力来提供农村公共服务，可以保证在较大的地域范围内提供服务的效率，也可以保证在较多的服务种类、质量和数量标准上达到县际均等水平。

（5）在各级政府的职能由管理向服务转变、各级财政由传统的建设财政转向公共财政的过程中，作为县域农村最重要的基层政府的县（市）政府与财政，是否能够领导和组织社会主义新农村建设、是否能够承担提供农村公共服务的任务，在很大程度上决定着整个政府与财政转型的状况。因为当面向占人口大多数的广大农村居民的县（市）政府与财政成功转型时，我们才可以说建设服务型政府和公共财政的任务完成了一大半，才可以说我国服务型政府和公共财政的基础已经确立。

2. 在建设的组织制度方面，应在各个县（市）建立具体负责规划、组织、协调、配置投入资源的专门机构或职能服务部门，如社会主义新农村建设办公室、社会主义新农村建设局、社会主义新农村建设委员会等。因为只有建立正式的专门机构，才能名正言顺地争取资源和组织建设，才能将社会主义新农村建设作为一项重要的政府职能和经常性工作，才能形成一种相对稳定的制度和规范，才可能避免运动式的社会主义新农村建设、随意性的社会主义新农村建设、走过场式的社会主义新农村建设、装点门面式的社会主义新农村建设、加重农民负担的社会主义新农村建设。应特别注意到，在目前县（市）的政府部门中和部门预算的框架下，还没有一个真正可以综合提供农村公共服务的部门（现在的农业局、水利局、林业局等，它们的服务只涉及当前社会主义新农村建设内容的很少一部分，而且它们实际提供的农村服务更少），也就没有一个为广大农村居民的服务提供争取财政资源的县级预算单位；也就是说，当每年县级各部门进行预算博弈、财政蛋糕被切块分割时，总是没有人（机构或部门）来为农村建设和发展争取一块——这正是农村公共服务的提供长期不足的制度原因。实践表明，建立专门负责社会主义新农村建设的机构或部门，是县（市）进行社会主义新农村建设的关键和最重要的切入点。

3. 在建设的基础和前提方面，建立坚强有力的村级组织，如选派干部、技术人员和大学生担任村党支部和村委会领导，将村级组织建设成为领导农民开展社会主义新农村建设的“前沿”指挥所。其客观必要性如下：

第一，农村实行家庭联产承包责任制后，农民分散经营，村级组织无力，集体公益活动难以开展，个人利益至上，农村日益变成“原子”型社会，而社会主义新农村建设要求有组织、有计划的共同行动，要求农民群众的广泛参与；另外，行政村又是社会主义新农村建设的基本组织单位。

第二，选派干部进村工作可以改善村级组织结构，提高村级组织的政策水平、组织动员能力、服务意识和提供服务的技术水平，重建村级组织的信誉和威信。

第三，选派干部进村工作可以扩大农村与外部的联系与交流，引进外部资源和建设要素，打破农村封闭和发展滞后的局面。

第四，选派干部进村工作可以加强农村与县乡政府、机关部门的信息沟通，缩小县乡政府与农村居民的距离，使各级政府和部门更好地组织和领导社会主义新农村建设、更好地提供农村公共服务。

第五，县、乡干部进村工作本身就是政府提供农村公共品、为农民服务的表现；况且，在目前财政保证村级组织运行、保证村干部工资和津贴的情况下，县、乡干部进村担任村干部也有利于减轻财政负担。

4. 在建设的内容方面，应从改善农民生活条件、村庄环境和调整产业结构或发展农村经济这三个基本方面着手，逐步推进。改善农民生活条件和村庄环境、完善农村基础设施和提供基本服务是当前农民最迫切希望解决的问题，最受农民欢迎、也最容易得到农民群众的响应，这是推进社会主义新农村建设的首选项目，也是目前各地开展社会主义新农村建设的重点内容。但同时，也应重视引导和组织农民进行经济结构调整、发展农村工商服务业、发展农业产业化经营，探索扩大农村就业、提高农民收入的途径，包括组织农民开展股份经营、发展和壮大农村集体经济（在市场经济条件下，家庭和个体经营很难保证农民收入稳定增长）等，这是农村社会经济长期稳定发展的基础，也是不断提高农村生活水平、建立完善和高水平的农村社会保障和福利体系、实现完全城乡一体化的重要前提。

5. 在建设的方法上，应坚持农民自愿申报参与、村级协商和具体组织、乡镇审批和县（市）统筹、县乡财政大力支持和引导、设立集中创建点开展规模化建设、政府职能部门提供技术服务和指导、鼓励社会各界（机关、企业、团体和个人）积极赞助和参与建设的原则。

以上也是农村建设的国际经验。此外，日本、美国进行农村建设的经验表明，对落后区域农村发展的支持行动和对农村困难家庭的扶贫计划等，本身就是农村建设的重要组成部分，完全可以与各地方的农村建设活动相融，只是区域发展项目和扶贫行动是由中央政府的专门机构通过在各地的分支机构具体实施的，同时要求某些农村服务和公共品提供必须达到国家要求的标准。一般来看，在中央政府驻各地的农村服务机构中，最重要的是信贷提供服务和资助机构（主要支持农民改善住房、进行农村基础设施建设、资助农民创办工商服务业和发展农业生产）；在中央政府的农村建设和发展项目中，近年来主要有农村企业区或发展区建设项目，这些项目由中央政府机构管理、由农村社区和所在地政府共同实施。这些经验值得我们学习和借鉴。

目前各地在进行社会主义新农村建设时存在的主要问题如下：

1. 大部分县（市）虽然完成了建设规划，但尚未全面推动实施，财政支持力度较小。这包括几种情况：一是主要运用省级社会主义新农村建设的项目资金，集中在少数村搞试点；二是利用上级下拨的扶贫、修路等专项资金进行专项建设；三是倡导各村自己想办法、搞建设。大多数调查县（市）的解释是资金紧张，其实是因为县（市）领导一般认为搞工业园和工业发展项目的经济与财政实效更明显，搞社会主义新农村建设主要靠农民自己，县里只要好好利用已有的各种支农资金就行了。

2. 在社会主义新农村建设的内容方面，各地主要集中于“村”的建设，对发展经济特别是组织农民经营和发展集体经济、提高农民收入不够重视。主要原因是，农民目前最希望解决家庭的基本生活条件问题，村干部则希望改善村庄面貌和环境问题，县乡领导主要重视工业企业的发展问题，很少有人关注农村产业发展、规模经营和集体经济的发展问题。但是，农村经济发展、农民收入持续增长毕竟是农村长期稳定发展的基础。

3. 农民对社会主义新农村建设的认识不足，也不怎么相信村干部和上级领导，但是，只要村干部和政府真正行动了，他们认为这些行动对自己有利无害时也会参与。所以，各地农村和农民中等待、观望的现象比较普遍。这也表明：农民缺乏认识和主动性、农村缺乏有力的基层组织、县乡政府缺乏长期发展的战略和眼光、各级财政支持引导不力是制约社会主义新农村建设的主要原因。显然，突破困境的关键在于县（市）政府的认识转变（而不是财政困难）；进一步看，省级以上政府只注重下拨资金解决县乡财政困难而不提出明确的任务要求，没有具体的硬性的制度约束则是产生上述问题的根源。应当看到，现代政府良好运作的基础在于科学、合理的制度设计，而不是靠执政者的道德修养、能力和自觉性。

三、政策建议

（一）关于完善"省管县"改革和地方财政体制

1. 在试点的基础上启动完全的"省管县"改革，使市、县成为省以下并立的行政和财政层级。市主要致力于大、中城市和城区的社会经济发展及公共服务提供；县主要负责县域农村的社会经济发展与公共服务提供。

2. 从保证全省市、县公共服务均等化的财力需要和财政健康的角度来进一步完善地方财政制度。包括：省与市、县之间的税种划分和收入比例，设计市、县公共服务的基本范围、基本支出水平，设计省对市、县的转移支付标准等。

3. 在省政府和财政部门内设置"区域协调部"，按地域或片区进行管理，建立省与市、县的联系和管理协调机制。在市、县并立体制建立并稳定运行后，再推动各片区的市、县尝试组建区域性合作、协调会议及相关机制。

4. 继续推进“乡财县管”改革，但各省应有一定的灵活性。对于有较强经济实力、人口多、地域范围大的乡镇，可以使其保持相对独立性，发挥它服务于中心城镇的功能，前提是要求它做到财政基本自立；对于经济实力较弱、但人口和地域规模又较大的乡镇，如中西部地区的大部分乡镇，可以在“乡财县管”体制下使它成为接受县（市）政府委托提供某些地方服务、进行一般管理和协调村际事务的机构。

5. 对于行政村，由于它事实上已成为财政支持的准政府组织，可以根据具体情况来定位。例如，对那些集体经济实力强、人口和地域规模大且有城镇化趋势的行政村（如各地有影响的“明星村”），可以升格为乡镇（但其下不能再设行政村，应按居民分布的情况建立社区组织），并要求它做到财政基本自立，同时发挥带动周边各村发展的作用。

（二）关于推进社会主义新农村建设

基本建议是：在中西部地区全面推广贵州省余庆县开展社会主义新农村建设的经验；在经济发达地区和大中城市郊区推广浙江省义乌市的城乡一体化建设经验。

1. 在县（市）建立专门负责规划、组织、推进社会主义新农村建设的机构——如社会主义新农村建设委员会，并作为县（市）级正式预算单位，以组织财政资源、切实推进社会主义新农村建设，建设内容可参照余庆模式。

2. 在县（市）推进“大部制”改革，合并相关部门和机构、提供综合性服务。例如，县（市）农业局、林业局、水利局等可以合并组建“农业委员会”，主要负责县域的农业产业化发展、农村经济组织发展、农林渔业大型工程服务等。推进“大部制”改革可以压缩机构和人员，集中资金并有效使用，减少预算单位、相对增加支持社会主义新农村建设的财政支出的份额。

3. 实行县（市）选拔年轻干部、与农村建设相关的技术人员、年轻大学生和研究生进村工作担任村级领导的制度。将村级组织建设成为组织群众开展建设、带领农民发展农村集体经济的新型基层单位，改变农村社会的“原子”形态和农民分散孤立的状况。

4. 在县（市）建立由各村代表、农民组织代表、社会团体代表、政府主要领导、工商金融各界代表、政府各部门代表、外部研究机构和大专院校专家等组成的“农村发展协商会议”，研究和协商社会主义新农村建设和农村发展重大项目的立项、筹资、实施、评估等问题，作为县（市）政府的政策咨询机构。

5. 考虑将县（市）、乡镇的农业银行和农村信用社改组成“农村建设金融服务机构”，作为中央政府在各地的农村政策和专项发展项目的执行机构（资金提供机构），配合各地的社会主义新农村建设，保证一些基本农村公共品和服务的提供（如农村住房、用水、农业产业化、农村工业园项目）达到全国统一的标准。

后　记

自2009年5月完成项目研究之后，一直期望将项目研究报告及主要成果尽快整理出来，但总又抽不出时间，结果到现在才基本完成。

在从事这两项研究的过程中，我们真实地感受到在我国社会主义市场经济建立和发展的伟大进程中，有许多现实问题亟待我们去做深入、细致的研究工作。其中，农村建设与发展问题是一个重要而又难以解决的问题。虽然近年来许多学者提出了一些有价值的思路和建议，但主要还是宏观方面的，具体到各个地方开展社会主义新农村建设的组织、措施和方法的选择等问题，目前主要还是靠各地政府和群众的认识和探索；而如何帮助他们分析和解决实践中的困难和问题、总结经验与得失，这本身又为研究者们提供了极其广阔的研究空间和实现理论创新的机会。地方财政体制问题也是一个关系到中国经济社会长期稳定发展的重要问题，因为它实际上是一个各地政府转变职能、提供公共服务、支持市场经济发展的组织模式问题。虽然发达市场经济国家在地方政府提供本地公共服务方面已有成功的经验和相对成熟的理论，但那毕竟不能直接套用。同样，中国历史上的经验也是与当时的环境条件密切相关的，也不能简单照搬。所以，当今中国的地方政府如何设置和运作、地方财政制度如何调整才能真正推进农村发展，才能使地方经济社会发展充满活力？这些都需要我们下到基层，根据一个个小的实际问题，做一些具体的、可运用于地方发展实践的研究。这可能就是最后系统地解决问题的基础。

我们真诚地感谢国家社会科学基金、中国发展研究基金和农业部软科学委员会给了我们这样一个研究机会。感谢湖北省、山东省、吉林省财政厅和贵州省余庆县财政局以及江苏省军区和有关县、市、乡镇和村组的领导，为我们的调研工作和数据资料收集所提供的便利和帮助。感谢武汉大学经济与管理学院给予我们的大力支持。感谢武汉大学出版社范绪泉主任对本书出版所做的辛勤劳动。

王德祥

2010 年 4 月于武昌珞珈山